Narrative Formen der Politik

Wilhelm Hofmann
Judith Renner • Katja Teich
(Hrsg.)

Narrative Formen der Politik

Springer VS

Herausgeber
Wilhelm Hofmann
TUM School of Education
München
Deutschland

Katja Teich
TUM School of Education
München
Deutschland

Judith Renner
TUM School of Education
München
Deutschland

ISBN 978-3-658-02743-8   ISBN 978-3-658-02744-5 (eBook)
DOI 10.1007/978-3-658-02744-5

Die Deutsche Nationalbibliothek verzeichnet diese Publikation in der Deutschen Natio-
nalbibliografie; detaillierte bibliografische Daten sind im Internet über http://dnb.d-nb.de
abrufbar.

Springer VS

Lektorat: Jan Treibel, Yvonne Homann

Gedruckt auf säurefreiem und chlorfrei gebleichtem Papier

Springer VS ist eine Marke von Springer DE. Springer DE ist Teil der Fachverlagsgruppe
Springer Science+Business Media
www.springer-vs.de

Inhaltsverzeichnis

Mitarbeiterverzeichnis

apl. Prof. Dr. Wolfgang Bergem Seminar für Sozialwissenschaften, Philosophische Fakultät, Universität Siegen, Adolf-Reichwein-Str. 2, 57068 Siegen, Deutschland
E-Mail: wolfgang.bergem@uni-siegen.de

Dr. Hannah Bethke Institut für Politik- und Kommunikationswissenschaft Baderstraße 6/7, Universität Greifswald, 6/7, 17487 Greifswald, Deutshland
E-Mail: hannah.bethke@uni-greifswald.de

Dr. Mareike Gebhardt M.A. Institut für Politikwissenschaft, Universität Regensburg, 93040 Regensburg, Deutschland
E-Mail: Mareike1.Gebhardt@politik.uni-regensburg.de

Nadine Seneca Hernández Sánchez M.A. Universidad de Alcalá Madrid, Pza. San Diego s/n, 28801 Alcalá de Henares (Madrid), Spanien
E-Mail: nadine.hernandez@gmx.eu

Dr. Peter Kainz
E-Mail: peterkainz@gmx.de

Andreas Kruck M.A. Geschwister-Scholl-Institut für Politikwissenschaft, Ludwig-Maximilians-Universität München, Oettingenstraße 67, 80538 München, Deutschland
E-Mail: Andreas.Kruck@gsi.uni-muenchen.de

Dr. Matthias Lemke Institut für Politikwissenschaft Helmut-Schmidt-Universität Hamburg (UniBW), Postfach 700822, 22008 Hamburg, Deutschland
E-Mail: lemkem@hsu-hh.de

Prof. Dr. Marcus Llanque Lehrstuhl für politische Theorie, Universität Augsburg Philosophisch-Sozialwissenschaftliche Fakultät, Universitäts str. 10, 86159 Augsburg, Deutschland
E-Mail: marcus.llanque@phil.uni-augsburg.de

Kathrin Morgenstern M.A. Institut für Politikwissenschaft, Universität Regensburg, 93040 Regensburg, Deutschland
E-Mail: Kathrin.Morgenstern@politik.uni-regensburg.de

Benedikt Neuroth M.A. Lehrstuhl für die Geschichte Westeuropas und der transatlantischen Beziehungen der Humboldt Universität zu Berlin, Unter den Linden 6, 10099 Berlin, Deutschland
E-Mail: beneneuroth@web.de

Eva Odzuck M.A. Lehrstuhl für Politische Philosophie der Universität Erlangen-Nürnberg, Kochstraße 4/7, 91054 Erlangen, Deutschland
E-Mail: eva.odzuck@fau.de

Dr. Alexander Spencer Geschwister-Scholl-Institut für Politikwissenschaft, Ludwig-Maximilians-Universität München, Oettingenstraße 67, 80538 München, Deutschland
E-Mail: Alexander.Spencer@gsi.uni-muenchen.de

Maike Weißpflug M.A. Institut für Politische Wissenschaft, RWTH Aachen, Mies-van-der-Rohe-Straße 10, 52074 Aachen, Deutschland
E-Mail: maike.weisspflug@ipw.rwth-aachen.de

apl. Prof. Dr. Wolfgang Bergem ist außerplanmäßiger Professor für Politikwissenschaft an der Bergischen Universität Wuppertal und Lehrkraft für besondere Aufgaben im Fachgebiet Politische Systeme und Vergleichende Politikwissenschaft an der Universität Siegen. Seine Arbeitsschwerpunkte liegen in den Bereichen: Kulturelle Dimensionen des Politischen, Politisches System und politische Kultur Deutschlands, Vergleichende Analyse politischer Systeme. Er ist stellvertretender Vorsitzender des Institute for European Citizenship Politics – Institut für Bürgerschaftliche Politik in Europa (EuCiP) und Sprecher des DVPW-Arbeitskreises Politik und Kultur.

Dr. Hannah Bethke studierte Politikwissenschaft und Neuere und Neuesten Geschichte an der Albert-Ludwigs-Universität Freiburg i.Br. und wurde an der Universität Leipzig mit einer Arbeit über „Das politische Denken Arnold Brechts" promoviert. Sie ist derzeit wissenschaftliche Mitarbeiterin am Institut für Politik- und Kommunikationswissenschaft der Universität Greifswald.

Dr. Mareike Gebhardt M.A. ist Wissenschaftliche Mitarbeiterin am Lehrstuhl für Politische Philosophie und Ideengeschichte an der Universität Regensburg. Ihre Dissertation verfasste Mareike Gebhardt über „Politisches Handeln in der postmodernen Konstellation. Anonymität und Bürgersein bei Hannah Arendt und Jürgen Habermas". Neben dem Politischen Denken Hannah Arendts und der Politischen Soziologie von Jürgen Habermas liegen ihre Forschungsschwerpunkte auf dem modernen Republikanismus sowie postmodernen Demokratietheorien.

Nadine Seneca Hernández Sánchez M.A. studierte Romanistik, Slavistik und Politische Wissenschaft sowie Deutsch als Fremdsprache in Kiel und Murcia, Spanien. Sie arbeitete als Übersetzerin, wissenschaftliche Mitarbeiterin und stellvertretende Leiterin der Medizin- und Pharmaziehistorischen Sammlung der Universität Kiel. Ihre Forschungsinteressen sind Erinnerungskultur, Medienwandel, spanische

Literatur- und Kulturwissenschaft seit 1898, Narrativik, die Frage nach der Funktion von Literatur für soziale und kulturelle Identitätsbildung sowie die spanische Wirtschaftspolitik seit 2008.

Dr. Peter Kainz studierte Politikwissenschaft, Amerikanistik und Informatik in München, Passau und Washington. Die Promotion erfolgte 2010 in Passau mit einer Arbeit zu den Widersprüchen und Problemen individualistischer Gesellschaftstheorien. Seine Interessensschwerpunkte beziehen sich auf die geistigen Grundlagen liberaler Gesellschaften, die Totalitarismusforschung und das politische Denken in den USA. Derzeit ist er als wissenschaftlicher Referent in einem Begabtenförderwerk in Bonn tätig.

Andreas Kruck M.A. ist wissenschaftlicher Mitarbeiter am Geschwister-Scholl-Institut für Politikwissenschaft der LMU München. Er forscht und lehrt zur Privatisierung von Regieren in westlichen OECD-Staaten, zur Rolle von privaten Militär- und Sicherheitsfirmen und Kreditratingagenturen in der Weltpolitik sowie zu internationalen Organisationen und Global Governance.

Dr. Matthias Lemke ist wissenschaftlicher Koordinator im BMBF- Verbundprojekt „Postdemokratie und Neoliberalismus" am Lehrstuhl für Politikwissenschaft, insbesondere Politische Theorie, an der Helmut-Schmidt-Universität Hamburg. Seine Forschungsschwerpunkte sind: Politische Theorie und Ideengeschichte seit der frühen Neuzeit, insbesondere Postdemokratie und Neoliberalismus, Ökonomisierung und Demokratischer Sozialismus. Aktuell liegt sein Publikationsschwerpunkt im Bereich der politischen Theorie und Empirie des Ausnahmezustandes.

Prof. Dr. Marcus Llanque ist Professor für Politische Theorie an der Universität Augsburg und Mitherausgeber der Zeitschrift für Politische Theorie. Seine Forschungsschwerpunkte liegen im Bereich Geschichte und Theorie der Demokratie, Rhetorik, Menschenrechte und des Republikanismus. Darüber hinaus arbeitet er zu methodischen Problemen der Sozialwissenschaft und Diskursforschung. Er ist zudem Sprecher der DVPW-Sektion Politische Theorie und Ideengeschichte.

Kathrin Morgenstern M.A. ist wissenschaftliche Mitarbeiterin am Lehrstuhl für Politische Philosophie und Ideengeschichte an der Universität Regensburg und beschäftigt sich im Rahmen ihrer Dissertation mit dem Zusammenhang von Narration und Freiheit bei Hannah Arendt. Ihre weiteren Forschungsschwerpunkte sind: Politische Philosophie im 20. Jahrhundert in Deutschland und Frankreich politische Identität im interkulturellen Vergleich (Deutschland-Brasilien).

Benedikt Neuroth M.A. hat unter anderem Sozialwissenschaften in Berlin, Bochum, Budapest, Lille sowie Geschichtswissenschaften studiert und ist derzeit Doktorand am Lehrstuhl für die Geschichte Westeuropas und der transatlantischen

Beziehungen an der Humboldt-Universität zu Berlin. Ein Arbeitsschwerpunkt liegt auf Rechtsgeschichte.

Eva Odzuck M.A. ist wissenschaftliche Mitarbeiterin am Lehrstuhl für Politische Philosophie und Ideengeschichte der Friedrich-Alexander-Universität Erlangen-Nürnberg. In ihrer Dissertation „Thomas Hobbes' körperbasierter Liberalismus – Eine kritische Analyse des Leviathan" schlägt sie eine körpertheoretische Deutung des kontraktualistischen Arguments vor und beschäftigt sich darüber hinaus mit der praktischen Intention, der die Narration des Naturzustandes in diesem Argument dient. Ihre Forschungsschwerpunkte sind: Platon, Hobbes, Demokratietheorie, Liberalismus, Biopolitik, Politische Bildung und Wissenschaftstheorie.

Dr. Alexander Spencer ist wissenschaftlicher Assistent am Lehrstuhl für Global Governance am Geschwister-Scholl-Institute für Politikwissenschaft, Ludwig-Maximilians-Universität München. Seine Forschungsschwerpunkte sind nichtstaatliche Gewaltakteure, diskusanalytische Methoden und konstruktivistische Theorien der Internationalen Beziehungen.

Maike Weißpflug M.A. ist wissenschaftliche Mitarbeiterin im Bereich Politische Theorie am Institut für Politische Wissenschaft der RWTH Aachen. Sie arbeitet an einer Dissertation über Welterschließung, Kritik und Hannah Arendt und befasst sich darüber hinaus mit Ansätzen und Methoden der politischen Ideengeschichte sowie mit dem Verhältnis von Politik und Natur.

Vorbemerkung

Wilhelm Hofmann, Judith Renner und Katja Teich

Die Politikwissenschaft thematisiert seit geraumer Zeit in den verschiedensten Zusammenhängen die diskursive Konstitution politischer Realität. Die Erkenntnis, dass Politik wesentlich eine diskursive Dimension hat, führt mehr oder weniger direkt in fast allen Teildisziplinen zu einer ganzen Reihe von intensiv verfolgten Anschlussfragen. Dabei werden die normativen Implikationen eines kommunikations- und diskurstheoretisch informierten Paradigmas der Sozialwissenschaften diskutiert, es wird über die Bedeutung der semantischen, pragmatischen und syntaktischen Aspekte von Kommunikation geforscht und es werden die verschiedenen kommunikativen Codes und Repräsentationen auf ihre politischen Potenziale hin befragt. Im Kontext dieses Interesses an der diskursiven Konstruktion des Politischen wendet sich der vorliegende Band nun besonders der narrativen Dimension des Politischen und den Formen ihrer Erforschung zu. Ohne den zahlreichen Wenden der Kultur- und Sozialwissenschaften programmatisch eine weitere hinzufügen zu wollen, war es die Ausgangsüberlegung einer in Zusammenarbeit mit der *Deutschen Gesellschaft zur Erforschung des Politischen Denkens* im Oktober 2012 am Fachgebiet für Politikwissenschaft der TU München durchgeführten Tagung, dass die Bedeutung narrativer Politik trotz des in der

W. Hofmann (✉) · J. Renner · K. Teich
School of Education, Politikwissenschaft,
TU München, Arcisstr. 21, 80335 München, Deutschland
E-Mail: wilhelm.hofmann@tum.de

J. Renner
E-Mail: judith.renner@tum.de

K. Teich
E-Mail: katja.teich@tum.de

W. Hofmann et al. (Hrsg.), *Narrative Formen der Politik*,
DOI 10.1007/978-3-658-02744-5_1, © Springer Fachmedien Wiesbaden 2014

Politikfeldanalyse ausgerufenen „narrative turn" (Schubert und Bandelow 2003, S. 402 f.; Schneider und Janning 2006, S. 131 f.) und eher seltener Beispiele in der Theorie und Ideengeschichte (Depenheuer 2011) noch nicht umfassend genug thematisiert und diskutiert wurde.

Als die HerausgeberInnen dieses Bandes sich der Planung der Tagung zuwandten, hatten wir recht unterschiedliche Erwartungen und erste Assoziationen zum Thema Narrationen und Narrative.

Ein strittiger Punkt war etwa die grundlegende Frage, inwiefern sich überhaupt eine narrative Dimension gesellschaftlichen und politischen Denkens und Handelns von anderen, etwa argumentativen oder visuellen Dimensionen unterscheidet und abgrenzen lässt. Ist Erzählen, in anderen Worten, ein spezifischer Modus politischen Sprechens, Denkens und Handelns oder nicht? Besteht eine narrative Dimension politischen Denkens und Handelns neben und/oder abseits von z. B. einer argumentativen oder einer visuellen Dimension? Oder ist es nicht ebenso plausibel und denkbar, dass Erzählen als Tätigkeit sozialen Konstruierens und die Erzählung als diskursive Struktur einen überwölbenden Charakter besitzen und die narrative Dimension damit vielmehr die ontologische Grundessenz gesellschaftlicher Konstruktion von Wirklichkeit darstellt. Die Frage, die sich stellt ist damit: können wir soziale Realität denken, interpretieren und (re)produzieren, ohne auf narrative Modi und Strukturen zurückzugreifen?

Autoren und Autorinnen aus der Geschichtswissenschaft (White 1980, 1984; Somers 1994) aber auch Literaturwissenschaftler (Barthes 1975) haben mehrfach auf den ontologischen Charakter von Narrativen hingewiesen. Dieser zeige sich einerseits darin, dass Erzählen, also die Interpretation sozialer Wirklichkeit in Form von Erzählungen, kulturübergreifend beobachtbar sei, dass also Erzählen eine universale Repräsentationsform darstellt, ein ‚Metacode' ohne den sich Welt gar nicht abbilden lässt. Zum zweiten zeige sich bei genauerem Hinsehen, dass selbst denjenigen Formen des Sprechens und Schreibens, die wir von Erzählungen zunächst unterscheiden würden, durchaus erzählerische Strukturen inhärent sind.

Wenn wir jedoch mögliche universal-ontologische Qualitäten außer Acht lassen und Narrative bzw. die narrative Dimension als eine spezifische Form der Repräsentation betrachten, die koexistiert mit anderen Darstellungsformen und von diesen unterscheidbar und abgrenzbar ist, so wird der Blick eher auf die Frage gelenkt, welche spezifische Rolle Narrative für politisches Denken und Handeln spielen. In diesem Falle sprechen wir also nicht mehr vom Narrativ als Metastruktur und ontologischer Grundessenz sozialer Konstruktion, sondern von narrativen Darstellungen, die mit bestimmten Intentionen ausgewählt und angewandt werden können, und die eine bestimmte Wirkung auf ihr Publikum entfalten (sollen). In diesem Fall ist es sinnvoll, um nicht die Unterschiede zwischen Argumentation und

Erzählung einzuebnen (Habermas 1983, S. 240 f.), nach dem Verhältnis zwischen fiktionalen, dokumentarischen und anderen Modi der Narration einerseits und argumentativen politischen Diskursen andererseits zu fragen bzw. die Strategien und Intentionen zu untersuchen, die jeweils durch narrative bzw. nicht-narrative Repräsentationsformen vermittelt werden. In welchen Situationen und mit welchen Intentionen wählen etwa politische Repräsentanten narrative Formen, um zu überzeugen, in welchen Fällen greifen sie auf Argumentation als Überzeugungsstrategie zurück? Wird durch eine narrative Repräsentationsform, wie oft vermutet (Somers 1994), z. B. eine subjektive Sicht auf Ereignisse ausgedrückt, während andere Repräsentationsformen, etwa die wissenschaftliche Erklärung, objektive Realitäten dazustellen vermag (Habermas 1990, S. 13 f., 149 f.; Habermas 1988, S. 170 f.)? Inwiefern moralisiert eine narrative Darstellung die Geschehnisse, die sie rekonstruiert (White 1984), und inwiefern unterscheidet sie sich damit von anderen Darstellungsformen, etwa der (rationalen) Argumentation?

Während die erste Position in der narrativen Struktur eine fundamentale soziale Universalie sieht, besteht die zweite auf deren Beschränktheit, weil sie glaubt nur in der Differenz zu anderen Kommunikationsmodi einen Mehrwert der Analyse von Narrativen ausweisen zu können.

Ein weiterer Gedanke, der unsere Vorbesprechungen zur Tagung prägte, war der, dass Narrative in der Politik sowie im politischen Denken als erzählte Argumente oder Rechtfertigungshilfe in einer Situation widerstreitender oder konkurrierender Überzeugungen, Theorien und Erinnerungen auftreten würden und auf ihre Wirkung hin zu untersuchen seien. Dies warf die Frage auf, warum, wann und wie sich bestimmte Narrative oder Narrationen gegen andere durchsetzen, größere Wirk- und Überzeugungskraft entfalten, vielleicht hegemonial werden oder sich gar von der Erzählung zur Überredung, zur Ideologie, zur Alternativlosigkeit generieren. Welche Rolle spielen dabei komplementäre oder auch vorgängige Faktoren, wie bspw. sozio-ökonomische Verhältnisse, historische Entwicklungen oder unterschiedliche sprachlich-kulturelle Linien? In bestimmten historisch-gesellschaftlichen Situationen und unter den Bedingungen bereits eingeübter Erzählungen haben etablierte Narrative oder Anschlusserzählungen vermutlich bessere Chancen Gehör zu finden, Gegenerzählungen oder große Erzählungen herausfordernde kleine Alternativberichte jedoch eventuell größere Anziehungskraft, können die größeren „Aha-Effekte" hervorrufen.

Die Kontroverse über ein grundlegendes theoretisches Verständnis einer narrativen Dimension der Politik und die Debatte über mögliche Motivationen, Wirkungen und Hegemonialisierungsprozesse narrativer Repräsentationen durchzog schließlich auch die Diskussionen der Münchner Tagung und die Fertigstellung des Bandes. Diese Aspekte sind in den vorliegenden Texten in der einen oder anderen Weise präsent und bieten ein Indiz dafür, dass die Beschäftigung mit der narrativen Dimension politischer Realität kein marginales Phänomen der Politik untersucht, sondern ein in jedem Fall konstitutives.

Die hier dokumentierte Auswahl von Tagungsbeiträgen macht es sich zur Aufgabe, die Bedeutung des Erzählens von Geschichten für die Politik auf möglichst vielen analytischen Ebenen und in möglichst verschiedenen politischen Bereichen zu erörtern. Angesichts der Breite und Vielzahl der Positionen versteht es sich von selbst, dass die vorliegenden Texte sich als Beitrag zu einer Diskussion verstehen, in der zunächst besonders die Heterogenität und gelegentliche Inkompatibilität der Ansätze und Vorgehensweisen signifikant sind.

Literatur

Barthes, Roland. 1975. An introduction to the structural analysis of narrative. *New Literary History* 6 (2): 237–272.

Depenheuer, Otto, Hrsg. 2011. *Erzählungen vom Staat*. Wiesbaden: VS Verlag für Sozialwissenschaften

Habermas, Jürgen. 1983. *Der philosophische Diskurs der Moderne*. Frankfurt a. M.: Suhrkamp.

Habermas, Jürgen. 1988. *Nachmetaphysisches Denken*. Frankfurt a. M.: Suhrkamp.

Habermas, Jürgen. 1990. *Die nachholende Revolution*. Frankfurt a. M.: Suhrkamp.

Schneider, Volker, und Frank Janning. 2006. *Politikfeldanalyse*. Wiesbaden: VS Verlag für Sozialwissenschaften

Schubert, Klaus, und Nils Bandelow. 2003. *Lehrbuch der Politikfeldanalyse*. München: Oldenbourg.

Somers, Margaret. 1994. The narrative constitution of identity: A relational and network approach. *Theory and Society* 23 (5): 605–649.

White, Hayden. 1980. The value of narrativity in the representation of reality. *Critical Inquiry* 7 (1): 5–27.

White, Hayden. 1984. The question of narrative in contemporary historical theory. *History and Theory* 23 (1): 1–33.

Metaphern, Metanarrative und Verbindlichkeitsnarrationen: Narrative in der Politischen Theorie

Marcus Llanque

Zusammenfassung

Narrative Elemente finden sich in verschiedenen Bereichen der Politikwissenschaft und der dazu gehörigen Theoriebildung, von der Ideengeschichte bis zur policy-Analyse. In dieser Abhandlung wird unter Rückgriff auf die klassische Rhetorik gezeigt, dass insbesondere die politische Sprache nicht vom Vorgang des Argumentierens getrennt werden kann, sondern im Kontext konkreter Entscheidungsprozesse und ihrer Beratung steht. Narrative Elemente bearbeiten den zu beratenden Gegenstand auf eine spezifische Weise für die politische Entscheidung vor. Die Narration erzeugt einen Zusammenhang zwischen dem Erzähler, dem Publikum und den Argumenten, was die Zustimmungsfähigkeit der Argumente erzeugt. Am Beispiel der narrativen Konstruktion politischer Kollektivsubjekte werden Aspekte des Vorgangs narrativer Erzeugung von politischer Verbindlichkeit aufgezeigt.

1 Einleitung

Nach dem narrativen Element in der politischen Theorie zu fragen, wirft den Blick auf die Theoriebildung: sind narrative Elemente nur Mittel der Argumentation oder prägen sie sie in strukturierender Hinsicht? Letztere Perspektive wirft die Poetologie

M. Llanque (✉)
Lehrstuhl für politische Theorie, Universität Augsburg Philosophisch-Sozialwiss
enschaftliche Fakultät, Universitätsstr. 10, 86159 Augsburg, Deutschland
E-Mail: marcus.llanque@phil.uni-augsburg.de

W. Hofmann et al. (Hrsg.), *Narrative Formen der Politik*,
DOI 10.1007/978-3-658-02744-5_2, © Springer Fachmedien Wiesbaden 2014

und die in den Literaturwissenschaften entstandene Narratologie auf. Als Textwissenschaft legt sie das Hauptaugenmerk auf die in den Texten selbst enthaltenen Strukturen als ihre selbständigen Bestandteile. Diese Betrachtungsweise lässt Rückschlüsse auf die Textproduktion ebenso wie auf die Textrezeption zu. Als Struktur angesehen weicht der poetologische Blick erheblich von den diskursiv-rhetorischen Überlegungen ab, die in der Politischen Theorie zunächst in der Politischen Ideengeschichte erprobt wurden und sich in weiten Teilen der Sozialwissenschaften finden. Während hier die in den Theorien vorgenommenen Argumentationen im Kontext der sie umgebenden Diskurse gestellt werden, vermutet die Poetologie, dass ungeachtet von Autorenintentionen Textmuster wirksam sind, zumal in Gestalt von Metaphern, anhand derer Diskurse zugeschnitten werden sollten.

Im Folgenden soll untersucht werden, ob narrative Elemente in der Politischen Theorie als argumentationsstützend angesehen werden oder ob sie Bedingung der Möglichkeit von politischer Argumentation sind. Es wird sich zeigen, dass zumindest politische Narrationen in Konkurrenz zu anderen stehen, auf die Festlegung von Verbindlichkeit abzielen, hierbei insbesondere die narrative Konstruktion von Kollektivsubjekten anstreben und daher vornehmlich diskursiv-rhetorisch analysiert werden müssen.

2 Narrative Elemente in den interpretierenden Wissenschaften

2.1 Narrationen in den Sozialwissenschaften

In den Sozialwissenschaften lässt sich der Einfluss dessen, was heute der „narrative turn" genannt wird, unter dem Stichwort des „interpretative turn" bis in die 1980er Jahre zurückverfolgen (Rabinow und Sullivan 1979, S. 1–24). Narrationen werden mittlerweile vor allem im Zusammenhang mit diskursiven Forschungsansätzen untersucht (Arnold et al. 2012). Narrative sind hier dann verfestigte und ständig reproduzierte, dadurch erst stabilisierte Interpretationen der Wirklichkeit. Insofern es sich um interpretative Wissenschaften handelt, lässt sich die Bedeutung von Narrativen flächendeckend nachweisen, beispielsweise auch in der Ökonomie (Moore 2009). In der Politikwissenschaft ist ein neuer Analysezugang zum politischen Narrativ angekündigt (Gadinger et al. 2014). In den Internationalen Beziehungen wird beispielsweise Sicherheit als diskursives Narrativ analysiert (Ciuata 2007).

Unter allen Teildisziplinen der Politikwissenschaft ist es gegenwärtig die Policy-Analyse, welche den narrative turn am stärksten unter methodischen Gesichtspunkten diskutiert. In der policy-analysis werden wesentliche Aspekte des „interpretative turn" auch unter dem Stichwort „argumentative turn" thematisiert (beginnend mit Fischer 1996, sodann Gottweis 2006 und schließlich beide vereint: Fischer und Gottweis 2012). Im Rahmen dieses Forschungsparadigmas ist dann auch die Untersuchung narrativer Elemente eingepasst worden (Roe 1994; Fischer 2003; Kaplan 1996; van Eeten 2006). Einerseits wird der Handlungsspielraum politischer Akteure entlang narrativer Entwürfe von Handlungsstrategien untersucht andererseits gilt die Narration selbst als dasjenige, was der Analyst erstellen soll, um in einer konfliktträchtigen Situation einen Lösungsrahmen zu bieten (Roe 1994, S. 156; vgl. die Zusammenstellung bei Gottweis 2006, S. 469–470). In allen Fällen muss hierzu die narrative Struktur der Vorstellungswelt der Akteure erkundet werden, wozu maßgeblich „Metanarrative" gehören, welche nicht nur die Struktur der Wahrnehmung von Welt und darin von politischen Sachverhalten und Problemen ermöglichen, sondern auch Handlungsstrategien implizieren. Die policy-Forschung verwendet also Metanarrative als Verständnis-Hintergrund von einzelnen politischen Sachgebieten.

Ein ähnlicher Vorgang ist auch in stärker historischen Darstellungen über die Durchsetzung bestimmter Interpretationen politischer Ideen und Kernbegriffe erkennbar. Im Bereich der citizenship-Forschung hebt beispielsweise Margaret Somers hervor, dass die Plausibilität der inhaltlichen Festlegung des Bürgerstatus von dem Metanarrativ des Bürgerbegriffs in einem konkreten Land (hier: die USA) abhängt, welche die weitere Theorie-Bildung prägt (Somers 1995; vgl. auch Somers und Gibson 1994). Metanarrative haben hier also einen Status, der mit dem des Paradigmas in der naturwissenschaftlichen Theoriebildung vergleichbar ist, allerdings bezogen auf einzelne Begriffe, Ideen und Institutionen und nicht ganze Disziplinen.

2.2 Poetologie

Eine wesentlich radikalere Perspektive nimmt hingegen die literaturwissenschaftlich geschärfte sprachliche Analyse politischer Kommunikation ein. Hier wird von der Annahme ausgegangen, dass das narrative Element ein Strukturmerkmal des Politischen selbst ist. Demnach ist die Narration ein notwendiges Konstruktionselement des Politischen, und zwar in formaler Hinsicht, weshalb die poetologische Perspektive der Literaturwissenschaften die maßgebliche Disziplin für die Erforschung des Politischen zu sein scheint. Narrationen bieten aus dieser Hinsicht einen geradezu objektiven Einblick in die internen Aufbauprinzipien des Politischen ungeachtet des Autors der Erzählung, der Diskursivität ihrer Vermittlung oder den Bedingungen ihrer Rezeption.

Ein bedeutsames Beispiel für die literaturwissenschaftlich inspirierte Analyse politischer Narrationen stellt die Forschungsgruppe „Poetologie der Körperschaften" dar. Sie will nach eigenen Angaben „den rhetorisch-poetischen Verfahren" nachspüren, „die der Produktion sozialer Realität selbst inne wohnen" (Koschorke et al. 2007, S. 11). Insbesondere politische Institutionen als Teil dieser sozialen Realität sind demnach als fiktiv anzusehen: sie sind zum einen 1) gemacht, also hergestellt, sie müssen aber 2) auch fingiert werden, insbesondere müssen Fiktionen ihrer Einheit oder Ganzheit geschaffen werden, damit sie überhaupt funktionieren können, so dass am Ende die Beteiligten erst über diese Fiktionen zu einem Selbstverhältnis und einem Eigenbild gelangen (2007, S. 10 f.). Daher stehen Metaphern im Vordergrund, verstanden als textliche Figurationen, in welchen sich solche Eigenbilder spiegeln. Metaphern präfigurieren die Wahrnehmung des Politischen, so dass sie zur handlungsleitenden Realität selbst werden. Oder wie es Koschorke sagt: Gesellschaftliche Organisationen sind praktisch gewordene Metaphorik (2007, S. 57). Ein zunächst nur bildlicher Ausdruck nimmt „Substanz auf", so Korschorke in dem von ihm geschriebenen Teil des Buches, der Metaphern-Charakter verblasst und wird zur Realität, seine metaphorische Herkunft gerät in Vergessenheit, die Metapher ist zur Natur geworden (2007, S. 57 f.). Dazu gehört die Metapher des Körpers, in der sich von der römischen Republik bis zum modernen Rechtsstaat die maßgebliche Form des Politischen finden soll.

Die Korschorke-Gruppe unterstellt nicht nur die narrative Form der Wiedergabe politischer Wirklichkeit, sie erklärt ihre Fiktionalität zur Wirklichkeitsbeschreibung, weshalb notwendig die narratologische Erkundung, die literaturwissenschaftliche Analyse der Bausteine einer notwendig narrativ verfassten politischen Wirklichkeit, in den Mittelpunkt rückt.

Abgesehen davon, dass die literaturwissenschaftliche Betrachtung politischer Texte jeder interpretatorischen Sozialwissenschaft willkommen sein muss, bietet gerade der eben diskutierte Ansatz Anlass, das dort zugrunde liegende Verständnis von Politischer Theorie zu reflektieren. Der Poetologie der Körperschaften liegt eine politische Ontologie zugrunde, die sich auf einen Teil der französischen politischen Philosophie stützt und mit ihr von der Differenz zwischen La Politique und Le Politique ausgeht. Die politischen Institutionen sind demnach nur Wiedergaben einer gesellschaftlichen Herrschaftsformation, außerstande diese zu ändern, sie sind nur „Reproduktionen des Vorgefundenen", wie Hebekus und Matala de Mazza in ihrer Einleitung zu dem Sammelband über „Das Politische" sagen (Hebekus et al. 2003, S. 8). Was bleibt ist der Kampf um das Politische als der mise en forme, wie im Anschluss an Claude Lefort behauptet wird.

Die Institutionen der Politik sind demnach das eine, das Arrangement ihrer Sinnhaftigkeit aber das andere. Während die Institutionen nur eine bestimmte politische Formation der Wirklichkeit replizieren, lässt sich die politische Formation der Wirklichkeit nur auf der hiervon unabhängigen Ebene des Politischen erörtern, kritisieren und vielleicht sogar verändern. Im Politischen aber werden ästhetische Kategorien zentral. In der großen Kontroverse über das Verhältnis von Inhalt und Form behält die Form letztlich die Oberhand. Daher konzentriert sich der um das Politische bemühte Ansatz auf die Ästhetik, die nicht nur Oberfläche, sondern Zentrum des Politischen sei. Hier finden wir dann die Anschlüsse zu Jacques Rancière und Giorgio Agamben.

Nun haben Hebekus und Matala de Mazza in ihrer Einleitung zu dem Sammelband über „Das Politische" (Hebekus et al. 2003, S. 11) betont, dass der Formbegriff ihrer Forschung durch Claude Leforts berühmte Formulierung inspiriert ist, das Politische sei die mise en forme, das in Formsetzen von Politik. Freilich hat Lefort dieses Informsetzen in zwei Richtungen aufgefächert, dem In-Sinn-Setzen sowie dem In-Szene-Setzen (Lefort 1990, S. 284). Der Sinn geht nicht in der Inszenierung auf, auch nicht in der sprachlichen Inszenierung des von Akteuren gemeinten Sinns. Das zeigt sich bereits daran, dass im politischen Denken immer verschiedene Diskurse mit verschiedenen Formensprachen miteinander konkurrieren.

Die Prominenz beispielsweise der Körper-Metaphorik in der politischen Kommunikation ist nicht zu leugnen. Vergessen wird aber, dass politische Argumentationsstrategien sich um verscheidene Metaphern bedienen. In der Geschichte des politischen Denkens und der Vielfalt ihrer zeichenhaften Repräsentationen in Texten, Symbolen, Bauten oder Performanzen lässt sich keine Epoche finden, in welcher nur ein bestimmtes Muster unangefochten die Repräsentativität für sich behaupten konnte. Körpermetaphern konkurrieren mit Erlösungsmetaphern und mit der Schiffsmetaphorik, die seit ihrer Verwendung in der Antike nie an Bedeutung verloren hat. Politik als Kampf oder Krieg zu konzipieren ist ein metaphorisches Muster, dass sehr vielen politischen Narrationen untergelegt ist. Politische Narrationen der Gegenwart folgen oft einfachsten Konzeptionen, benutzen die Weg-Metapher, oder greifen populistische Muster auf, beispielsweise wenn Politik mit dem Sport verglichen wird. Ferner ist die Körper-Metapher keineswegs die einzige organologische Metapher: sie hat Konkurrenz durch die Familienmetapher (politische Ordnung als Familie) und seit Platon durch die Metapher der gerechten (im Sinne von sachgerechten) Ordnung der Seelenverfassung als Blaupause für den makros anthropos der politischen Ordnung. Die platonische Metapher weicht insofern von der organologischen Metaphorik ihrer Zeit ab, als ihr logisches Vorbild zumindest an dieser Stelle nicht die Medizin und der Code von Gesundheit-Krankheit ist, das wiederum ein sehr weit verbreitetes organologisch konzipiertes Muster darstellt. Organologische Metaphern haben in ihrer Vielfalt nicht nur, aber ganz besonders das Mittelalter geprägt (Struve 1978).

Mit dem organologischen Diskurs konkurrieren wiederum Diskurse des Willens, des Gesetzes, des Versprechens, der kollektiven Handlungsfähigkeit, Diskurse der Emanzipation, der Normen und viele mehr. Politische Kommunikation besteht aus miteinander konkurrierenden Diskursen, die ihre Argumente um unterschiedliche Metaphern gruppieren. Soll die Sprache Zugang zur politischen Wirklichkeit sein, dann muss die ganze Sprache erörtert werden, und nicht ein sorgsam ausgesuchter Teil der sprachlichen Konstitution der Wirklichkeit.

Die rein textliche Komposition sagt wenig aus über die politische Relevanz einer Narration. Wäre es alleine der Text, der politisch relevant ist, so müsste er in jeder Konstellation diese Wirkung zeitigen. Das ist aber gerade nicht der Fall. Selbst Texte mit der höchsten Geltungskraft haben bei verschiedenen Personen und Personengruppen sehr unterschiedliche Effekte und Funktionen. Was freilich erkenntniserweiternd untersucht werden muss sind die Zusammenhänge des Form- und des Sinn-Prinzips. Die Verwendung bestimmter Muster ist für bestimmte Diskurse typisch. Die Verwendung derselben Muster kann andererseits in verschiedenen Diskursen einen sehr unterschiedlichen Sinn machen. Die Körper-Metapher der politischen Ordnung, die dazu dient, der repräsentativen Spitze derselben einen herausgehobenen Platz zuzusprechen, macht im monarchischen Diskurs einen anderen Sinn als im republikanischen, was wiederum vor allem mit Blick auf die jeweils eröffneten oder verschlossenen kollektiven Handlungsoptionen gezeigt werden kann. Politische Kommunikation zielt auf Handlung. Die erste Kommunikationstheorie, die mit dieser Auffassung ernst machte, ist die klassische Rhetorik.

3 Die Rhetorische Analyse der Narration

3.1 Die ideengeschichtliche Wiederentdeckung der Rhetorik und ihrer Bedeutung für die Politische Theorie

Erste narrative Analysen finden sich in der ideengeschichtlichen Forschung erstmals in Untersuchungen zur Textgattung der Utopie. Hier wurden Utopien lange Zeit unter der Rubrik „Staatsroman" verhandelt (von Mohl 1858, S. 158–214; so schon von Mohl 1845; so auch noch Jellinek 1900, S. 35). Die später diskursiv angelegte ideengeschichtliche Forschung hat mit ihrem Blick für die konkurrierenden

Interventionen in politischen Auseinandersetzungen eine höhere Aufmerksamkeit für die argumentative Verwendung von Sprache entwickelt als die Poetologie, die aus der Analyse der Sprache Strukturen des Argumentierens herausarbeiten möchte. Insbesondere die englischsprachige Ideengeschichte kann aufgrund der im dortigen Sprach- und Unterrichtsraum tiefer verwurzelten Kenntnis der Rhetorik deren analytisches Instrumentarium besser in die Forschung integrieren. Der rhetorische Hintergrund politischer Theoriebildung in bestimmten synchronen Diskursen (namentlich Renaissance und Frühneuzeit) ist ausgiebig nachgewiesen (Skinner 1978, S. 23–48; Skinner 1993; Coleman 2000, S. 59–73). Gerade Autoren, die sich von der Verwendung rhetorischer Mittel distanzierten wie etwa Thomas Hobbes, waren Kenner der Rhetorik und griffen auf sie zurück, wenn auch in zeitgenössisch unkonventioneller Art und Weise (Skinner 1996). Damit ist für die Ideengeschichte auch geklärt, dass bestimmte Autoren der Politischen Theorie aufgrund ihrer rhetorischen Vorbildung Sprachmittel wie Metaphern intentional verwendeten und nicht gleichsam deren Sprachrohr sind.

3.2 Die Analyse der Narration in der klassischen Rhetorik

Metaphern sind sprachliche Analysemuster, die erstmals in der klassischen Rhetorik entwickelt und untersucht wurden. Die gesamte moderne Literatur- und Sprachwissenschaft hat zumindest in ihren Anfängen auf die klassische Rhetorik zurückgegriffen. Alle moderne Literaturwissenschaft, alle Philologien ruhen in wesentlichen Teilen ihrer Begrifflichkeit auf der klassischen Rhetorik, haben aber meist nur einen Teil der Rhetorik rezipiert: die sprachliche Gestaltung der Rede (Elokution). Die Untersuchung der stilistischen Ausdrucksmittel, die Struktur einer Rede bzw. des Textes, welcher literaturwissenschaftlich die eigentliche Aufmerksamkeit gilt, steht in der klassischen Rhetorik jedoch im Zusammenhang mit der Analyse der Argumentation im Ganzen.

Der politische Hintergrund der klassischen Rhetorik war die Kommunikation innerhalb eines Selbstregierungsregimes, in welchem die mündliche Beratung der gemeinsam zu fällenden und gemeinsam bindenden Entscheidung diente. Als dieser politische Hintergrund weggefallen war, wurde die Rhetorik denaturiert zu einem reinen Unterrichtsstoff, u. a. wurden ihre Elemente für die Textanalyse herausgeschlagen und in die Poetologie und die philologischen Studien eingefügt. Dabei stand die Elokution im Vordergrund, d. h. der sprachliche Ausdruck, namentlich die Stilmittel und Tropen. Was dabei außer Acht gelassen wurde und auch in der heutigen Narratologie vernachlässigt wird ist die rhetorische Situation, die in der klassischen rhetorischen Analyse von Sprachverhalten entscheidend

ist: der Redner will mit Hilfe seiner Rede die Angeredeten von einer bestimmten
Sichtweise überzeugen bzw. sie dazu überreden, um auf diese Weise ein bestimmtes
gemeinsames Handeln hervorzurufen: ein Urteil über Vergangenheit, Gegenwart
oder Zukunft. Und genau das ist weiterhin die politische Relevanz von Narrationen: die erzählerische Verdichtung und Strukturierung vielfältiger komplexer
Handlungszusammenhänge zu einer Einheit, die eine Gesamtbeurteilung erlaubt.

In der klassischen Rhetorik machte die Narration einen bestimmten Teil der
Rede aus: nach der Vorrede kam die Beschreibung des Falles, über den zu entscheiden ist, gefolgt von der eigentlichen Argumentation des Redners seinen Vorschlag
betreffend, wie entschieden werden soll. Die Narration erläutert den Handlungszu-
sammenhang, über den das Publikum urteilen soll. Narrationen vergegenwärtigen
Wirklichkeit für ein bestimmtes Publikum und behaupten sich zugleich gegen
konkurrierende Narrationen, jeweils mit Blick auf eine gemeinsam zu fällende
Entscheidung bzw. ein Urteil.

Das rhetorische Verständnis der Narration erschöpft sich nicht darin, ein Abschnitt der gehaltenen Rede zu sein. Die klassische rhetorische Analyse rahmt die
Narration in einen Argumentationsvorgang ein: sie ist Teil eines Willensbildungs-
und Entscheidungsprozesses, der 1) von Kollektivsubjekten wie einer Bürgerschaft
beurteilt werden muss und 2) zu einer Entscheidung führen soll, einem Urteil, einem Gesetz, einer Wertschätzung von Kollektivgütern und 3) nie alleine, sondern
in einem Zusammenhang von Rede und Gegenrede steht und daher mit der Situation konfrontiert ist, dass es konkurrierende Narrationen desselben Sachverhaltes
gibt.

Aristoteles diskutiert die Erzählung als Kernelement der Rede und räumt bereits
hier einen breiten Spielraum der Verwendungsweise ein. Er behauptet, im genus
deliberativum fänden sich die wenigsten Erzählungen, könne doch niemand etwas
über die Zukunft erzählen; immerhin ist aber eine Erzählung über bereits geschehene Dinge möglich, um sich besser über die Entscheidung von Zukünftigem zu
beraten (Rhetorik III 16, 1993, S. 214 f.). Aristoteles hebt hervor, dass die Narration
eingangs der Rede nur eine scheinbar objektive Schilderung des Sachverhaltes ist,
sie vielmehr meist eine ‚ethische Färbung' aufweist, den Sachverhalt also in einer
Weise darstellt, die die spätere Bewertung präjudiziert.

Cicero behandelt in der Rhetorica ad Herennium die Narratio noch ausführlicher als Aristoteles (bk. 1, ch. 8–10 (12–16), 1954, S. 23–29). Er unterscheidet zwei
Formen der Narratio: sie kann auf Fakten gründen oder auf Personen. Die faktenba-
sierte Narratio kann drei verschiedene Formen annehmen: die einer fabelähnlichen,
einer historischen und einer argumentativen Darstellung. Die fabelähnliche Erzählung enthält weder wahre noch auch nur mögliche Ereignisse; die historische solche,
die in der Vergangenheit liegen und die man nicht mehr klar in Erinnerung hat

und die argumentative erwägt Ereignisse, die nicht eintraten, die sich aber so wie erzählt hätten abspielen können (Cicero verweist auf die Komödie). Die Narratio sollte kurz, klar und plausibel sein. Die Kürze zielt darauf ab, nur die Ereignisse zu erzählen, die zum argumentativen Punkt führen, den man mit der Narratio machen will. Die Klarheit ist besonders in der Chronologie gewährleistet. Hier hilft wiederum die Kürze, denn Kürze und Klarheit erleichtern dem Hörer die Möglichkeit zu folgen, und darauf kommt es an. Cicero erwägt die Möglichkeit, in einer Faktendarstellung jedes Detail zu eigenen Gunsten zu benutzen, sieht darin aber die Gefahr des Verlustes der Glaubwürdigkeit.

Quintilian hat zum Stand der rhetorischen Forschung vor ihm einige Ergänzungen vorgenommen: er beobachtete beispielsweise, dass die historische Erzählung am meisten Gründe angibt für Ursache und Entwicklung der Begebenheiten (IV 2), er erörtert die Prophezeiung als Narratio der Zukunft (2011, Bd. I, S. 437) und diskutiert die Eigentümlichkeiten erfundener Erzählungen (2011, Bd. I, S. 443 f.). Vor allem definiert er den Zweck der Narratio, die nicht nur darin besteht, die Fakten zu berichten, sondern sie mit Blick auf die spätere Zustimmungsfähigkeit für das vorgeschlagene Urteil aufzubereiten. Die Erzählung ist eine zum Überreden nützliche Darlegung eines tatsächlichen oder scheinbar tatsächlichen Vorgangs (2011, Bd. I. S. 449). Sie soll klar, kurz und wahrscheinlich sein. Er fragt ferner danach, ob die Erzählung in der Reihenfolge des Geschehens vor sich gehen sollte, oder in jener, die für den Redner günstig ist (2011, Bd. I, S. 451).

Die Aufgabe der Narration liegt gemäß der rhetorischen Analyse darin, ein Bild von Wirklichkeit zu evozieren, das als Hintergrund für das Argument wesentlich ist, zu dessen Zustimmung das Publikum angesprochen wird. Gerade die Narratio birgt laut Quintilian die größte Herausforderung der gesamten Rhetorik: „Denn etwas Schwierigeres ist in der Beredsamkeit sonst nicht zu finden, man mag versuchen, was man will, als dieses, wovon alle, nachdem sie es gehört haben, glauben, sie würden es auch gesagt haben, weil sie es nämlich mit ihrem Urteil nicht als gut erkennen, sondern als wahr" (2011, Bd. I, S. 451).

3.3 Die Narration in der rhetorischen Analyse

Das Besondere der Narration ist also nicht die Konstruktion von Wirklichkeit, das verbindet sie mit allen interpretativen Rekonstruktionen der Wirklichkeit, die zahllose Deutungsmuster dem Geschehen unterlegen, um es abschließend interpretieren zu können. Diesen Umstand teilt die Narration mit allen gedanklichen, dichterischen, theoretischen Mitteln der strukturierten Aneignung und Verarbei-

tung von Wirklichkeit. Da die politische Argumentation aber nicht einfach auf
die bloße Mitteilung der Vorstellung des Erzählers abzielt, sondern der Erzähler
Wirklichkeit narrativ strukturiert mit Blick auf ein bestimmtes Publikum, um auf
dessen Handeln Einfluss zu nehmen, steht die Konstruktion der Wirklichkeit nicht
in seinem Belieben. Er muss die bereits in jedem besonderen Publikum vorhandenen Wirklichkeitskonstruktionen berücksichtigen und möglichst in seine Weise
der Erzählung integrieren, sie adaptieren, interpretieren. Die u. a. durch Narration
geleistete Wirklichkeitskonstruktion ist weder ein Privatmodell des Erzählers, noch
Repräsentation der Wirklichkeit, wie sie an und für sich zur Anschauung käme, mit
oder ohne Narration. Es ist vielmehr eine solche Konstruktion von Wirklichkeit,
in welcher der Redner das Publikum gestellt sieht, in welche er sich selbst stellt,
und dies, um in einem gemeinsamen Beschluss mit dem Publikum auf diese Wirklichkeit zu reagieren, durch ein Gesetz, durch ein Urteil. Daher greift die Rede auf
die im Publikum geteilten Muster selbst zurück (Topik) oder greift dort bereits
reproduzierte Wirklichkeitskonstruktionen, namentlich Erzählungen, auf, um sie
zu variieren.

Das Besondere der Narration liegt darin begründet, dass sie aus ihrer eigenen Struktur heraus dem Geschehen eine Einheit unterlegt. Sie überträgt die in
sich stimmige Einheit der Erzählung auf die Wirklichkeit, von der sie berichtet.
John Dewey spricht diesbezüglich von einem Vorgang des räumlich-zeitlichen Ein-
fügens von Sachverhalten in einen „Zusammenhang" (Dewey 1938, S. 220–244,
ch. 12: Judgment as spatial-temporal determination: narration-description). Die
Narration ist nie eine vollständige Wiedergabe der Wirklichkeit, sie ist notwendig
ein Auszug hieraus. Sie strukturiert die Wirklichkeit indem sie die Geschichte, die
von dieser Wirklichkeit erzählt wird, entweder auf Personen oder auf Ereignisse stützt. Bei auf Personen (individuelle wie kollektive) fokussierten Narrationen,
beispielsweise bei Lobpreisungen oder bei der Frage, ob ein Kandidat würdig genug ist für ein Amt, kann man laut Cicero und Quintilian mit der Chronologie
der Handlungsfolge anders umgehen als bei Ereignissen, da es nicht so sehr um
die Bewertung der Handlungen als vielmehr um die im Lichte der Handlungen
erkennbaren Eigenschaften der Person geht.

Narrationen werden erzählt, doch der Vorgang des Erzählens ist nicht ortlos.
Hier handelt es sich vor allem um rhetorische Räume (Llanque 2012), konkrete
Orte, an welchen Menschen versammelt werden oder sich versammeln, um Erzählungen zu hören. Inhalt sowie Art und Weise des Erzählens hängen vom Ort ab, an
welchem erzählt wird. Daher sind Erzählungen nicht beliebig austauschbar, sondern davon abhängen, wo sie wem erzählt werden. Wir können uns Feierlichkeiten
vorstellen, in welchen wie in einer Andacht die Festgemeinde der mythischen Erzählung ihrer Selbst lauscht (Dörner 1995), wir können uns Demonstrationen auf

der Straße vorstellen, die ihre eigene Erzählung zu wenigen Sätzen verdichten, die sie skandieren (Polletta 2006). Die Abstraktion der Öffentlichkeit, gelegentlich auch zur Utopie uminterpretiert, hat nicht die Vielzahl rhetorischer Räume absorbieren können.

Die mit Narrationen einhergehende, gleichsam zwangsläufige Strukturierung des Erzählten hat demnach verschiedene Ebenen, von welchen drei hervorgehoben werden müssen: die der Einheit des Geschehens, die der ethischen Färbung und die der Verbindlichkeit. Auf der Ebene der Temporalität wird dem Erzählten ein Verlaufsschema unterlegt, das aber sehr unterschiedlich ausfallen kann: das Erzählte kann linear, teleologisch, eschatologisch angeordnet werden. Ferner kann die Anlage der Erzählung bestimmte Ereignisse hervorheben, darunter Brüche, Ursprungsereignisse oder sich rhythmisch wiederholende Ereignisse wie Amtszeiten, Wahlen, den Wechsel von Generationen (Bohnenkamp 2009).

Neben der Ebene der Einheit des erzählten Geschehens ist zu nennen, was Aristoteles die „ethische Färbung" nannte: Tendenzen, Niedergangsnarrationen, Aufstiegsnarrationen, Narrationen der Unveränderlichkeit, des erhaltenswerten Zustandes oder der anzustrebenden Revolution, also legitimatorische, das heißt rechtfertigende Narrationen, die aus der Anlage der Erzählung bereits einen Zuschnitt des Erzählten wählen, der es erhaltenswert oder veränderungswürdig darstellt.

Was aber auch zur ethischen Färbung zählt, von der klassischen Rhetorik jedoch vernachlässigt wurde, ist die Ebene der Verbindlichkeit.

4   Die Narration aus der Sicht der Theorie politischer Verbindlichkeit

4.1   Die narrative Konstruktion des „Wir" und die Frage nach dem Kollektivsubjekt

Verbindlichkeit meint nicht den legitimatorischen Aspekt von Narrationen, sondern den Aspekt der Bindung der in der Erzählung miteinander verknüpften Personen (meist bestehend aus dem Narrator und dem Publikum). Verbindlichkeitsnarrationen haben eine kollektivierende Wirkung nur für die konkrete Personengruppe, die als Teil dieser Narration angesprochen wird, insofern ihr interner Zusammenhang als Gruppe durch die Narration erst hergestellt oder wieder-hergestellt wird, und dies meist in Konkurrenz zu hiervon abweichenden Narrationen. Ein Außenstehender kann den Sinn, auch den Vorgang der Festlegung von Verbindlichkeit als Sinn der Narration erkennen und nachvollziehen, ihm wird aber der entscheidende Aspekt fehlen, er wird nicht selbst in die Verbindlichkeit miteinbezogen.

Narrationen heben Gemeinsamkeiten in einer konkreten Personengruppe hervor, wodurch das angesprochene Publikum, insofern es überzeugt werden kann, diese Gemeinsamkeit zu teilen, zum Teil dessen wird, worüber erzählt wird. Das bewerkstelligen politische Narrationen vor allem durch die Referenz auf Kollektivsubjekte wie dem Volk, der Nation, aber auch der Menschheit, je als einheitlich vorgestellte Personengruppen. Gelingt die implizite oder explizite Annahme der Zugehörigkeit der Angesprochenen zu dieser Personengruppe, so wird die vorgeschlagene Handlungsweise des Kollektivsubjekts für die Angesprochenen einen höheren Grad an Verbindlichkeit erzielen.

In der Narrationsforschung wird diesbezüglich von der narrativen Konstruktion eines kollektiven „Wir" gesprochen (Davis 2002, S. 3–30). Wie aber dieses „Wir" beschaffen ist, bleibt meist aus der Analyse ausgespart. Die Rede ist dann häufig von „affective bond", „sense of solidarity" oder „collective identity" (Davis 2002, S. 19). Insbesondere die Annahme der durch Kommunikation geschaffenen oder abgerufenen Identität ist in narrativen (und nicht nur dort) Untersuchungen eine Standardunterstellung (Somers 1994; Whitebrook 2001; Mole 2007; Somers und Gibson 1994).

Ist darunter die Korrespondenz von tatsächlicher kollektiver Identität, die Individuen verknüpft, und einer entsprechend hierzu passenden Narration gemeint, so unterstellt Identität eine substantielle Bindung. Mindestens als Identitätsvermutung wird dies zur Ausgangsbasis und Referenzpunkt von Identitätsnarrationen. Solche Narrationen erweisen sich als inhaltlich unsicher und wandelbar, sie sind deshalb einer permanenten Bearbeitung ausgesetzt, bleiben also unabgeschlossen. Narrationen sind daher als Bausteine eines fortwährenden Klärungsprozesses der interaktiven Formung kollektiver Identität, der „identity politics" (Whitebrook 2001, S. 22–42). Identitäten stehen also nicht fest, sie werden festgestellt und sind damit Gegenstand anhaltender politischer Deutungskämpfe. Dazu gehört die Frage, welchem „Wir", welchem Kollektivsubjekt Individuen primär zuzuordnen sind.

Nicht jedes „Wir" ist miteinander vergleichbar. Rhetorisch häufig ist das passive „Wir" der gemeinsamen Opferstellung, des Betroffenseins, woraus aber noch nichts für die Frage folgt, wer als Kollektivsubjekt eine Akteursstellung einnimmt und wie die angesprochenen Individuen mit diesem Kollektivakteur verbunden sind. Gerade solche als handelnd vorgestellten Kollektivsubjekte sind für das tatsächliche kollektive Handeln der Angesprochenen maßgeblich.

4.2 Die Theorie politischer Verbindlichkeit

Die Aufgabe einer Theorie politischer Verbindlichkeit (Llanque 2010, 2011, 2013) wäre es, alle Bindungsformen zu untersuchen, die Individuen zu politischen Personengruppen oder Kollektivsubjekten verknüpfen. Fragen der Identität sind hier nur eine der möglichen Varianten, die eine besonders intensive Form der Bindung anzeigt bzw. unterstellt. Andere Varianten der Bindung reichen von dem förmlichen Staatsangehörigkeitsrecht bis zu handlungsintensiven Modellen des Bürgerstatus (citizenship), sie umfassen Vorstellungen der Solidarität mit ihrem starken Appellcharakter ebenso wie wenig intensive Bindungen der Art der Interessengemeinschaften, in welchen die Bindungen zur entsprechenden Personengruppe letztlich von der jeweiligen Förderung der individuellen Interessen abhängt. Individuen teilen verschiedenste Merkmale und Eigenschaften miteinander und können daher durch die Betonung einiger Merkmale und der damit verbundenen Marginalisierung der Relevanz anderer Merkmale zu verschiedenen Personengruppen verbunden werden.

Individuen entwickeln Bindungen zu verschiedenen Personengruppen mit einem unterschiedlichen Intensitätsgrad. Diese Bindungen können aufgebaut werden, sie können sich wandeln, sie können vor allem kultiviert werden. Insbesondere Personengruppen, die gemeinsames Handeln organisieren wollen, sind darauf aus, diese Bindungen zu fördern, was am ehesten dadurch gelingt, dass sich solche Personengruppen den Rahmen eines Kollektivsubjekts geben. Hierzu werden institutionelle Rahmen erstellt, die dem Kollektivsubjekt eine anstaltliche Struktur verleihen. Hilfreich ist auch die symbolische Dimension der Repräsentation solcher Kollektivsubjekte, um Personengruppen die Stabilität eines Kollektivsubjekts zu verleihen. Doch am Ende steht und fällt die soziale und politische Wirklichkeit solcher Kollektivsubjekte mit den Bindungen der Individuen.

Es ist gerade für die politische Kommunikation typisch, solche Bindungen zu behaupten, also Merkmale festzulegen, die bestimmte Individuen zu bestimmten Personengruppen verknüpfen, woraus bestimmte Handlungsweisen gefolgert oder als Sollenstatbestände behauptet werden. Durch die Festlegung politischer Verbindlichkeit wird die soziale und politische Existenz von Kollektivsubjekten angestrebt und bei erfolgreicher Festlegung, das heißt sofern sich die angesprochenen Individuen entsprechend verhalten, auch tatsächlich bewirkt. Solche Personengruppen können Segmente der Gesellschaft sein (Schichten, Klassen, Generationen, Elite) oder auf eine bestimmte Weise (insbesondere kulturell, historisch, politisch) definierte Kollektivsubjekte (Nation, Volk, Proletariat, Menschheit) sein, oder es handelt sich um Gruppen wie politische Parteien und ähnliche Korporationen. Der Sinn der Festlegung politischer Verbindlichkeit ist es, Individuen zu Personengruppen zu verknüpfen, um diese kollektiv handlungsfähig zu machen, was immer auch heißt, andere mögliche Bindungen desselben Individuums zu anderen Personengruppen zu verhindern, zu leugnen und jedenfalls in Hinblick auf die Bindungskraft zu marginalisieren. Festlegungen von Verbindlichkeit finden sich daher vor allem dann diskutiert, wenn die angenommene oder erwünschte Bindung zu Personengruppen problematisch geworden ist.

Zwei Wege der Festlegung der Verbindlichkeit sind zu unterscheiden: die Festlegung durch Programme und die Festlegungen durch Narrationen. Verbindlichkeitsnarrationen sind also nicht die einzige Möglichkeit, Fragen der Verbindlichkeit zu thematisieren. Ihnen stehen Verbindlichkeitsprogramme zur Seite. In Programmen sind Bezüge auf generelle Normen wie Gerechtigkeit oder Freiheit Einfallstore für weitere Interpretationen, die dann wiederum in narrativer Form vorgenommen werden können. Narrationen können solche allgemeinen Begriffe durch Konkretisierung und Kontextualisierung verbindlich machen, indem sie die abstrakten Normen mit konkreter Geschichte, mit konkreten Personen verknüpfen.

Die programmatische Festlegung zielt auf Präzision, auf Rechte und Pflichten und schafft ein begriffliches Netz an Konzepten und Modellen, die alle möglichen Verhältnisse, Institutionen und Handlungen mehr oder weniger klar in Bezug zueinander setzen. Die narrative Festlegung (etwa Verfassungen) verbleibt dagegen im Vagen und in der Ambiguität, was größere Interpretationsspielräume eröffnet, verbunden mit dem Vorteil der Konkretion und Anschaulichkeit. Verbindlichkeitsnarrationen machen die festzulegende Verbindlichkeit anschaulich durch den Verweis auf exemplarische Vorgänge, Leistungen, Taten mit Bezug zu konkreten Zeiten, Orten und Personen. Daher ist für diese Art von Verbindlichkeit festlegender Narration auch nicht immer der Erfolg, Sieg oder die Behauptung der Überlegenheit gegenüber anderen Kollektivsubjekten wesentlich, sondern zunächst nur die Bindung der in dieser Personengruppe zusammengefassten Individuen, die genauso durch Niederlage und Dispersion angesprochen werden kann wie durch erfolgreiche politische Kämpfe. In Verbindung mit der Anschaulichkeit steht auch der Verbreitungsgrad der Narration, der sehr viel höher anzusetzen ist als bei abstrakten Argumentationen wie sie für Programme typisch sind.

Der Vorgang narrativer Festlegungen von Verbindlichkeit ist besonders in Situationen des Verbindlichkeitskonfliktes beobachtbar, beispielsweise in Kriegssituationen (Smith 2003, S. 44). In solchen Zeiten erleben narrative Verbindlichkeitsfestlegungen eine besondere Konjunktur: sie thematisieren drängende Fragen wie die „wer wir sind", was wir wollen und vor allem: wer wir nicht sind und nicht sein wollen, und welches kollektive Handeln daraus folgt (für ein Beispiel im Kampf gegen den Terror vgl. Llanque 2008).

Doch auch in Friedenszeiten sind Konstellationen denkbar, die eine Erinnerung an das Vorhandensein und die Vorteile der gegenseitigen politischen Bindungen (Smith 2003, S. 44: allegiances) erforderlich macht, meist dann, wenn besondere Opfer, besondere Leistungen (etwa Solidarleistungen), besondere Rücksichtnahmen gefordert sind, die nicht selbstverständlich erscheinen und nicht von allen Individuen ohne weiteres und aus eigenem Antrieb erbracht werden.

4.3 Politische Verbindlichkeitsnarrationen am Beispiel des „Volkes"

Gerade für die politische Kommunikation, die auf Handeln abzielt, ist die narrative Konstruktion eines Kollektivsubjekts wesentlich. Die hierbei narrativ evozierten Kollektivsubjekte sind aus narratologischer Sicht Metanarrative. Metanarrative strukturieren politische Argumente vor, indem sie die Argumentation in Deutungsrahmen einfügen. Rhetorisch gesehen sind Volk, Menschheit und ähnliche Kollektivsubjekte zunächst nichts anderes als Metanarrative, die versuchen zu klären oder unterstellen, welchem Kollektivsubjekt der Angesprochene angehört und was hieraus für das gemeinsame Handeln aller Angesprochenen folgt.

Kollektivsubjekte wie die Nation, das Volk, die Menschheit, eine Gruppe, die Partei, der Stamm verstanden als Metanarrative geben der Argumentation also einen Deutungsrahmen, den sie selbst nicht immer ausweisen. Metanarrative sind hier gleichsam Prämissen der Argumentation, sie bieten in der politischen Kommunikation die Möglichkeit eines gedanklichen Ausgangspunktes einer schlüssigen Argumentation.

Mit Smith kann man die Funktion von Narrationen mit Blick auf das Kollektivsubjekt „Volk" auch in der Werthaftigkeit und der Vertrauensbasis sehen, die solche Geschichten begründen (Smith 2003, S. 59). Die Werthaftigkeit eines Kollektivs narrativ zu begründen meint, dass es sich für das Individuum lohnt, sich um dieses Subjekt zu kümmern, wobei sich der Lohn sowohl materiell wie ethisch wie spirituell einstellen kann. Smith unterscheidet drei Typen solcher Narrationen (er spricht von „stories"): ökonomische, auf politische Macht bezogene und schließlich ethisch-konstitutive Narrationen (Smith 2003, S. 60). Die Werthaftigkeit begründet also die Motivation des Individuums, sich selbst im Lichte eines Kollektivs zu interpretieren. Die durch Geschichten begründete Vertrauensbasis ermöglicht die Kooperation mit anderen Individuen.

Die historischen und personalen Bezugspunkte der narrativen Festlegung müssen allerdings im kollektiven Gedächtnis der angesprochenen Personengruppe präsent sein, damit sie aufgerufen werden können. In allen Fällen werden Kollektivsubjekte wie das Volk durch ein entsprechendes Metanarrativ nicht einfach nach Belieben des Erzählers konstruiert und gestaltet, sondern unter Rückgriff auf das Wissens- und Erfahrungsreservoir des Publikums. Insofern kann man mit Blick auf das Verhältnis von Sprecher und Hörer von einer „cocreation" eines kollektiven „Wir" sprechen (Davis 2002, S. 19).

Narrativ konstruierte und evozierte Kollektivsubjekte können auch „Generationen" sein (Bohnenkamp 2009). Das bekannteste und zugleich umstrittenste politische Kollektivsubjekt ist das „Volk". Der Begriff des „Volkes" wird gegenwärtig in verschiedensten Zusammenhängen thematisiert: als „peoplehood", als „indigenious people", als Nation bzw. als nationale „Minderheit" und nicht zuletzt als Referenzbegriff der Demokratietheorie. Gerade die Breite der argumentativen Verwendung des Begriffs des Volkes macht den narrativen Zugang relevant. Wer vom Volk spricht kann damit den Teil einer Population meinen, der nicht an der Macht ist, oder jener, der in einzig legitimer Weise Macht ausüben oder deren Ausübung delegieren darf. Als normativer Begriff hat der Ausdruck Volk die Bedeutung völliger Integration. In institutioneller Hinsicht jedoch meint Volk einen bestimmten Zustand einer Population, der auch anders zugeschnitten sein könnte: der Zustand der Entscheidungsfähigkeit etwa, und nicht der einer bloßen Menge (ohne Bestandskraft außer in dem Augenblick der Versammlung) oder einer Agglomeration von miteinander unverbundenen Individuen. Das Volk ist also keine soziale Entität, sondern eine argumentative Bezugsgröße, die für die Koordination des Verhaltens von Individuen nützlich ist.

Politische Kollektivsubjekte wie das „Volk" sind wichtige Bezugsgrößen zumal zur Festlegung von Fragen der Legitimität und Handlungsfähigkeit. Um diese Festlegungen vornehmen zu können, muss man festlegen, welche Individuen aufgrund welcher Bindungsweise Teil des Kollektivsubjekts „Volk" „sind", was heißt: sein sollen.

Die narrative Festlegung dessen, was als Volk zu gelten habe und wer zu ihm gehört und was hieraus folgt, ist nicht nur ein unterstützendes Mittel der politischen Argumentation, oft ist es die einzige Möglichkeit, das Kollektivsubjekt „Volk" anzusprechen, insbesondere in Konstellationen, in welchen unklar ist, wer oder was das Volk ist: sei es, dass es als Volk nicht anerkannt ist, sei es, dass die gleichen Personen, die als Teil dieses Volkes gelten, zeitgleich mit anderen Festlegungsbehauptungen konfrontiert werden, Teil eines anderen Volkes bzw. eines anderen Kollektivsubjekts zu sein (von der Klasse bis zur Menschheit, von der Religionsgemeinschaft bis zur Partei).

Darüber, was unter einem „Volk" in der Politik zu verstehen sei, existiert keine Einigkeit in der Politischen Theorie. Als Schlüsselbegriff anerkannt, in Inhalt und Grenzen aber höchst umstritten (Überblick bei Canovan 2005, 2006) kann selbst die

Demokratietheorie keine eindeutigen Angaben machen, wenn sie dies überhaupt auch nur anstrebt. Was meint „Volk", dem die Herrschaft in legitimatorischer und aktiver Hinsicht zugesprochen wird? Die gegenwärtig wichtigste programmatische Möglichkeit der Festlegung der Verbindlichkeit eines Volkes liegt in der demokratischen Verfassung. Die Verfassungsgebung muss aber die Existenz eines Volkes unterstellen, dass eigentlich erst durch die Verfassung definiert wird: wenn dieses souveräne Volk, das sich eine Verfassung gibt, erst mit Hilfe der Verfassung programmatisch greifbar wird, was ist dann gemeint mit Volk, dass sich die Verfassung gibt? Was Sieyès durch die Differenzierung nach verfassungsgebender und verfasster Gewalt aufzulösen trachtete, ist mit Bezug auf die politische Verbindlichkeit ein Problem des Wechsels der Verbindlichkeit von einer auf Zugehörigkeit beruhenden Bindung zu einer mitgliedschaftlich definierten Bindung. Das Volk, das sich eine Verfassung gibt, um Volk zu werden, ist ein auf Zugehörigkeitsmerkmalen gegründetes Metanarrativ, das als Ausgangs- und Bezugspunkt dient, um einer bestimmten Personengruppe eine mitgliedschaftliche, das heißt vor allem: auf Rechten und Pflichten beruhende Bindung zu geben. Die Narration der Zugehörigkeit kann aller Mitgliedschaft vorausgehen; letztere erscheint dann als bloßer Vollzug, was in der ersteren bereits als gegeben vermittelt wird. Die narrative Festlegung von Verbindlichkeit in Gestalt der narrativen Konstruktion des Metanarrativs des Volkes geht also der mitgliedschaftlichen Festlegung des Volkes voraus.

Es reicht für den Prozess der Verfassungsgebung aus, das Volk narrativ zu konstituieren oder auf ein Volk narrativ zu referieren, um einen Ausgangspunkt für die programmatische Konstituierung zu liefern. Das sich konstituierende Volk wird zunächst narrativ konkretisiert. Später kann das narrativ konkretisierte Metanarrativ des Volkes als Bezugsgröße für die weitere Auslegung der Verbindlichkeitsprogramme dienen.

Lange Zeit diente der Begriff der Nation dazu (insbesondere bei Sieyès), Inhalt und Zugehörigkeit zu einem politischen Volk ungeachtet seiner programmatischen Festlegung zu erörtern. In diesem Sinne kann man von der Nation als einer „Vorstellung" sprechen (Anderson 1991) und von einem engen Zusammenhang zwischen Nation und Narration ausgehen (Bhabha 1990). Hier wird dann auch schon der bloße Name des Volkes relevant, wenn sich verschiedene politische Ordnungen auf den gleichen Namen eines Volkes berufen (Mazedonien). In jedem Fall beruht die Verbindlichkeitsnarration, die das Metanarrativ des Volkes begründet, in der Erörterung und Verknüpfung der Merkmale, die ein Kollektivsubjekt auszeichnen und es von anderen abhebt.

Die Verbindlichkeitsnarration des Volkes ist für solche Personengruppen von großem Interesse, deren Zugehörigkeit evident zu sein scheint, die aber keine einheitliche mitgliedschaftliche Struktur aufweisen können. Hierfür hat sich in

der Forschung zur politischen Kollektivität tentativ der Ausdruck „peoplehood"
eingebürgert (Lie 2011; Böss 2011).

Der Begriff von peoplehood lenkt die Aufmerksamkeit auf den Umstand der
lange währenden Entstehung und Formung eines politischen Kollektivsubjekts, ist
also ähnlich gelagert wie bei dem auf Zugehörigkeit basiertem Volk in der Demokratietheorie. Ist eine Population als Kollektivsubjekt noch gar nicht vorhanden, so
muss es erzählt werden. Das ist vor allem wesentlich, wenn der gegenwärtige politische Status dieses Kollektivsubjekts unklar bzw. herausgefordert ist oder wenn
es in einer bestimmten historischen Epoche scheinbar kollektiv handelte und sich
den Raum eroberte, den es erst später als programmatisches Volk einverleibte, oder
wenn es gilt, ein solches Volk überhaupt erst zu erfinden.

Insbesondere beim jüdischen Volk wird auf den Begriff des peoplehood zurückgegriffen, da hier der politische Status herausgefordert wird und auch für die
Anhänger selbst unklar ist (Brown und Galperin 2009). Nicht nur sind die Inhalte
und Grenzen des jüdischen Volkes im Alten Testament (und darüber hinaus) programmatisch festgelegt in zahllosen Vorschriften, auch transportiert die Erzählung
des Werdens einer Population zum „Volke Gottes" seine Vorstellung als Kollektivsubjekt, das fortwährend seinen politisch-institutionellen Ausdruck sucht. Als ein
solches Volk ist es nicht auf den Staat Israel beschränkt (zu dessen Staatsbürgern
Araber zählen), sondern umfasst auch das in der Diaspora verstreute Volk. Das Alte Testament bietet die erzählerische Vergegenwärtigung des jüdischen Volkes als
Kollektivsubjekt, das zu gemeinsamen Handlungen imstande ist und starke gegenseitige Bindungen demonstrierte, auch und gerade in der politischen Zersplitterung
und Phasen der Unterdrückung. Diaspora-Erzählungen aktualisieren das politische
Programm der Sammlung dieses Volkes in einem bestimmten Territorium. Ähnli-
ches findet sich bei Migrationsgruppen, die in neuen Gebieten dauerhaft ansiedeln
und dort ihre eigene Zugehörigkeitsherkunft narrativ aufarbeiten und weitergeben.

Völker wiederum können narrativ zu einem neuen Kollektivsubjekt zusammengefasst werden, wie etwa im Falle der „english speaking peoples", die
Winston Churchill durch die Erzählung der englischen Besiedlung der Welt vor-
nahm. Churchill konstruiert erzählerisch eine Bindung zwischen Personengruppen,
welche die Differenzierung von imperialen Mutterland einerseits und früheren Ko-
lonien andererseits überwindet. Im Hintergrund dieser narrativen Operation stand
die Erfahrung zweier durchlittener und erfolgreich bestandener Weltkriege dieser Völker, war also zu Churchills Zeitpunkt nicht völlig abwegig. Er spricht in
ethischer Färbung rückblickend für die Zeit vor 1914 vom Zeitalter der großen
englischsprachigen Demokratien (Churchill 1958), die dann in den gemeinsamen

Kampf gegen totalitäre Mächte traten und ihn auch gewannen. Diese Erzählung ist Churchills Versuch, das Programm des Commonwealth narrativ zu beleben.

Solche Erzählungen können scheitern und sie können auch nur temporär Sinn machen. Doch gerade die Anschaulichkeit und die Konkretion von Raum, Zeit, und der Personengruppe macht die Narration zu einem geeigneten Mittel, Inhalt und Grenzen eines Kollektivsubjekts wie dem „Volk" zu erörtern, was ansonsten abstrakter Argumentation überlassen bleiben müsste. Insbesondere Fragen der Verbindlichkeit lassen sich in Narrationen erörtern, die in programmatischen Festlegungen von Verbindlichkeit eher vorausgesetzt als ausgewiesen sind: was ein Kollektivsubjekt ist, welche Handlungen (Taten wie Untaten) und Verantwortlichkeiten ihm zugesprochen werden, welche Ziele es verfolgen sollte mit welchen Mitteln und vor allem: wie die Bindung des Individuums zu diesem Kollektivsubjekt aussieht und worauf sie gründet, das sind die eigentlichen Themen politischer Narrationen.

5 Schluss

Die Bedeutung narrativer Elemente in der Politischen Theorie liegt demnach in der politischen Argumentation selbst. Die in der Narratologie untersuchten Muster der Argumentation, ob Metaphern oder Metanarrative, stehen nie alleine für sich, sie konkurrieren immer mit anderen solcher Muster und werden erst zu einem das kollektive Handeln vieler Individuen strukturierenden Deutungsrahmen, wenn sie überzeugend vermittelt und von den Rezipienten angenommen und umgesetzt werden. Anhand des Erfolges eines Narrativs oder eines narrativen Elements in der Kommunikation einer konkreten Personengruppe lässt sich manches aussagen über das in ihr wirksame Wissensreservoir, ihr kollektives Gedächtnis und die vorherrschenden Formen der Argumentation.

Narrationen und die in ihnen enthaltenen Muster sind demnach keine Erklärungen oder Strukturen, sondern Deutungsangebote, die mit anderen solcher Angebote konkurrieren. Der Erfolg von Narrationen gegenüber auf narrative Elemente verzichtenden Formen der Argumentation liegt in der Konkretion und Anschaulichkeit, welche die Narration gegenüber der Abstraktion zumal programmatischer oder normativer Argumentationen auszeichnet. In realen Argumentationen wird man aber stets eine Mischung von narrativen und abstrakten Argumentationsformen finden. Den argumentativen Kern solcher Narrationen zu entschlüsseln ist dann eine Aufgabe, die dem Publikum zufällt, und auf dessen Vorwissen in

erfolgreichen Narrationen Rücksicht genommen werden muss. Die gleiche Ent-
schlüsselungsaufgabe der in Narrationen enthaltenen Argumentationen fällt aber
auch der Kritik zu. Kann aber die bloße Kritik die Verbindlichkeitskraft von
Narrationen gefährden?

Wie Hannah Arendt einmal bemerkte, kann sich keine Theorie in puncto Inten-
sität und Reichtum mit einer „properly narrated story" vergleichen (Arendt 1970,
S. 22). Das bedeutet nicht nur, dass der theoretischen Argumentation die lebendige
Erzählung gegenüber gestellt wird, sondern dass man auch innerhalb theoretischer
Argumentationen die narrativen Elemente aufspürt und ihren Status innerhalb
der Argumentation erkundet. Die Wirkung von Narrationen kann man nicht einfach dadurch mindern, dass man behauptet zu sagen, wie es „wirklich" war noch
durch den Appell, rational zu argumentieren statt sich mit bloßen Erzählungen zu
begnügen. Wirksamen Narrationen ist letztlich nur durch Gegen-Narrationen zu
begegnen oder durch Umerzählungen desselben Metanarrativs.

Auf Narrationen zu verzichten würde bedeuten, auf eine wesentliche Möglichkeit der Festlegung politischer Verbindlichkeit zu verzichten. Auf politische Verbindlichkeit zu verzichten hieße aber, auf eine wesentliche Möglichkeit kollektiven
Handelns zu verzichten.

Wer das Metanarrativ des Volkes ablehnt, und dafür lassen sich sehr gute Gründe finden, sollte also kein Vakuum an Verbindlichkeit belassen, in das dann nur
Metanarrative eingefügt werden, die vermutlich noch problematischer sind als das
des Volkes: vom politisch völlig ungebundenen Individuum bis zu sektiererischen
Mustern kollektiver Religionsgemeinschaften. An Stelle des Volkes beispielsweise
die Menschheit zu setzen, wie es ein großer Teil des kosmopolitischen Diskurses
anstrebt, ist nicht nur eine Frage der „besseren" Argumente, sondern auch der Fähigkeit, das Kollektivsubjekt der Menschheit narrativ zu konstruieren. So wie das
Volk zuerst narrativ konstruiert war, bevor es sich mitgliedschaftlich organisieren
konnte, wird auch die politische Organisation der Menschheit auf der Basis der
Mitgliedschaft die erfolgreiche narrative Konstruktion zur Voraussetzung haben.
Hier wird freilich mit anhaltenden Konkurrenzen zu anderen Metanarrativen zu
rechnen sein.

Literatur

Anderson, Benedict. 1991. *Imagined communities. Reflections on the orgin and spread of
     nationalism.* London: Verso.
Arnold, Markus, Gert Dressel, und Willy Viehöver, Hrsg. 2012. *Erzählungen im Öffentlichen.
     Über die Wirkung narrativer Diskurse.* Wiesbaden: VS Verlag für Sozialwissenschaften.
Arendt, Hannah. 1970. *Men in dark times.* London: Mariner Books.

Aristoteles. 1993. *Rhetorik, übersetzt, mit einer Bibliographie, Erläuterungen und einem Nachwort von Franz G. Sieveke*. 4. Aufl. München: Wilhelm Fink.

Bhabha, Homi, Hrsg. 1990. *Nation and narration*. London: Routledge.

Bohnenkamp, Björn. 2009. *Generation als Erzählung. Neue Perspektiven auf ein kulturelles Deutungsmuster*. Göttingen: Wallstein Verlag.

Böss, Michael, Hrsg. 2011. *Narrating peoplehood amidst diversity. Historical and theoretical perspectives*. Aarhus: Aarhus University Press.

Brown, Erica, und Misha Galperin. 2009. *The case for Jewish peoplehood. Can we be one?* Woodstock: Jewish Lights Pub.

Canovan, Margaret. 2005. *The people*. Cambridge: UP.

Canovan, Margaret. 2006. The people. In *Oxford handbook of political theory*, Hrsg. John S. Dryzek, Bonnie Honig, und Anne Phillips, 349–362. Oxford: UP.

Churchill, Winston. 1958. *A history of the English-speaking peoples*. Bd. 4. London: Bantam Books (London 1956–1958; The Great Democracies).

Cicero, Marcus Tullius. 1954. *Rhetorica ad Herennium (Loeb classical library)*. Cambridge: Harvard UP.

Ciuata, Felix. 2007. Narratives of security. Strategy and identity in the European context. In *Discursive constructions of identity in European politics*, Hrsg. Richard C. M. Mole, 190–207. Houndmills: Palgrave Macmillan.

Coleman, Janet. 2000. *A history of political thought: From the middle ages to the renaissance*. Bd. 2. Oxford: UP.

Davis, Joseph E. 2002. Narrative and social movements. The Power of stories. In *Stories of change. Narrative and social movements*, Hrsg. Joseph E. Davis, 3–30. Albany: State University of New York Press.

Dewey, John. 1938. *Logic. The theory of inquiry*. New York: Read Books.

Dörner, Andreas. 1995. *Politischer Mythos und symbolische Politik. Sinnstiftung durch symbolische Formen am Beispiel des Hermannsmythos*. Opladen: Westdeutscher Verlag.

Fischer, Frank, Hrsg. 1996. *The argumentative turn in public policy and planning*. Durham: Duke UP.

Fischer, Frank. 2003. Public policy as narrative. Stories, frames, metanarratives. In *Reframing public policy: Discursive politics and deliberative practices*, Hrsg. Frank Fischer, 161–180. Oxford: UP.

Fischer, Frank, und Herbert Gottweis, Hrsg. 2012. *The argumentative turn revisited. Public policy as communicative practice*. Durham: Duke UP.

Gadinger, Frank, Sebastian Jarzebski, und Taylan Yildiz, Hrsg. 2014. *Politische Narrative. Ein neuer Analysezugang in der Politikwissenschaft*. Wiesbaden: Springer, i. E.

Gottweis, Herbert. 2006. Argumentative policy analysis. In *Handbook of public policy*, Hrsg. B. Guy Peters und Jon Pierre, 461–480. London: Sage.

Hebekus, Uwe, Ethel Matala de Mazza, und Albrecht Koschorke, Hrsg. 2003. *Das Politische. Figurenlehren des sozialen Körpers nach der Romantik*. Würzburg: Fink.

Jellinek, Georg. 1900. *Allgemeine Staatslehre*. 3. Aufl. Berlin: Book on Demand.

Kaplan, Thomas J. 1996. Reading policy narratives: Beginnings, middles, and ends. In *The argumentative turn in public policy and planning*, Hrsg. Frank Fischer, 167–212. Durham: Duke UP.

Koschorke, Albrecht, Susanne Lüdemann, Thomas Frank, und Ethel Matala de Mazza. 2007. *Der fiktive Staat. Konstruktionen des politischen Körpers in der Geschichte Europas*. Frankfurt a. M.: Fischer.

Lefort, Claude. 1990. Zur Frage der Politik. In *Autonome Gesellschaft und libertäre Demokratie*, Hrsg. Ulrich Rödel, 281–297. Frankfurt a. M.: Suhrkamp.

Lie, John. 2011. *Modern peoplehood. On race, racism, nationalism, ethnicity, and identity*. Berkeley: University California Press.

Llanque, Marcus. 2008. The rhetoric of intellectual manifestoes from the first world war to the war against terrorism. In *The Ashgate research companion to the politics of democratization in Europe. Concepts and histories*, Hrsg. Kari Palonen, Tuija Pulkkinen, und José Maria Rosales, 185–198. Aldershot: Ashgate.

Llanque, Marcus. 2010. On constitutional membership. In *The twilight of constitutionalism: Demise or transmutation?* Hrsg. Petra Dobner und Martin Loughlin, 162–178. London: Routledge.

Llanque, Marcus. 2011. Populus und Multitudo: das Problem von Mitgliedschaft und Zugehörigkeit in der Genealogie der Demokratietheorie. In *Ideenpolitik. Geschichtliche Konstellationen und gegenwärtige Konflikte,* Hrsg. Harald Bluhm, Karsten Fischer, und Marcus Llanque, 19–38. Berlin: Akademie.

Llanque, Marcus. 2012. Rhetorische Räume. In *Historisches Wörterbuch der Rhetorik*. Bd. 10: Nachträge, Hrsg. Gert Ueding, 1099–1126. Berlin: de Gruyter.

Llanque, Marcus. 2013. Der Begriff des Volkes bei Rousseau zwischen Mitgliedschaft und Zugehörigkeit. In *Der lange Schatten des Contrat Social. Demokratie und Volkssouveränität bei Jean-Jacques Rousseau*, Hrsg. Oliver Hidalgo, 31–52. Wiesbaden: Springer.

Mole, Richard C. M., Hrsg. 2007. *Discursive constructions of identity in European politics*. Houndmills: Palgrave Macmillan.

Moore, David K. 2009. Exploring narratives on economic globalization. In *Global democracy and its difficulties,* Hrsg. Anthony J. Langlois und Karol Edward Soltan, 68–81. London: Routledge.

Polletta, Francesca. 2006. *It was like a fever. Storytelling in protest and politics*. Chicago: The University of Chicago Press.

Quintilian, Marcus Fabius. 2011. *Ausbildung des Redners. 12 Bücher, lateinisch-deutsch*, Hrsg. von Helmut Rahn, 2. Bände. Darmstadt: Wissenschaftliche Buchgesellschaft.

Rabinow, Paul, und William M. Sullivan. 1979. The interpretative turn: Emergence of an approach. In *Interpretative social sciences. A reader,* Hrsg. Paul Rabinow und William M. Sullivan. Berkeley: University of California Press.

Roe, Emery. 1994. *Narrative policy analysis: Theory and practice*. Durham: Duke UP.

Skinner, Quentin. 1978. *The foundations of modern political thought, Vol. 1: The renaissance*. Cambridge: UP.

Skinner, Quentin. 1993. Scientia civilis in classical rhetoric and in the early Hobbes. In *Political discourse in early modern Britain,* Hrsg. Nicholas Phillipson und Quentin Skinner, 67–93. Cambridge: UP.

Skinner, Quentin. 1996. *Reason and rhetoric in the philosophy of Hobbes*. Cambridge: UP.

Smith, Rogers M. 2003. *Stories of peoplehood. The politics and morals of political membership*. Cambridge: UP.

Somers, Margaret R., und G. D. Gibson. 1994. Reclaiming the epistemological other. Narrative and the social constitution of identity. In *Social theory and the politics of identity*, Hrsg. Craig J. Calhoun, 39–99. Oxford: Blackwell.

Somers, Margaret R. 1994. The narrative constitution of identity: A relational and network approach. *Theory and Society* 23: 605–649.

Somers, Margaret R. 1995. Narrating and naturalizing civil society and citizenship theory: The place of political culture and the public sphere. *Sociological Theory* 13: 229–274.

Struve, Tilman. 1978. *Die Entwicklung des organologischen Staatsauffassung im Mittelalter.* Stuttgart: Hiersemann.

Van Eeten, und J. G. Michael 2006. Narrative policy analysis. In *Handbook of public policy analysis: Theory, politics, and methods,* Hrsg. Frank Fischer und Gerard J. Miller, 251–270. London: Sage.

Von Mohl, Robert. 1845. Die Staats-Romane. Ein Beitrag zur Literatur-Geschichte der Staatswissenschaften. *Zeitschrift für die gesamte Staatswissenschaft* 2: 24–74.

Von Mohl, Robert. 1858. *Geschichte und Literatur der Staatswissenschaften.* Bd. 1. Erlangen: Adamant Media Corporation.

Whitebrook, Maureen. 2001. *Identity, narrative, and politics.* London: Routledge.

Narrative Formen in Geschichtspolitik und Erinnerungskultur

Wolfgang Bergem

Zusammenfassung

Erzählen ist grundlegend für Verständnis und Erschließung von Wirklichkeit. Als allgemeines Organisationsprinzip der Selbstwahrnehmung, der Weltaneignung und der Identitätsproduktion hat Narrativität strukturbildende Funktion für menschliches Handeln und Bewusstsein. Die Unübersichtlichkeit (lebens-)geschichtlicher Erlebnisse und die mit ihnen verbundenen Kontingenzerfahrungen werden in den Prozessen ihrer narrativen Wahrnehmung und Verarbeitung zu Verständlichkeit, Plausibilität und Zielgerichtetheit transformiert. Der politischen und gesellschaftlichen Wirklichkeit kommen somit erst durch ihre narrative Erfassung und Gestaltung die Kohärenz, Kausalität und Sinnhaftigkeit einer Geschichte zu. Indem Erzählen Realität verdichtet, wandelt es Geschehen in Geschichten um, die dann als Gegenstand der Erinnerung zu Geschichte gerinnen können. Der Beitrag geht der Frage nach, wie im Erzählen von Geschichten, die in einem von mehreren Individuen geteilten Gedächtnis aufbewahrt werden, die narrativen Formen von Geschichtspolitik und Erinnerungskultur Gemeinschaftlichkeit und kollektive Identität konstituieren sowie politische Legitimität produzieren.

W. Bergem (⊠)
Seminar für Sozialwissenschaften, Philosophische Fakultät
Universität Siegen Adolf-Reichwein-Str. 2
57068 Siegen, Deutschland
E-Mail: wolfgang.bergem@uni-siegen.de

W. Hofmann et al. (Hrsg.), *Narrative Formen der Politik*,
DOI 10.1007/978-3-658-02744-5_3, © Springer Fachmedien Wiesbaden 2014

1 Ausgangsüberlegung

Vor 112 Jahren erhielt der deutsche Historiker Theodor Mommsen kurz nach seinem 85. Geburtstag den Nobelpreis für Literatur und damit einen Preis, der dem Testament Alfred Nobels zufolge an die Person vergeben werden soll, „who shall have produced in the field of literature the most outstanding work in an ideal direction".[1] Mommsen war Dichter? Nein. Oder genauer: Nein und Ja. Denn in der Begründung der Preisvergabe hieß es, der Literaturnobelpreis werde im Jahr 1902 an „the greatest living master of the art of historical writing, with special reference to his monumental work, A history of Rome" verliehen.[2] Die Ehrung für die zwischen 1854 und 1885 in mehreren Bänden erschienene *Römische Geschichte* galt einem Althistoriker, der sich selbst auch als Künstler verstand, denn Mommsen zählte die Geschichtsschreibung zu den poetischen Gattungen, wenn er formulierte: „Die Phantasie ist wie aller Poesie so auch aller Historie Mutter" (zit. n. Hermann 1986, S. 33). Heute mag man lange darüber streiten, ob der Begriff der Literatur gattungstypologisch auch Sachliteratur, also non-fiction, umfasst und inwieweit künstlerische Qualität Kriterium von – in diesem Sinn – literarischen Texten sein soll: Diese Diskussion wird hier aber nicht geführt; die Preisverleihung zu Beginn des letzten Jahrhunderts wurde angeführt, weil sie ein Schlaglicht auf die epische Qualität der Historiographie wirft, auf ihre narrativen Elemente, vielleicht auch ihre fiktionalen Elemente. Um narrative Formen in Geschichtspolitik und Erinnerungskultur soll es in diesem Beitrag gehen.

2 Narrativität und Identität

Diesseits erzähltheoretischer Erwägungen, mit deren Hilfe zwischen *Geschichte*, *Erzählung*, *Narration* und *Narrativ* unterschieden werden kann,[3] soll es für die Zwecke dieses Beitrags hinreichend sein, *Narration* und *Narrativ* in der Grundbedeutung von *Erzählung* zu verstehen, wobei *Narrativ* den Akzent auf den narrativen

---

[1] The Nobel Prize in Literature, in: http://www.nobelprize.org/nobel_prizes/literature/ (30.3.2013).

[2] The Nobel Prize in Literature 1902, in: http://www.nobelprize.org/nobel_prizes/literature/ laureates/1902/[30.3.2013].

[3] etwa Genette (1998, S. 15–20); Abbott (2008, S. 339 f.); Ryan (2008, S. 344–347); Aumüller (2012, S. 141–144, 158–161).

Akt, also den Prozess oder auch die Tätigkeit des Erzählens und damit auf die Produktion einer Erzählung setzt und *Narration* auf das Ergebnis dieses Vorgangs als ein Muster mit gewissen Strukturen abhebt. Der Begriff *Narrativität* hingegen zielt nicht wie *Narration* auf Erzählungen als Gegenstand makrostruktureller Forschung, sondern auf mikrostruktureller Ebene und aus der hier zentralen „temporalen Perspektive" (Lehmann 2012, S. 171) auf das Erzählen mit der „Illusion der Präsenz" oder der „Vergegenwärtigung" (Lehmann 2003, S. 1) und postuliert eine bestimmte Aussage zur *condition humaine*. Er zielt auf eine spezifische Form, menschliches Sein zu verstehen, den Menschen (auch) als *animal narrans* aufzufassen, als erzählendes Wesen, als in erzählten Geschichten lebendes und in erzählter Geschichte sich orientierendes Wesen.

Das Erzählen von Geschichten ist ein transkulturelles, transhistorisches und im Blick auf die Vermittlungsformen auch transmediales Phänomen. Das Bedürfnis zu erzählen kann als anthropologische Konstante angesehen werden; auf Geschichten gründen sich die vielfältigen Formen der Vergemeinschaftung von Menschen. Erzählen ist grundlegend für unser Verständnis und unsere Erschließung von Wirklichkeit. Als allgemeines Organisationsprinzip der Selbstwahrnehmung, der Weltaneignung und der Identitätsproduktion ist Narrativität strukturbildend für menschliches Handeln und Bewusstsein. Als Sinnsucher transformiert der Mensch seine unübersichtlichen, kontingenten und widersprüchlichen Erlebnisse in den Prozessen ihrer narrativen Wahrnehmung und Verarbeitung zu verständlichen, plausiblen und teleologischen Erfahrungen. Narrativen kommt eine sinnstiftende Funktion zu „nicht auf Grund ihrer jeweiligen Inhalte, sondern auf Grund der ihnen eigenen strukturellen Konstellationen: weil sie eine lineare Ordnung des Zeitlichen etablieren" (Müller-Funk 2008, S. 29). Das als disjunkt und disparat Wahrgenommene fügt die Narration in eine kohärente Ordnung. Dabei verbürgt die „Linearität narrativer Grundmuster [. . .] eine Kontinuität, die dem Erdenbürger eine einigermaßen stabile Identität beschert und die Angst vor dem Chaos bannt" (Müller-Funk 2008, S. 29). Was zuvor chaotisch und kontingent war oder so zu sein schien, wird in der narrativen Bearbeitung zu einer sinnvollen Geschichte mit Anfang und Ende – das gilt für die erzählte Lebensgeschichte einer Person wie für die Geschichtserzählung von Großkollektiven wie Nationen.

Narrative Formen sind somit nicht nur grundlegend für Prozesse individueller Weltaneignung und sozialer Integration; ihnen kommt dabei auch zentrale Bedeutung für die Ausprägung der Identität von Einzelnen und von gesellschaftlichen Kollektiven zu. Personale Identität kann weder von der Leiblichkeit des Menschen, die Veränderungen durch Wachstum und Alterung unterworfen ist, langfristig stabil gehalten werden noch von seinem Bewusstsein, das in noch stärkerem Maße dem Wandel und der Möglichkeit von Konversionen unterliegt. Kontinuität und

Stabilität personaler Identität ergeben sich aber in stärkerem Maße daraus, dass eine Person sich als einmaliges Wesen begreifen, ihre individuelle Lebensgeschichte als Einheit verstehen und dieses einzigartige „Geschehen seriell aneinandergereihte[r] Ereignisse" (Martínez und Scheffel 2012, S. 112) als Geschichte ihres Lebens erzählen kann. Auch wenn sich Lebensgeschichten mit der Zeit ändern können, in Abhängigkeit von der Situation, in der sie erzählt werden, sowie von den Rezipienten variieren und ihr Erzähler im Verlauf seines Lebens neue Narrative hinzufügt, alte herausnimmt oder neu konfiguriert,[4] ist die Narrativität einer Biographie eine wichtige Voraussetzung für die Kohärenz personaler Identität. Dabei verweist die „Kontextualität von Selbstnarrationen" (Neumann 2005, S. 64) auf den multiplen, dynamischen und für Veränderungen offenen Charakter personaler Identität. Identitäten formen sich im Erzählen von Geschichten aus, von Geschichten des Lebens und von Lebensgeschichten, in Erzählungen von realem oder erfundenem Geschehen und auch der vielfältigen Formen, in denen „deskriptive", „normative" und „voraussagende Wirklichkeitserzählungen"[5] mit Elementen fiktionalen Erzählens kombiniert werden.

Gerade die autobiographische Erzählung weist diese Hybridbildungen aus faktualem und fiktionalem Erzählen auf, indem hier tatsächlich selbst Erlebtes mit narrativen oder visuellen Versatzstücken aus Büchern und Filmen zusammenmontiert und dadurch Vergangenheit auch erfunden wird. Im Blick auf die narrative Weitergabe der nationalsozialistischen Vergangenheit in familialen Generationenbeziehungen hat das von Harald Welzer geleitete Forschungsprojekt „Tradierung von Geschichtsbewusstsein" deutlich gemacht, wie sehr sich die in den Familien zwischen den Generationen erzählten Geschichten durch narrative Ergänzungen und Neumontagen verändern. Die Erkenntnis aus dieser Studie, dass der Holocaust „keinen systematischen Platz im deutschen Familiengedächtnis" habe, welches jedoch „die primäre Quelle für das Geschichtsbewusstsein" und diskrepant zur öf-

---

[4] Diese Eigenschaft der Diskontinuität rückt Charlotte Linde (2008, S. 278) sogar ins Zentrum ihres Verständnisses von Lebensgeschichten, wenn sie „life story" definiert als „a temporally discontinuous unit of all the stories told by an individual during the course of his/her lifetime".

[5] Christian Klein und Matías Martínez (2009, S. 1, 6) unterscheiden idealtypisch diese drei Formen von „Wirklichkeitserzählungen" als den „Erzählungen mit unmittelbarem Bezug auf die konkrete außersprachliche Realität" und weisen den deskriptiven Wirklichkeitserzählungen einen Geltungsanspruch in Orientierung an der Dichotomie „wahr vs. falsch" zu, den normativen Wirklichkeitserzählungen an der Dichotomie „richtig handeln vs. falsch handeln" und den voraussagenden Wirklichkeitserzählungen an der Dichotomie „plausibel vs. unplausibel". Die „Rekonstruktionen von Ereignissen in der Geschichtsschreibung" werden von den beiden Autoren ohne weitere Problematisierung den deskriptiven Wirklichkeitserzählungen zugeordnet.

fentlichen Erinnerungskultur sei (Welzer et al. 2002, S. 210), zeigt eine wachsende Kluft zwischen dem kognitiven, in Schulen, Musen, Gedenkstätten oder anderen geschichtspolitischen Kontexten durchaus erworbenen Geschichts*wissen* und der emotionalen, in der selbstverständlichen Erinnerungsgemeinschaft der Familie erworbenen Geschichts*gewissheit* auf.

Mit der narrativen Gestaltung von Lebensentwürfen und des jeweils individuellen Verhältnisses zur gesellschaftlichen und politischen Wirklichkeit sind Narrationen als grundlegender „Modus der sozialen Konstruktion von Wirklichkeit" zum einen „in soziales Handeln eingebettet", zum anderen machen sie „vergangene Ereignisse sozial sichtbar und dienen dazu, die Erwartung zukünftiger Ereignisse zu begründen" (Kraus 1999, S. 4). Dabei begrenzt diese soziale Rahmung narrativer Identifikationen den „Gestaltungsspielraum autobiographischer Erinnerungselaborationen und hiermit auch narrativer Identitätskonstruktionen" und bewirkt, dass dieser bei aller grundsätzlich gegebener „Flexibilität und Variabilität nicht beliebig dehnbar ist" (Neumann 2005, S. 64 f.). Geschichten können eigene oder fremde Identität gegenwärtig und fassbar werden lassen. Für Hermann Lübbe (1979, S. 655) gewinnen Individuen „erst über ihre Geschichten [...] identifizierbare Identität". Geschichten vermögen, Identität zu produzieren, zu präsentieren und zu problematisieren. Deren Entstehung und Ausprägung kann selbst zum Gegenstand der Erzählungen werden: Personale Identitäten werden durch Narrationen über sie gebildet. Diese Narrativität von Identität macht ihre Konstruktion zum sozialen Prozess: Indem Geschichten darüber erzählt werden, wer und was jemand sei oder gerne sein möchte, wird Identitätsbildung zu einem Akt der Kommunikation und sozialen Interaktion. Mit diesen beiden Fragen „qui suis-je?" und „que suis-je?" bezeichnet Paul Ricœur (1990, S. 147) die Differenz zwischen Ipse-Identität und Idem-Identität, zwischen den im Englischen mit *selfhood* und *sameness* unterschiedenen Identitätsarten. Die narrative Artikulation, wer jemand sei und was, vollzieht sich in einem kulturspezifisch definierten Raum und auch im Rückgriff auf die verfügbaren und „kulturell kanonisierten Erzählmuster" (Neumann 2005, S. 68). Deshalb sind in Identitätsnarrativen immer auch soziale Erwartungen und Evaluationen antizipiert. Der politischen und gesellschaftlichen Wirklichkeit kommen erst durch ihre narrative Erfassung und Gestaltung die Kohärenz, Kausalität und Sinnhaftigkeit einer Geschichte zu. Als anthropologischer Grundzug wurde Narrativität vor allem bei Paul Ricœur (1990) in *Soi-même comme un autre* und in Alasdair MacIntyres (1984, S. 216) Vorstellung vom Menschen als „story-telling animal" in *After Virtue* ausgearbeitet (Bergem 2009, S. 214–223; Römer 2012, S. 234–244).

3 Memorabilität und Kulturalität

Für die in Geschichtspolitik und Erinnerungskultur relevant werdenden narrativen Formen ist neben dem Erzählen das Erinnern ein zentraler Modus der Bildung personaler wie kollektiver Identität. Als *animal commemorans*, als ein zur Erinnerung befähigtes Wesen ist der Mensch an Schöpfung und Formung einer jeweils spezifischen Kultur beteiligt, die nicht nur kollektiv geltende Standardisierungen für einen kommunikativen Austausch von Informationen gewährleistet, sondern die für relevant gehaltenen Informationen auch selektiert und konserviert, um sie an folgende Generationen zu tradieren, deren Erinnerungen zu organisieren und dabei Gemeinschaftlichkeit zu produzieren. Die Erzählung, wer und was jemand sei und wie er oder sie so geworden sei, ist immer eine auf Erinnerung aufbauende Identitätskonstruktion. Auf der Grundlage von Erinnerungen werden – individuelle und kollektive – Selbstbilder, aber auch Fremdbilder entworfen und stabilisiert. Wie Narrativität ist auch Memorabilität ein kultureller Modus zur Verknüpfung von Individuum und Gesellschaft. Allerdings können die Spezifika individueller Erzählung und Erinnerung nicht ohne weiteres auf kollektive Phänomene übertragen werden, denn „außerhalb des je individuellen Bewusstsein [gibt es] kein Kollektivbewusstsein, dem Erinnerung, Gedächtnis, Unbewusstes, Vergessen oder Verdrängung zugeschrieben werden könnte" (Erll 2005, S. 96), und sicherlich kann „das kollektive Gedächtnis nicht als eine einfache Analogie des individuellen Gedächtnisses" präsentiert werden (A. Assmann 2006, S. 35). So wie jede kollektive, gesellschaftliche oder kulturelle Dimension von Identität als eine Metaphorisierung personaler Identität verstanden werden kann (Bergem 2005, S. 36–58), knüpft nämlich auch die im Begriff der Erinnerungskultur eingeschlossene Vorstellung von kollektivem Erinnern und kollektivem Gedächtnis an metaphorische Redeweise über einen Gegenstand mit dem eigentlichen Bedeutungszusammenhang individuellen Erinnerns und individuellen Gedächtnisses an. Ohne dass also ein formaler Vergleich zwischen dem im Attribut Bezeichneten, einer Gruppe von Personen bis hin zu Großkollektiven wie Ethnien und Nationen, und dem attributiv Bezeichnenden, dem Individuum als dem unmittelbaren Träger von Erinnerungen und Gedächtnis, vorgenommen würde, wird in diesen metaphorischen Sprachbildern die Fähigkeit zu Erinnerung und Gedächtnis vom Bildspender, dem Individuum, auf den Bildempfänger, das Kollektiv, übertragen.

Dass das kollektive Gedächtnis erst durch individuelle Prozesse des Erinnerns überhaupt konkret werden kann, hat bereits Maurice Halbwachs in seinen wegweisenden Arbeiten zum kollektiven Gedächtnis deutlich gemacht: Mit der These, dass das Gedächtnis eines Menschen von *cadres sociaux* determiniert sei und der

Einzelne sich stets als Mitglied einer bestimmten Gruppe von Menschen erinnere, entwirft er die Beziehung zwischen individuellem und kollektivem Gedächtnis als ein Verhältnis wechselseitiger Abhängigkeit (Halbwachs 1966). Das kollektive Gedächtnis leitet aus seiner Sicht „seine Kraft und Beständigkeit daraus her[…], daß es auf einer Gesamtheit von Menschen beruht", die sich als Mitglieder der jeweiligen sozialen Gruppe erinnern. Mit dieser Annahme erscheint das individuelle Gedächtnis als „ein ‚Ausblickspunkt' auf das kollektive Gedächtnis", wobei dieser *point de vue* „je nach der Stelle, die wir darin einnehmen," wechselt und diese Stelle selbst wiederum „den Beziehungen zufolge, die ich mit anderen Milieus unterhalte", sich verändert (Halbwachs 1967, S. 31). Durch seine Zugehörigkeiten zu verschiedenen sozialen Gruppen und die sich daraus ergebenden Formen und Inhalte des Erinnerns hat der Einzelne somit auf individuell spezifische Weise und in manchmal komplexen Kombinationen Anteil an verschiedenen kollektiven Gedächtnissen und Erinnerungskulturen.

Das auf Akte des Erinnerns als jeweils individuell spezifische Prozesse gegründete kollektive Gedächtnis verbindet die Vergangenheit mit der Gegenwart und Zukunft eines Kollektivs. Wenn Erinnerungen auf individueller Ebene Voraussetzung für die Entwicklung von Identität sind, wenn sie nicht nur identitätsstiftend im Sinne eines „life making", sondern auch „potentiell identitätszersetzend wirken" können (Neumann 2005, S. 20 f.), dann gilt diese Ambivalenz von Erinnerungsleistungen auch für kollektive bzw. kulturelle Phänomene. Somit kann die Vergangenheit zu einer geschichtspolitischen Ressource zum einen, in den meisten Fällen, kollektiver Selbstvergewisserung und zum anderen, unter bestimmten Umständen, einer kollektiven Verunsicherung werden; sie kann in den Dienst politischer Legitimation, gegebenenfalls aber auch politischer Delegitimation gestellt werden.

Erzählen und Erinnern sind nun als Generatoren von Identität, Kulturalität und Legitimität eng miteinander verknüpft. Geschichten von etwas in der Vergangenheit Erlebtem, das für einen größeren Kreis von Personen bedeutsam ist, können zu Geschichte werden, indem und insofern sie erzählt werden. Die solcherart erzählte Vergangenheit wird zur Erinnerung dieser Gruppe. Das Erzählen von Geschichten, die in einem von mehreren Personen geteilten Gedächtnis aufbewahrt werden, begründet eine Erinnerungs- und Erzählgemeinschaft. Erzählen und Erinnern befinden sich dabei in einem situativ variablen Verhältnis wechselseitiger Kausalität. Das Erzählen ist dabei zwar wie alle kommunikativen Akte stets ein kollektives Phänomen, wird aber in der Regel von einem einzelnen Erzähler vorgenommen; das Erinnern hingegen hat prinzipiell eine individuelle und eine kollektive Komponente: Einerseits kann das, was individuell erinnert wird, anderen erzählt werden – hier konstituiert das Erinnern eine Erzählgemeinschaft. Andererseits kann das, was von jemandem erzählt wird, kollektiv, von den Zuhörern, Lesern oder Zuschauern der Erzählung, erinnert werden – hier begründet das Erzählen eine Erinnerungsgemeinschaft. Die eine Erinnerungsgemeinschaft und eine Erzählgemeinschaft auf der Ebene von Großkollektiven fundierenden Geschichten mit ihren spezifischen Themen, Akteuren, Helden und Opfern, ihren Triumph- und Leiderfahrungen, mit den ihnen zugewiesenen zeitlichen und örtlichen Charakteristika sowie nicht zuletzt die Suche nach einem mit ihnen zu verbindenden *fabula docet* und die Kontroverse um dessen Inhalt sind Gegenstand von Geschichtspolitik und Erinnerungskultur.

4 Faktualität und Fiktionalität

Als Modus einer Verdichtung von Realität wird Erzählen zum Medium der Umwandlung von Geschehen in Geschichten, die dann als Gegenstand individueller oder kollektiver Erinnerung zu Geschichte gerinnen können. Unter den rhetorischen Figuren kommt vor allem der Metapher die Fähigkeit zu, durch semantische Verdichtung Dinge sinnlich wahrnehmbar und nachvollziehbar erscheinen zu lassen, in Form einer Verdichtung von Wort und Bild komplexe Sachverhalte anschaulich und kommunikabel zu machen. Doch auch abgesehen von dieser besonders prägnanten Form kann Verdichtung als poetisches Verfahren zur Verarbeitung von Wirklichkeit gelten. Als narrative Strategie ist Verdichtung auf eine Vereinfachung und Veranschaulichung des Dargestellten hin angelegt. Dabei ist Erzählen untrennbar mit Entscheidungen beim Auswählen des Dargestellten verbunden; es schließt immer auch ein, „das zu unterschlagen, was nicht erzählt wird, was besser vergessen oder verheimlicht werden soll"; so wird eine bestimmte Geschichte womöglich deshalb erzählt, um „eine andere Geschichte nicht erzählen zu müssen" (Müller-Funk 2008, S. 91). Die spezifische Selektionsleistung und auch Gatekeeper-Funktion der narrativen Verdichtung liegt nun darin, dass insbesondere die Realitätsausschnitte, die zu Narrationen verdichtet werden können und tatsächlich auch verdichtet worden sind, im kollektiven Gedächtnis einer Gruppe archiviert und erinnert werden können. Die Narrativität eines Phänomens bzw. eines Geschehens ist hier also Bedingung seiner Memorabilität.

Jedoch ist zu prüfen, gerade wenn Aspekte politischer und gesellschaftlicher Wirklichkeit verdichtet werden, wie weit die mit der narrativen Operation der Verdichtung bewirkte Formumwandlung ihren Gegenstand verändert: Wie weit also ist die erzählerisch verdichtete Wirklichkeit von – unterstellt, es gibt sie – *der* Wirklichkeit entfernt? Im Blick auf den „Realitätscharakter" und auf die „Redesituation" wird in der Erzähltheorie einerseits unterschieden, ob „von realen oder erfundenen

Vorgängen" erzählt wird, und andererseits, ob dieses Erzählen „im Rahmen von all-täglicher Rede oder aber im Rahmen von dichterischer Rede" geschieht (Martínez und Scheffel 2012, S. 12). Somit können für Erzählungen die beiden Merkmalspaare „real vs. fiktiv" und „dichterisch vs. nichtdichterisch" zu vier Formationen kombiniert werden: Als „faktuale Erzählung" gilt demnach zum einen der „Normalfall der nichtdichterischen Erzählung" mit dem Anspruch, in Form der authentischen Erzählung von historischen Personen und Ereignissen, von realen Sachverhalten oder Vorgängen zu berichten, und zum anderen der „Sonderfall" der nichtdichterischen Erzählung frei erfundenen Geschehens, die sich als Lüge gegebenenfalls mit der Absicht zu Manipulation und Täuschung verbindet. Als Normalfall der fiktionalen Erzählung hingegen wird der „in dichterischer Rede", etwa in Gestalt eines Märchens oder einer Fabel, formulierte Bericht von „eindeutig erfundenen Vorgängen" angesehen, während der in Form der „erzählenden Dichtung" gefasste Bericht von historischen Ereignissen bzw. von Ereignissen im Rahmen oder vor dem Hintergrund eines real stattgefundenen Geschehens wiederum einen besonderen Fall darstellt (Martínez und Scheffel 2012, S. 12 f.). Hier rückt Dichtung an die Grenze zum Dokumentarischen und die Fiktion nähert sich dem Faktischen.

Gleichwohl postuliert in diesem Fall der Erzähler, der sich als fiktive Figur oder auch, neutraler, als narrative Instanz an seinen Leser bzw. seinen narrativen Adressaten wendet, und nicht der Autor die Authentizität der Geschichte. Diese Unterscheidung tritt im Fall des epischen Ich-Erzählers, der mit dem Anspruch, ein „historisches Ich" zu sein, eine „Quasi- oder fingierte Wirklichkeitsaussage", gleichsam eine „Mimesis der Wirklichkeitsaussage", trifft, besonders deutlich zutage (Hamburger 1968, S. 260, 265). Im Bezug auf die narrative Ebene kann zudem zwischen dem extradiegetischen Erzähler außerhalb der Welt der von ihm erzählten Geschichte, dem intradiegetischen Erzähler einer Binnenerzählung, der als Figur der Welt der erzählten Rahmengeschichte angehört, und dem metadiegetischen Erzähler einer Erzählung dritter Stufe, der als Figur der Welt einer erzählten Binnengeschichte angehört, die selbst wiederum zu einer Rahmengeschichte wird, unterschieden werden. Weiterhin kann im Bezug auf die Stellung des Erzählers zu dem von ihm erzählten Geschehen ein homodiegetischer Erzähler, der als Figur an der erzählten Geschichte beteiligt ist, von einem heterodiegetischen Erzähler, der als Figur in der von ihm erzählten Geschichte nicht vorkommt, abgegrenzt werden (Genette 1998, S. 162–169; Martínez und Scheffel 2012, S. 78–87).

Zumal die letzte diese narratologischen Unterscheidungen kann für faktuale wie für fiktionale Erzählungen vorgenommen werden; die Frage nach narrativen Formen in Geschichtspolitik und Erinnerungskultur stellt sich vor allem im Blick auf den Erzähler der Geschichte. Bereits Aristoteles stellte in der *Poetik* fest, es sei „nicht die Aufgabe des Dichters [...], zu berichten, was geschehen ist, sondern vielmehr, was geschehen könnte und was möglich wäre nach Angemessenheit oder Notwendigkeit." Aus dieser Aufgabenzuweisung schließt Aristoteles die Überlegenheit der Dichtung, die „eher vom Allgemeinen", vom Allgemeingültigen rede und daher „auch philosophischer und bedeutender [sei] als die Geschichtsschreibung", die „vom Besonderen", von dem mit Kontingenz behafteten konkreten Einzelfall handle (Aristoteles 1981, S. 36). Doch diese grundsätzliche Unterscheidung zwischen dem Geschichtsschreiber, der „erzählt, was geschehen ist", und dem Dichter, der erzählt, „was geschehen könnte" (Aristoteles 1981, S. 36), trägt auch nur so weit, wie die Geschichtsschreibung in ihrem Selbstbild sich kein „Amt, die Vergangenheit zu richten, die Mitwelt zum Nutzen zukünftiger Jahre zu belehren," zuweisen lassen, sondern „blos zeigen" will, „wie es eigentlich gewesen", wie Leopold von Ranke (1885, S. VII) in seiner berühmt gewordenen Wendung in der Vorrede zu seinem Erstlingswerk von 1824 den Kern der Methode der realistischen Historiographie formuliert hat.

5   Historizität und Konstruktivität

Mit der grundlegenden Annahme, „sofern man das Gewesene treu erzähl[e]", werde „die Erklärung von der Erzählung selbst freigesetzt", wies Ranke wie andere Vertreter des historischen Realismus des 19. Jahrhunderts dem Historiker die Aufgabe zu, er solle in Orientierung an Vorstellungen von Objektivität und Neutralität „das ‚Geschehene' ohne begriffliche Zurichtung oder ideologische Verformung des Stoffs ‚berichten'". Dennoch zielte seine Historiographie auf „das Wesen einer ‚Idee' im Innersten des Entwicklungsprozesses" – wie in seiner Geschichtstheorie vor allem das Wesen der „Idee der Nation" –, dessen er „mit dem Netz erzählender Prosa habhaft werden" wollte (White 1991, S. 188, 225, 250). Von dem bei Ranke als Selbstbescheidung formulierten Anspruch der Geschichtsschreibung, zu zeigen oder überhaupt zeigen zu können, „wie es eigentlich gewesen" sei, kann heute, nachdem der Konstruktivismus nach seinem Triumphzug durch die Sozialwissenschaften auch die Historiographie mehr oder weniger affiziert hat, immer weniger die Rede sein. Bereits der Soziologe und Sozialpsychologe Maurice Halbwachs (1966, S. 132) hat die Erinnerung als „Rekonstruktion der Vergangenheit" beschrieben; damit wurde Vergangenheit als etwas kulturell Geschaffenes, d. h. hier: narrativ Geschaffenes und von einem Erzähler zu Erschaffendes entworfen.

In der Historiographie hat vor allem der Historiker und Literaturwissenschaftler Hayden White seit den 1970er Jahren und beginnend mit seiner Studie *Metahistory*

eine neue Sicht auf die „Poetik der Geschichte", die „Tiefenstruktur der historischen Einbildungskraft", auf die Qualität des „historischen Texts als literarischem
Kunstwerk" und die „Fiktion der Darstellung des Faktischen" eröffnet sowie auf die
„Erzählstruktur", die „narrative Form" oder „Plotstruktur" und die „Tropologie"
der Geschichtsschreibung, der zufolge Geschichte „in den Formen der Metapher,
der Metonymie, der Synekdoche und der Ironie" verfasst werde.[6] Für die meisten der seinerzeit um eine Szientifizierung ihres Fachs bemühten Historiker war
Whites Verständnis der Geschichtsschreibung als narrativer Modellierung, die in
poetologischen Kategorien zu erfassen sei, über sieben Jahrzehnte nach der Nobel-
preisvergabe an Mommsen ein Affront, sah man doch den Anspruch auf Wahrheit
und Wirklichkeitsgehalt historischer Forschungsergebnisse torpediert. Wie scharf
die Kritik an White und wie tief die entstandene Verunsicherung in der Historiographie waren, lässt sich erahnen, wenn noch in einem Beitrag aus dem Jahr 2012
vor allem das „polemische Potential" von *Metahistory* betont und postuliert wird,
dass der These Whites, „dass die unbewussten ‚präkognitiven' sprachlichen Entscheidungen grundsätzlicher und wesentlicher [seien] als die bewusst stattfindende
methodische Reflexion des Historikers, dass die Geschichte also keine Historik,
sondern nur eine Poetik habe", heute „nur die wenigsten folgen".[7]

---

[6] White (1991, S. 15 f., 163, 556; Ders. 1986, S. 7, 88, 101, 145, 152). Anfang der 1970er Jahre
hat Harald Weinrich (1973, S. 521) darauf hingewiesen, dass „in der Geschichtsschreibung
erzählende und besprechende [. . .] Strukturen kombiniert werden." Bei demselben Anlass,
einem Kolloquium der Forschungsgruppe Poetik und Hermeneutik, warnte allerdings auch
Christian Meier (1973, S. 576f.) davor, die Analogie „zwischen politischem Ereignis und
Kunstwerk" über die Feststellung, dass „beide bedeutungsoffen sind", hinaus zu treiben, und
postulierte: „Geschichte liegt im Gegensatz zum Kunstwerk nie als ein Text vor uns, sondern
es liegen bestenfalls Texte vor uns, durch wir zu dem, was wir von der Geschichte noch fassen
können, hindurchzukommen versuchen müssen."

[7] Rüth 2012, S. 21, 23. Auch wird in diesem Beitrag Whites Ansatz in etwas verzerrender
Weise dargestellt: So wird dem in Santa Cruz und an der Stanford University lehrenden Amerikaner vorgehalten, seine „Behauptung, historiographische Texte seien narrative Konstrukte,
die keinen größeren Anspruch auf Wahrheit hätten als fiktional-literarische Erzählungen,
rückte fiktionale Literatur und Geschichte in extreme Nähe zueinander" (Rüth 2012, S. 21).
Unbeachtet bleibt dabei Whites Klarstellung, dass „*historische Ereignisse* sich von *fiktionalen
Ereignissen* in eben der Weise unterscheiden, wie dies in der Nachfolge von Aristoteles immer
wieder beschrieben worden ist. Historiker haben es mit Ereignissen zu tun, denen ein bestimmten raum-zeitlichen Ort zugewiesen werden können, Ereignissen, die im Prinzip beobachtbar sind oder wahrnehmbar sind (oder waren), während Autoren fiktionaler Literatur –
Dichter, Romanautoren, Dramatiker – es sowohl mit jener Art als auch mit vorgestellten, hy-
pothetischen oder erfundenen Ereignissen zu tun haben." Was ihn hingegen interessiere, sei
„die Frage, inwieweit der Diskurs des Historikers und der des Autors fiktionaler Literatur sich
überschneiden, Ähnlichkeiten aufweisen oder einander entsprechen" (White 1986, S. 145).

In Anknüpfung an die Thesen Hayden Whites prägt Reinhart Koselleck (1979, S. 153) Ende der 1970er Jahre für die Verdichtung von Vergangenheit zu Geschichte den Begriff der historiographischen „Fiktion des Faktischen". Den Prozess, in dem vergangenes Geschehen ausgewählt, zusammenmontiert und mit Sinn aufgeladen wird, bezeichnet Eric Hobsbawm (1983) als „invention of tradition". Für Heinz von Foerster fällt die Entscheidung, ob „Geschichte nun *fact* oder *fiction*" sei, eindeutig aus: „Sie ist *fiction*, Fiktion" (Foerster et al. 1997, S. 131). Das sich *peu à peu* etablierende Verständnis von Geschichte als *story-telling* und der zunehmend reflektierte Umgang mit der Narrativität und gegebenenfalls auch Fiktionalität des von der Historiographie Erzählten stellen die Frage nach dessen Wirklichkeitsgehalt unter andere Vorzeichen.

Die Geschichtsschreibung kann der grundsätzlich narrativen Qualität, die die historische Erkenntnis selbst wie deren Vermittlung in der historischen Erklärung kennzeichnet, nicht entgehen. Hermann Lübbe (1973, S. 544) hebt dieses Verwiesensein der Geschichte auf das Erzählen einer Geschichte hervor, wenn er zum einen feststellt, dass die historische Erklärung „den ohne diese Erklärung unverständlichen Fall dadurch [erkläre], daß sie ihn als Resultante sich überkreuzender Handlungen verschiedener Subjekte" erkläre, und zum anderen dasjenige als „einer historischen Erklärung [für] bedürftig [hält], was weder handlungsrational noch systemfunktional erklärt werden kann, und auch aus kausalen oder statistischen Ereignisfolge-Regeln nicht ableitbar ist. Die historische Erklärung in dieser Charakteristik erklärt weder durch Rekurs auf Sinn, noch erklärt sie nomologisch. Sie erklärt, was sie erklärt, durch Erzählen einer Geschichte."

Folgt man den in der Narratologie gängigen Definitionen, kann *Erzählung* verstanden werden erstens als „die narrative Aussage, der mündliche oder schriftliche Diskurs [. . .], der von einem Ereignis oder einer Reihe von Ereignissen berichtet", zweitens als „die Abfolge der realen oder fiktiven Ereignisse, die den Gegenstand" einer Binnenerzählung ausmachen, und drittens als der „Akt der Narration selber" (Genette 1998, S. 15) oder auch als „der schriftliche oder mündliche Diskurs, der von einem Geschehen erzählt" bzw. als „schriftliche oder mündliche Darstellung einer Handlung" (Martínez und Scheffel 2012, S. 32, 210). In Abgrenzung dazu stellt Axel Rüth (2012, S. 24 f., 27) bei seiner Konzeption eines „geschichtslogischen Erzählbegriffs" den „Aspekt der Zeitlichkeit" in den Mittelpunkt seines Verständnisses von *Erzählung* als einer „kognitiven Operation, mittels derer Geschehen aus dem Kontinuum der Zeit herausgelöst und in eine verständliche, abgeschlossene Geschichte mit Anfang und Ende überführt wird – eine Operation, bei der heterogenes Material selektiert und perspektivisch angeordnet wird." Durch die Erzählung werde das offene und als chronikalisch vorgestellte Kontinuum der Zeit in eine geschlossene Form von Zeitlichkeit überführt und „die reine Abfolge der natürlichen Diachronie in eine neue, konzeptuell geordnete Diachronie übersetzt." Auch indem *Erzählen* als „kulturelle *kognitive* Kompetenz" (Rüth 2012, S. 24; Hervorh. d. W.B.) ausgewiesen wird, versucht Rüth, die Fiktionalität aus dem Wortfeld von *Narrativität* herauszulösen, um einen mit dem Wahrheitsanspruch kompatiblen historiographischen Erzählbegriff zu generieren. So wird betont, dass das Erzählen als eine der „grundsätzlichsten kulturellen Praktiken [. . .], die sich überhaupt denken lassen, [. . .] älter und grundsätzlicher als die Unterscheidung von Fakt und Fiktion, von Faktualität und Fiktionalität" sei (Rüth 2012, S. 24). Hingegen weist Matthias Aumüller (2012, S. 152 f.) darauf hin, dass es neben der an Käte Hamburger orientierten Konzeption, Fiktionalität als ein Merkmal nur des „künstlerischen oder dichterischen Erzählens" von der Alltagssprache abzugrenzen, ein weiteres Verständnis von Fiktionalität als einem generellen Merkmal des Erzählens in den Positionen gibt, „die Erzählungen ein konstruktives Moment zuschreiben *und* ihren Begriff der Konstruktion dergestalt definieren, dass wer erzählend konstruiert, immer auch etwas der Realität hinzuerfindet." Evident ist, dass mit dem in dieser Position eingeebneten „Unterschied zwischen Realem und Fiktivem" (Aumüller 2012, S. 153) auch die Differenz zwischen Historizität und Konstruktivität schwindet.

6   Mythizität und Politizität

Die Frage nach der Fiktionalität und Konstruktivität historiographisch verdichteter Wirklichkeit stellt sich für mit politischer Intentionalität verknüpfte Geschichtsbilder in besonderer Schärfe. Gerade geschichtspolitisch induzierte historiographische Narrationen sind auf ihre Instrumentalität und Fungibilität hin zu beleuchten. Um politische Legitimität herzustellen, sind Großkollektive wie Nationen oder Ethnien leicht dazu geneigt, ihre Vergangenheit als Mythos zu erzählen, ihrer Geschichte ein Telos beizugeben und ihre Erinnerung mit Pathos aufzuladen. Insbesondere die Entstehung – beziehungsweise, vor allem im Fall heroisierender geschichtspolitischer Sinnstiftung, aktivischer ausgedrückt: der Gründungsakt – national oder auch ethnisch sich definierender Gruppen wird häufig als mythische Narration erzählt, um der Genese Weihe und dem Generierten Kontinuität zu verleihen. Der Mythos ist eine für eine bestimmte Gesellschaft „fundierende Geschichte, eine Geschichte, die erzählt wird, um eine Gegenwart vom Ursprung her zu erhellen" (J. Assmann 2007, S. 52), und er ist immer auch „die affektive Aneignung der eigenen Geschichte" (A. Assmann 2006, S. 40). Dabei entfaltet das Erinnern im Rahmen einer Erinnerungskultur nicht selten eine sakralisierende Wirkung auf das erzählte Gründungsgeschehen, durch die sich Vergangenheit zum Mythos wandelt. Politische Mythen können als „narrative Symbolsysteme", die Vergangenheit und Gegenwart einer größeren Gruppe von Menschen verbinden, „bestimmte Kerngehalte der politischen Ordnung festhalten und kommunizieren" und haben dadurch Anteil an der „Orientierung, der Motivierung und der Identitätsbildung des politischen Verbandes" (Speth 2001, S. 120).

Politische Mythen entfalten ihr Wirkungspotential vor allem in Prozessen des *nation-building*; wohl nicht zufällig war der Anlass für das erste große Nationalfest in Deutschland, mit dem im Oktober 1814 in zahlreichen Städten nationale Einheit und nationale Identität symbolisch in Szene gesetzt wurden, der Jahrestag des Siegs über Frankreich in der Leipziger Völkerschlacht. In deren narrativer Deutung als „Zweite Hermannsschlacht" wurden die Gegner des mythisierten historischen Cheruskerfürsten Arminius, die Römer, durch die Franzosen ersetzt und die Erhebung gegen Rom wandelte sich zur Frontstellung gegen Frankreich, den Feind im Westen (Dörner 1995, S. 185–199). Der zur Zeit der Befreiungskriege gegen Napoléon als Mobilisierungsmedium politisch in Dienst genommene Hermannsmythos konnte so zugleich als nationaler Gründungsmythos und zur verschärften Abgrenzung von Frankreich dienen. Die mit dieser Distinktion gebildete nationale Identität war auf die Gegnerschaft gegen den westlichen Nachbarn sowie gegen die von ihm vertretenen und mit seinen Truppen ins Land gekommenen politischen Ideen gegründet. Knapp zwei Generationen später wurde der dieser nationalen Identität korrespondierende Nationalstaat gegründet – im Spiegelsaal von Schloss Versailles.

So wie kollektives Erinnern nicht nur in primordialen und traditionalen, sondern auch in universalistischen Diskursen als „Medium der Gemeinschaftsstiftung" fungieren kann (Giesen 1999, S. 69), stellt „auch im Zeitalter der Rationalität" eine „quasi mythische Überhöhung der historischen Erinnerung der Völker" eine wichtige Voraussetzung für den Rechtsstaat dar (Bubner 1999, S. 38 f.). Nachdem auf die alten Heldensagen, die wie zum Beispiel *Das Nibelungenlied*, *Beowulf* oder *Parzival* (Blunck 1938) Motive von Ursprung und Herkunft in einem mythischen heroischen Zeitalter ansiedeln, in der Moderne „kein Verlaß mehr ist", lagern sich Gründungsmythen politischer Gemeinschaften nunmehr am Kern symbolisierungsfähiger historischer Ereignisse an; dabei müssen zu „den fixen Daten [. . .] krisenfeste Überzeugungen hinzutreten, die eine kollektive Geltungs- und Bindungskraft auf Dauer stellen" (Bubner 1999, S. 39). Für das US-amerikanische Selbstverständnis beispielsweise kommt dem an den historischen Daten von Unabhängigkeitskrieg und Verfassungsrevolution verankerten Gründungsmythos bis heute eine ebenso zentrale Rolle zu wie dem sich mit der Französischen Revolution von 1789 verbindenden Ursprungsmythos für nationale Identität in Frankreichs V. Republik. Mythen können in ihrer Narrativität Gefühle und das rational nicht Erklärbare fassbar machen. Sie leisten eine wichtige Funktion zur gesellschaftlichen und politischen Integration von Großkollektiven, indem sie einerseits die Gegenwart einer politisch verfassten Gemeinschaft auf ein Gründungsereignis zurückführen, das als rituelle Handlung und als mythische Erzählung kommuniziert werden kann, und andererseits die gegenwärtige politische Ordnungsform im Horizont eines künftigen Telos deuten.

Gleich, ob nun in Gestalt mythischer oder anderer geschichtspolitisch und erinnerungskulturell wirksamer Narrative, gehört die Aneignung der Vergangenheit durch Verdichtung in Form historischer Narrative zum Menschen wie die Aneignung der Welt durch Kultur in Form von Zeichen überhaupt. Menschen scheinen auf Geschichte ebenso verwiesen zu sein wie auf Geschichten. Durch die Aufzeichnung, Überlieferung und Sinngebung von geschichtetem Geschehen liefert die Geschichtsschreibung die Grundlagen für die geschichtspolitische und erinnerungskulturelle Formung eines Geschichtsbewusstseins, das den Erinnerungen an die Vergangenheit durch Deutung einen Sinn verleiht, der Orientierung in der Gegenwart und Perspektiven in die Zukunft ermöglicht. Vergangenheit wird somit zu einer zentralen Ressource kollektiver Identität und politischer Legitimität. Um aber überhaupt wahrgenommen und für wahr genommen und kommuniziert werden zu können, bedarf die Vergangenheit ihrer Vergegenwärtigung in erzählter Erinnerung. Ein Ereignis, an das sich niemand mehr erinnert und von dem niemand mehr erzählt, ist aus dieser Sicht auch nicht mehr Teil der Vergangenheit; es hat, zugespitzt formuliert, in gewisser Weise auch gar nicht stattgefunden.

In der interpretativen Valenz von historischen Narrativen verbinden sich die Dispositionen des Menschen, *animal commemorans* und *animal narrans* zu sein. Politische Systeme scheinen von der legitimatorischen Wirksamkeit historischer Narrative überzeugt zu sein, denn empirisch lässt sich feststellen, dass nicht nur Diktaturen, sondern auch Demokratien Geschichtspolitik betreiben (Schwelling 2008; Bergem 2013). Die politikwissenschaftliche Relevanz einer narratologischen Perspektive liegt im Blick auf die narrativen Formen in Geschichtspolitik und Erinnerungskultur auf der Hand: Wenn Politik nicht als ein apparativ funktionierendes Zusammenspiel institutioneller Gefüge, sondern als in entscheidender Weise von der subjektiven Dimension der kulturellen Grundlagen einer Gesellschaft geprägt verstanden wird, kommt – neben anderen Einflussgrößen wie Bildlichkeit, Räumlichkeit oder Normativität – auch der Narrativität und Memorabilität in der *conditio humana* fundamentale politische Bedeutung zu.

Literatur

Abbott, H. Porter. 2008. Narration. In *Routledge encyclopedia of narrative theory,* Hrsg. David Herman, Manfred Jahn, und Marie-Laure Ryan, 339–344. London: Routledge.

Aristoteles. 1981. Poetik. Übersetzung, Einleitung und Anmerkungen von Olof Gidon. Ditzingen: Reclam.

Assmann, Aleida. 2006. *Der lange Schatten der Vergangenheit. Erinnerungskultur und Geschichtspolitik.* München: Beck.

Assmann, Jan. 2007. *Das kulturelle Gedächtnis. Schrift, Erinnerung und politische Identität in frühen Hochkulturen.* 6. Aufl. München: Beck.

Aumüller, Matthias. 2012. Literaturwissenschaftliche Erzählbegriffe. In *Narrativität als Begriff. Analysen und Anwendungsbeispiele zwischen philologischer und anthropologischer Orientierung,* Hrsg. Matthias Aumüller, 141–168. Berlin: de Gruyter.

Bergem, Wolfgang. 2005. *Identitätsformationen in Deutschland.* Wiesbaden: VS Verlag für Sozialwissenschaften.

Bergem, Wolfgang. 2009. Erzählte Geschichte(n). Verdichtung politischer und gesellschaftlicher Wirklichkeit in Narrationen. In *Deutschland fiktiv. Die deutsche Einheit, Teilung und Vereinigung im Spiegel von Literatur und Film,* Hrsg. Wolfgang Bergem und Reinhard Wesel, 207–236. Berlin: LIT.

Bergem, Wolfgang. 2013. Warum Demokratien Geschichte brauchen. Eine Begründung aus Sicht einer politischen Kulturanthropologie. In *Jahrbuch für Politik und Geschichte,* Bd. 3 (2012): 29–42.

Blunck, Hans Friedrich. 1938. *Deutsche Heldensagen. Neu erzählt von Hans Friedrich Blunck. Mit 80 Bildern von Arthur Kampf.* Berlin: Th. Knaur Nachf.

Bubner, Rüdiger. 1999. *Drei Studien zur politischen Philosophie. Vorgetragen am 10. Mai 1997.* Heidelberg: Winter.

Dörner, Andreas. 1995. *Politischer Mythos und symbolische Politik. Sinnstiftung durch symbolische Formen am Beispiel des Hermannsmythos.* Opladen: Westdeutscher Verlag.

Erll, Astrid. 2005. *Kollektives Gedächtnis und Erinnerungskulturen. Eine Einführung.* Stuttgart: J.B. Metzler.

Foerster, Heinz von, Albert Müller, und Karl H. Müller. 1997. Im Goldenen Hecht. Über Konstruktivismus und Geschichte. Ein Gespräch zwischen Heinz von Foerster, Albert Müller und Karl H. Müller. *Österreichische Zeitschrift für Geschichtswissenschaften* 8 (1): 129–143.

Genette, Gérard. 1998. *Die Erzählung. Aus dem Französischen von Andreas Knop, mit einem Nachwort herausgegeben von Jochen Vogt.* 2. Aufl. München: Fink.

Giesen, Bernhard. 1999. *Kollektive Identität. Die Intellektuellen und die Nation 2.* Frankfurt a. M.: Suhrkamp.

Halbwachs, Maurice. 1966. *Das Gedächtnis und seine sozialen Bedingungen.* Berlin: Luchterhand.

Halbwachs, Maurice. 1967. *Das kollektive Gedächtnis.* Stuttgart: Enke.

Hamburger, Käte. 1968. *Die Logik der Dichtung.* 2. Aufl. Stuttgart: Klett.

Hermann, Armin, Hrsg. 1986. *Deutsche Nobelpreisträger. Deutsche Beiträge zur Natur- und Geisteswissenschaft, dargestellt am Beispiel der Nobelpreisverleihungen für Frieden, Literatur, Medizin, Physik und Chemie.* 4. Aufl. München: Moos & Partner.

Hobsbawm, Eric. 1983. Introduction: Inventing traditions. In *The invention of tradition*, Hrsg. Eric Hobsbawm und Terence Ranger, 1–14. Cambridge: Cambridge University Press.

Klein, Christian, und Matías, Martínez. 2009. Wirklichkeitserzählungen. Felder, Formen und Funktionen nicht-literarischen Erzählens. In *Wirklichkeitserzählungen. Felder, Formen und Funktionen nicht-literarischen Erzählens*, Hrsg. Christian Klein und Matías Martínez, 1–13. Stuttgart: J.B. Metzler.

Koselleck, Reinhart. 1979. *Vergangene Zukunft. Zur Semantik geschichtlicher Zeiten*. Frankfurt a. M.: Suhrkamp.

Kraus, Wolfgang. 1999. Identität als Narration. Die narrative Konstruktion von Identitätsprojekte. http://web.fu-berlin.de/postmoderne-psych/berichte3/kraus.htm. Zugegriffen: 30. März 2013.

Lehmann, Volkmar. 2003. Narrativität jenseits der Narratologie (Narrativity beyond Narratology). http://www.icn.uni-hamburg.de/webfm_send/35. Zugegriffen: 30. März 2013.

Lehmann, Volkmar. 2012. Narrativität aus linguistischer Sicht. In *Narrativität als Begriff. Analysen und Anwendungsbeispiele zwischen philologischer und anthropologischer Orientierung*, Hrsg. Matthias Aumüller, 169–183. Berlin: de Gruyter.

Linde, Charlotte. 2008. Life story. In *Routledge encyclopedia of narrative theory*, Hrsg. David Herman, Manfred Jahn, und Marie-Laure Ryan, 277 f. London: Routledge.

Lübbe, Hermann. 1973. Was heißt: „Das kann man nur historisch erklären"? In *Geschichte – Ereignis und Erzählung*, Hrsg. Reinhart Koselleck und Wolf-Dieter Stempel, 542–554. München: Fink.

Lübbe, Hermann. 1979. Identität und Kontingenz. In *Identität*, Hrsg. Odo Marquard und Karlheinz Stierle, 655–659. München: Fink.

MacIntyre, Alasdair. 1984. *After virtue. A study in moral theory*. 2. Aufl. Notre Dame: University of Notre Dame Press.

Martínez, Matías, und Michael Scheffel. 2012. *Einführung in die Erzähltheorie*. 9. Aufl. München: Beck.

Meier, Christian. 1973. Narrativität, Geschichte und die Sorgen des Historikers. In *Geschichte – Ereignis und Erzählung*, Hrsg. Reinhart Koselleck und Wolf-Dieter Stempel, 571–585. München: Fink.

Müller-Funk, Wolfgang. 2008. *Die Kultur und ihre Narrative. Eine Einführung*. 2. Aufl. Wien: Springer.

Neumann, Birgit. 2005. *Erinnerung, Identität, Narration. Gattungstypologie und Funktionen kanadischer „Fictions of memory"*. Berlin: de Gruyter.

Ranke, Leopold von. 1885. *Sämmtliche Werke, Bd. 33/34: Geschichten der romanischen und germanischen Völker von 1494–1514. Zur Kritik neuerer Geschichtschreiber*. 3. Aufl. Leipzig: Duncker & Humblot.

Ricœur, Paul. 1990. *Soi-même comme un autre*. Paris: Seuil.

Römer, Inga. 2012. Narrativität als philosophischer Begriff. In *Narrativität als Begriff. Analysen und Anwendungsbeispiele zwischen philologischer und anthropologischer Orientierung*, Hrsg. Matthias Aumüller, 233–258. Berlin: de Gruyter.

Rüth, Axel. 2012. Narrativität in der wissenschaftlichen Geschichtsschreibung. In *Narrativität als Begriff. Analysen und Anwendungsbeispiele zwischen philologischer und anthropologischer Orientierung*, Hrsg. Matthias Aumüller, 21–46. Berlin: de Gruyter.

Ryan, Marie-Laure. 2008. Narrative. In *Routledge encyclopedia of narrative theory*, Hrsg. David Herman, Manfred Jahn, und Marie-Laure Ryan, 344–348. London: Routledge.

Schwelling, Birgit. 2008. Politische Erinnerung. Eine akteurs- und handlungsbezogene Perspektive auf den Zusammenhang von Gedächtnis, Erinnerung und Politik. In *Geschichtspolitik und sozialwissenschaftliche Theorie*, Hrsg. Horst-Alfred Heinrich und Michael Kohlstruck, 99–121. Stuttgart: Steiner.

Speth, Rudolf. 2001. Der Mythos des Staates bei Carl Schmitt. In *Mythos Staat. Carl Schmitts Staatsverständnis*, Hrsg. Rüdiger Voigt, 119–140. Baden-Baden: Nomos.

Weinrich, Harald. 1973. Narrative Strukturen in der Geschichtsschreibung. In *Geschichte – Ereignis und Erzählung*, Hrsg. Reinhart Koselleck und Wolf-Dieter Stempel, 519–523. München: Fink.

Welzer, Harald, Sabine Moller, und Karoline Tschuggnall. 2002. *„Opa war kein Nazi". Nationalsozialismus und Holocaust im Familiengedächtnis*. 2. Aufl. Frankfurt a. M.: Fischer.

White, Hayden. 1986. *Auch Klio dichtet oder Die Fiktion des Faktischen. Studien zur Tropologie des historischen Diskurses. Einführung von Reinhart Koselleck. Aus dem Amerikanischen von Brigitte Brinkmann-Siepmann und Thomas Siepmann*. Stuttgart: Klett-Cotta.

White, Hayden. 1991. *Metahistory. Die historische Einbildungskraft im 19. Jahrhundert in Europa. Aus dem Amerikanischen von Peter Kohlhaas*. Frankfurt a. M.: Fischer.

Erosion der Rechtstaatlichkeit. Der Ausnahmezustand als strategische Erzählung in der repräsentativen Demokratie

Matthias Lemke

Zusammenfassung

Repräsentative Demokratien, in denen – dem normativen Ideal der Demokratie-theorie folgend – Regierungshandeln gegenüber dem Souverän begründungs-pflichtig ist, bedienen sich des Ausnahmezustandes, um in Krisensituationen Gefahren nachhaltig abwehren zu können – etwa durch die Einschränkung von Grundrechten. Da der Ausnahmezustand fundamentale *Habeas-Corpus*-Rechte einschränkt, müssen die hierfür erforderlichen Plausibilisierungsstrategien entsprechend leistungsfähig sein, um bei den Bürgern Akzeptanz zu entfalten. Der Beitrag identifiziert auf Grundlage der argumentationstheoretischen Überlegungen Stephen E. Toulmins drei unterschiedliche Elemente plausibilisierend wirkender Erzählungen – Situation der Äußerlichkeit, explizite Freund-Feind-Unterscheidung und Effizienzgebot – die sich unabhängig vom Typus des politischen Systems über die gesamte Historie der repräsentativen Demokratie nachverfolgen lassen. Zusammengenommen können sie als Elemente einer – mit Toulmin gesprochen – Schlussregel für Ausnahmezustände, also als Elemente einer strategischen Erzählung zur Plausibilisierung der Suspendierung fundamentaler Grund- und Freiheitsrechte in der repräsentativen Demokratie gelesen werden.

M. Lemke (✉)
Institut für Politikwissenschaft insbes. Politische Theorie, Helmut-Schmidt-Universität Hamburg (UniBW), Postfach 700822, 22008 Hamburg, Deutschland
E-Mail: lemkem@hsu-hh.de

W. Hofmann et al. (Hrsg.), *Narrative Formen der Politik*,
DOI 10.1007/978-3-658-02744-5_4, © Springer Fachmedien Wiesbaden 2014

1 Ausnahmezustand und Rechtstaat – Ein Problemverhältnis

In der jüngeren Geschichte westlicher Demokratien erlebt die Ausweitung von Exekutivexpansionen eine bemerkenswerte Konjunktur. Nicht nur die Rechtsetzungspraxis nach dem 11.9.2001 vornehmlich in den USA (vgl. Lemke 2012, S. 322–326), aber auch in anderen westlichen Demokratien, belegt die zunehmende Anwendung von Ausnahmezuständen.[1] Auch in Frankreich im Zuge der Vorstadtunruhen von 2005/2006 (vgl. Lemke 2010, S. 94–99; 2013)[2] und in Spanien angesichts eines wilden Fluglotsenstreiks im Dezember 2010 (vgl. Lemke 2011, S. 382–390) waren Ausweitungen von Exekutivbefugnissen in einer im Vergleich zu den vorangegangenen Jahrzehnten untypischen zeitlichen Dichte zu beobachten. Insofern diese Ausnahmezustände vornehmlich auf eine – temporäre oder dauerhafte, je nach Fall – Suspendierung von Habeas-Corpus-Rechten abzielen, lässt sich eine signifikante Krise der westlichen Demokratie diagnostizieren, die darin besteht, dass das mit ihr einhergehende Versprechen umfassender Rechtsstaatlichkeit erodiert – zumindest aber situativ beliebig und bereitwillig zur Disposition gestellt werden kann.

Damit ist der Kern des Problems, das im Verhältnis von Demokratie und Ausnahmezustand angelegt ist, angedeutet. Wie weit darf eine Demokratie gehen, um sich selbst – gegen welche Gefahr auch immer – zu schützen? In dieser Frage schwingt das Problem einer Güterabwägung mit, die auf das Dilemma verweist, dass eine Republik – auch eine demokratisch verfasste – aufgrund ihres Selbstverständnisses als Rechtsstaat im Unrecht nicht ihr Heil finden wird – selbst wenn es um ihre Existenz gehen sollte. Weniger zimperlich war da Machiavelli, der in den *Discorsi* schrieb:

> Meine Meinung ist, daß Republiken, die in äußerster Gefahr nicht zur diktatorischen oder einer ähnlichen Gewalt Zuflucht nehmen, bei schweren Erschütterungen zugrunde gehen werden. (Machiavelli 1990, S. 185)

Mit dieser Einschätzung über die helfende Kraft des Ausnahmezustandes nach dem Vorbild der *römischen Diktatur* steht Machiavelli nicht alleine. Auch für die

---

[1] Vgl. in diesem Zusammenhang die Reaktionen auf die Terroranschläge in Madrid vom 11.3.2004 und in London vom 7.7.2005; zum Begriff des Ausnahmezustandes vgl. grundsätzlich Rossiter (1948), sowie Agamben (2004) und Frankenberg (2010).

[2] Hierzu analog die Unruhen in London und anderen englischen Städten im August 2011, vgl. Altenried (2011).

moderne repräsentative Demokratie so ungemein wichtige Autoren wie die der *Federalist Papers*, insbesondere Alexander Hamilton, haben in der Konzentration der Exekutivmacht ein probates Mittel im Umgang mit Krisensituationen gesehen:

> Die gewaltsame Zerstörung von Leben und Eigentum als Teil des Krieges, die ständige Mühsal und dauernde Unruhe in einem Zustand kontinuierlicher Bedrohung werden auch besonders freiheitsliebende Nationen dazu bringen, sich Ruhe und Sicherheit selbst durch Institutionen zu schaffen, die tendenziell ihre bürgerlichen und politischen Rechte zerstören können. (Hamilton, zit. nach Adams und Adams 1994, S. 40)

Zugespitzt heißt das:

> Um sicherer leben zu können, werden sie [die Bürger, M.L.] schließlich bereit sein, das Risiko einzugehen, weniger frei zu sein. (Hamilton, zit. nach Adams und Adams 2010, S. 40)

Andererseits: Wie lebenswert ist eine solche Republik für ihre Bürger, die sich aufgrund drängender Gefahr – ob tatsächlich oder eingebildet sei dahingestellt – in ein Notstandsregime flüchtet, die Sicherheit durch Unfreiheit erkauft?

Dieses Problem der Selbsterhaltung und der dafür jeweils situativ erforderlichen Mittel lässt sich – wie bereits die Dauer der Debatte über diese Problematik andeutet – kaum verbindlich lösen. Stattdessen müsste, um die im Zusammenhang mit dem Selbsterhalt der repräsentativen Demokratie wirksamen Begründungsmechanismen in den Blick zu bekommen, eine andere, noch viel interessantere Frage über das Verhältnis von Ausnahmezustand und Demokratie gestellt werden. Wieso vermag es die repräsentative Demokratie überhaupt, die Freiheitsrechte ihrer Bürger einzuschränken, allzumal sie ihnen gegenüber für ihre Entscheidungen doch begründungspflichtig ist? Und was muss geschehen, damit freiwillig auf bereits erkämpfte Rechte verzichtet wird?

Um diese Frage zu beantworten, sind drei Schritte notwendig. In einem ersten gilt es darzulegen, inwieweit der Ausnahmezustand als eine politisch operationalisierbare Erzählung begriffen werden kann, die Akzeptanz bei den Bürgern zu generieren vermag. In Anknüpfung an Stephen E. Toulmin kann gezeigt werden, dass Kriseninterventionen auf – wiederkehrende – Erzählungen zurückgreifen müssen, um beim Souverän als plausible Maßnahmen akzeptiert zu werden. Der zweite Schritt dient der historischen und empirischen Veranschaulichung der Erzählung des Ausnahmezustandes und seiner Elemente. Mit Blick auf verschiedene Krisenszenarien in repräsentativ-demokratisch verfassten Rechtsstaaten können drei Elemente oder Erzählstränge ausdifferenziert werden, die – in unterschiedlichen

Kombinationen oder auch allein stehend – konkrete Normsuspendierungen erfolgreich öffentlich plausibilisieren konnten. Die Darstellung dieser Elemente mündet
in die abschließende Reflexion darüber, inwieweit die gegenwärtig empirisch fest-
stellbare Ausweitung von Erzählungen über Ausnahmezustände gleichsam als
Indikator für eine rückläufige Stabilität des normativen Kerns der repräsentativen
Demokratie – der Rechtsstaatlichkeit – gewertet werden kann.

2   Strategisches Erzählen in der repräsentativen Demokratie

Kollektiv verbindliche Entscheidungsfindung in der repräsentativen Demokratie – so die normative Annahme der Diskurstheorie nach Habermas – erfolgt
durch eine im Medium der Sprache vollzogene Kopplung ihrer Institutionen mit
dem Souverän. Gegenstand dieser Kopplung ist der Austausch über das Bedürfnis eines konkreten Policy-Outputs. Sämtliche Entscheidungen, die schließlich
Policy-Outputs ermöglichen, sind von der Exekutive gegenüber den Bürgern –
also gegenüber der politischen Öffentlichkeit – begründungspflichtig.[3]
   Anhand der argumentationstheoretischen Überlegungen Stephen E. Toulmins
(1975, 2003) soll gezeigt werden, dass für jede Begründung ein spezifischer Plausibilitätshorizont herangezogen wird, der nicht im engeren Sinne Bestandteil des
Arguments ist, der aber das Funktionieren des Arguments – sprich: die konkrete
Variante der Vermittlung von Daten zu Konklusionen – ermöglicht. Dieser Plausibilitätshorizont, den Toulmin als *Schlussregel* bezeichnet, ist für die Beurteilung
eines Arguments von Bedeutung, und zwar *bevor* es zu einem konkreten, materiellen Policy-Output kommt. Die analytische Unterscheidung zwischen dem formalen
Argument und seinem Plausibilitätshorizont ermöglicht es, strategisches Erzählen
in der repräsentativen Demokratie jenseits kleinteiliger Alltagsdebatten inhaltlich
zu verorten. Strategisches Erzählen meint dabei ein gezielt auf eine Entscheidung
hinführendes, kohärentes Ensemble von Aussagen, das eine Entscheidung im Sinne

---

[3] Die Aussage, wonach politische Entscheidungen in der repräsentativen Demokratie begründungspflichtig sind, koppelt demokratische Entscheidungsprozesse an – erfolgreiches –
Argumentieren. Dieser normativen Perspektive muss die realistische Perspektive entgegen
gehalten werden, dass in der sprachlich vermittelten politischen Öffentlichkeit – allzumal
in Zeiten der Postdemokratie – Begründungsdichte abnimmt und Legitimität für politische Entscheidungen anderweitig generiert wird. Für diese nicht primär argumentative
Generierung von Legitimität wird im Folgenden der Begriff *Plausibilisierung* bzw. *plausi-
bilisierendes Erzählen* verwendet. Für die Praxis des Politischen kann ein Verschwimmen
von Argumentieren und Plausibilisieren angenommen werden.

des Erzählenden gegenüber der Öffentlichkeit plausibilisieren und damit ermöglichen soll. Konkrete politische Entscheidungen, also die materiellen Konsequenzen solcher Plausibilitätshorizonte, repräsentieren die Finalität eines (politischen) Arguments und werden dann selbst zu Bestandteilen der strategischen Erzählung, weil das Politische prozesshaft und unabgeschlossen konzipiert ist. So werden materielle Policy-Outputs mittel- bis langfristig selbst zum Bestandteil einer Schlussregel, was etwa bei Michel Foucaults amorpher Anlage des *Dispositivs* als „entschieden heterogener Gesamtheit" (Foucault 2003, S. 394; vgl. auch Agamben 2008) von materiellen und immateriellen Bestandteilen des Diskurses angelegt ist.

Eine Argumentation – um mit der formalen Erschließung der Bestandteile des Plausibilitätshorizonts zu beginnen – ist laut Toulmin ganz grundsätzlich jede als inhaltliche akzeptierte Aussage, die, indem sie artikuliert und von Dritten beachtet wird, einen Geltungsanspruch verteidigt:

> Eine gültige Argumentation oder eine wohlbegründete oder sicher gestützte Behauptung ist dadurch charakterisiert, daß sie der Kritik standhält, daß für sie eine Begründung vorgelegt werden kann, die den Standards entspricht, die erfüllt sein müssen, damit man sie annehmen kann. (Toulmin 1975, S. 15)

Argumentation artikuliert demnach Geltung beanspruchende Inhalte und zielt in der ihr eigenen Finalität auf die Verteidigung beziehungsweise auf die Akzeptanz der Geltung dieser Inhalte bei Dritten. In struktureller Hinsicht besteht das „praktische Geschäft des Argumentierens" (Toulmin 1975, S. 87) aus drei Elementen: „Die Argumentationen werden durch drei Behauptungen zusammen dargestellt: ‚Unterprämisse; Oberprämisse; deshalb: Konklusion' " (Toulmin 1975, S. 87).

Um erklären zu können, wie Konklusionen – also als geltend akzeptierte und damit intersubjektiv plausible Behauptungen – zustande kommen, nimmt Toulmin eine Differenzierung vor, die das Begründen vor der *Konklusion* (*K*) in einen expliziten und in einen impliziten Bestandteil zerlegt. Beiden Bestandteilen ist gemeinsam, dass sie Informationen beinhalten, die für die Konklusion relevant sind – insofern sie einen konkreten Tatbestand für eine Konklusion formulieren und den Modus des Begründens angesichts dieses Tatbestandes ermöglichen. Toulmin bezeichnet ursprüngliche Tatsachen als Ausgangspunkte einer Argumentation als *Daten* (*D*), die Informationen, die zur Legitimierung der konkreten Praxis des Begründens zusätzlich herangezogen werden, als *Schlussregeln* (*SR*):

> Einer der Gründe dafür, zwischen Daten und Schlußregeln zu unterscheiden ist der: Auf Daten wird explizit Bezug genommen, auf Schlußregeln implizit. Ferner kann bemerkt werden, daß Schlußregeln allgemein sind und die Korrektheit *aller* Argumentationen des betreffenden Typs feststellen. [. . .] Die Schlußregeln, auf die wir uns

Tab. 1 Analyseschema für Argumentationen (allgemein). (©Matthias Lemke 2013 in Anknüpfung an ebd., S. 91; vgl. analog Toulmin 2003, S. 92)

Element	Verknüpfung	Inhalt
Daten (D)	–	„Harry wurde auf den Bermudas geboren"
Schlussregel (SR)	wegen	„Wer auf den Bermudas geboren wurde, bekommt die britische Staatsangehörigkeit"
Konklusion (K)	deshalb	„Harry hat die britische Staatsangehörigkeit"

Tab. 2 Analyseschema für Argumentationen (Ausnahmezustand). (©Matthias Lemke 2013)

Element	Verknüpfung	Inhalt
Daten (D)	–	Es liegt eine (schwerwiegende) Krise vor
Schlussregel (SR)	wegen	Situation der Äußerlichkeit und/oder Freund-Feind-Unterscheidung und/oder Effizienzgebot
Konklusion (K)	deshalb	Deshalb ist eine Normsuspendierung/die Verhängung eines Ausnahmezustandes unumgänglich

festlegen, sind wiederum in denjenigen Schritten von Daten auf Schlußfolgerungen implizit enthalten, die anzunehmen und zuzulassen wir bereit sind. (Toulmin 1975, S. 91)

Anhand eines konkreten Beispiels, wie in Tab. 1, kann die Verknüpfungslogik und die jeweilige Funktion von Daten, Schlussregel und Konklusion im Prozess des Begründens verdeutlicht werden:

Dieses Schema lässt sich, wie in Tab. 2 verdeutlicht, auf die strategischen Erzählungen im Kontext der öffentlichen Plausibilisierung von Normsuspendierungen übertragen, allerdings mit dem Unterschied, dass die Schlussregel aus verschiedenen – hier aus drei – Elementen besteht:

Was sich im Begründen der Notwendigkeit eines Ausnahmezustandes nicht verändert, ist einerseits die Krisendiagnose, andererseits die Ausrufung des Ausnahmezustandes selbst. Varianzen ergeben sich in dem Bereich, den Toulmin als impliziten Teil der Begründung identifiziert hatte, insofern er der subtilen, formlosen Legitimierung der Entscheidung dient: in den Schlussregeln. Schlussregeln funktionieren dabei wie eine „Brille" (Toulmin 1981, S. 121), die – auch wenn die Metapher aus dem Bereich der Wissenschaftstheorie stammt – Realitäten auf eine spezifische Art und Weise sichtbar macht, ohne dabei selbst jenseits ihrer Funktion in Erscheinung zu treten. Damit wird zweierlei deutlich: Die *strategische Erzählung* des Ausnahmezustandes ist in den *Schlussregeln* verortet, die den Plausibilitätshorizont der konkreten politischen Entscheidung umreißen; unterschiedliche Typen von Ausnahmezuständen können dann – im Umkehrschluss – anhand der unterschiedlichen Zusammensetzung ihrer *Schlussregeln* aus einzelnen Elementen der strategischen Erzählung identifiziert werden.

Die Analyse von Ausnahmezuständen und ihrer Begründung in repräsentativen Demokratien, so der hieraus folgende Arbeitsauftrag, wird nach den Inhalten der etablierten *Schlussregeln* suchen müssen. Anhand der jeweiligen *Schlussregeln* gilt es zu identifizieren, wie genau die für jeden Ausnahmezustand besondere Verknüpfung von *Daten* (Vorhandensein einer konkreten Krise) und *Konklusion* (Normsuspendierung im Ausnahmezustand) legitimiert worden ist.

3 Plausibilisierende Erzählelemente des Ausnahmezustandes

Die folgenden Ausführungen sollen zeigen, welche Inhalte zur Legitimierung einer jeweils bestimmten Verknüpfung von *Daten* und *Konklusion* angesichts der Verhängung von Ausnahmezuständen in repräsentativen Demokratien von der Exekutive gegenüber der politischen Öffentlichkeit verwendet worden sind. Bestimmte Elemente kehren dabei in den *Schlussregeln* zur Legitimierung von Normsuspendierungen immer wieder.

3.1 Situation der Äußerlichkeit

In der Rekonstruktion der wiederkehrenden Elemente von Schlussregeln bei der Begründung von Ausnahmezuständen ist als historisch am längsten nachweisbare Erzählung die Schaffung einer *Situation der Äußerlichkeit* zu nennen. Die plausible Begründung der Notwendigkeit ausgeweiteter Exekutivkompetenzen basiert auf der Konstruktion und Identifikation eines für die eigene Verfassungsordnung außenstehenden kollektiven Akteurs. Dieser wird als feindlich oder schädlich für die politische Existenz des eigenen Kollektivsubjekts ausgegeben. Um sich gegen die Handlungen dieses Akteurs zu erwehren, bedarf es einer Expansion der Exekutivkompetenzen. Die Situation der Äußerlichkeit schafft damit eine Defensivsituation, die außergewöhnliche Praktiken als von außen erzwungen plausibilisiert und legitimiert. Das ist insofern bedeutsam, als die tatsächliche Normsuspendierung so nicht als gewollte, sondern als erzwungene Praxis erscheint. Dies verleiht ihr zusätzlich Legitimität, weil sie weniger stark unter dem Verdacht der Machtanhäufung aus egoistischen Motiven der Exekutive steht. Zwei Szenarien können in diesem

Zusammenhang *pars pro toto* zur Illustration dieser spezifischen Schlussregel herangezogen werden: die Akteurskonstellation im Amerikanischen Bürgerkrieg, wie
sie im Fall *Ex parte Milligan* (1866) zum Tragen gekommen ist, und jene des
Algerienkriegs (1954–1962).

Die für *Ex parte Milligan* (vgl. Lemke 2012, S. 310–317) spezifische Schlussregel einer *Situation der Äußerlichkeit* lässt sich über das einschlägige Urteil des
US-Supreme Court rekonstruieren. Die zugunsten von Lambdin P. Milligan
entschiedene Klage stellt einen Meilenstein in der Auseinandersetzung mit kriseninduzierten Ausnahmetatbeständen in repräsentativen Demokratien dar, weil hier
– erstmals zugunsten des Klägers – die bürgerrechtlichen Grenzen von Normsuspendierungen festgelegt wurden: „The importance of the main question presented
by this record cannot be overstated", so Justice David Davis im Rahmen der Ur-
teilsbegründung, „for it involves the very framework of the government and the
fundamental principles of American liberty" (US-Supreme Court 1866, S. 109).

Ex parte Milligan avanciert damit insofern zu einem politischen Fall, als er
durch die juristische Normkontrolle die Handlungsfähigkeit der Exekutive limi-
tiert. Über die Konstruktion einer *Situation der Äußerlichkeit* hatte diese erst eine
signifikante Erweiterung ihrer Befugnisse im Vergleich zum Normalzustand her-
beiführen können. Eine solche Praxis zielte auf die Maximierung der Effizienz der
Aufstandsbekämpfung und war – gemessen an der etwa in den *Federalist Papers*
formulierten Notwendigkeit republikanischer Selbsterhaltung – eine für die Exekutive folgerichtige Maßnahme. Plausibilisiert wurde sie über eine Schlussregel, die
eine *Situation der Äußerlichkeit* transportiert, was exemplarisch im Befehl Lincolns
an die Streitkräfte deutlich wird:

> You are engaged in repressing an insurrection against the laws of the United States.
> If at any point [...] you find resistance which renders it necessary to suspend the
> writ of habeas corpus for the public safety, you personally or through the officer in
> command at the point where resistance occurs are authorized to suspend that writ.
> (Lincoln 1861)

Lincolns Praxis der kriseninduzierten Normsuspendierung, die auf eine effizientere
Niederschlagung von *Aufständen* durch die US-Armee im Dienste der „öffentli-
chen Sicherheit" sowie der nachhaltigen Selbsterhaltung des durch die Vereinigten
Staaten konstituierten Rechtsraumes abzielte, gründet demnach wesentlich auf der
Konstruktion einer *Situation der Äußerlichkeit*, die etwa über die Termini *Aufstand*
und *gegen das Gesetz* konstruiert wird. Die tatsächliche Suspendierung von *Habe-
as Corpus* als Ausdruck der Exekutivexpansion ergibt sich aus der Diagnose einer
Rebellion, die im historischen Kontext durch das *Federal Government* als illega-

le Bestrebung einer Staatengruppe zur Sezession ausgedeutet wird. Hier entsteht ein manifester Konflikt in der Ausdeutung der Kompetenzen der Zentralregierung einerseits sowie der souveränen Entscheidungshoheit der Teilstaaten andererseits. Die Begründung eines Ausnahmezustandes erlangt so – obschon sie innerhalb der USA zur Anwendung gelangt – eine quasi zwischenstaatliche Qualität, die eine Ausdifferenzierung des Souveräns in Bürger und Nicht-Bürger, in der Folge dann in wertender Absicht in (gesetzestreue) Freunde und (gesetzlose) Feinde, ermöglicht.

Während im Fall *Ex parte Milligan* außergewöhnliches Regierungshandeln über eine Differenzierung in der zugeschriebenen Stellung zum Gesetz abgeleitet und legitimiert wird, funktioniert die Konstruktion einer Differenz von Innen und Außen im Algerienkrieg leicht anders (vgl. ausführlich Lemke 2013). Einmal gelingt sie über den Dekolonisierungskonflikt, in dem die französische Kolonie Algerien ihre Unabhängigkeit gegenüber Frankreich zu behaupten sucht, und zudem gelingt sie über den *innenpolitischen* Konflikt selbst, der ob des künftigen Status' Algeriens ausgebrochen war. Schaut man auf die konkrete argumentative Plausibilisierung der Verhängung des Ausnahmezustandes durch Charles de Gaulle in der Frühphase der V. Republik (vgl. de Gaulle 1961), dann fällt auf, dass er wiederholt behauptet, die Anhänger des Präsidenten und seiner Politik stünden auf der einen – der *richtigen* –, seine Gegner hingegen, also die Befürworter des Verbleibs Algeriens bei Frankreich, stünden auf der anderen – der *falschen* – Seite. Durch diese über Jahre wiederholte Erzählung und durch die mehr oder minder latente kriegerische Unruhe sowie angesichts einer bis hin zur Spaltung entlang der Algerienfrage reichenden inneren Instabilität Frankreichs war daraus eine politische Atmosphäre entstanden, die anlässlich des sogenannten *Putsches der Generäle* in die tatsächliche Verhängung des Ausnahmezustandes nach Artikel 16 der gaullistischen Verfassung der V. Republik am 22.4.1961 mündete. Algerier – auch wenn sie *de jure* französische Staatsbürger waren – wurden zu einem außenstehenden, zudem zu einem als feindlich konnotierten Akteur. Die Nähe der strategischen Erzählung der Schaffung einer *Situation der Äußerlichkeit* zu jenem der expliziten *Freund-Feind-Unterscheidung* wird damit offenkundig. Das legt den Schluss nahe, dass diese beiden Begründungsmechanismen analytisch zwar getrennt betrachtet werden können. In der Praxis jedoch scheint die *Freund-Feind-Unterscheidung* als Latenzstruktur in der *Schaffung einer Situation der Äußerlichkeit* angelegt zu sein.

3.2 Explizite Freund-Feind-Unterscheidung

Zumeist erfolgt die Schaffung einer *Situation der Äußerlichkeit* also nicht als neutrale Distinktion, vielmehr erfährt sie eine Wertung. Eine solche Wertung erfolgt – historisch erstmals mit *Korematsu v. United States* – im Rahmen einer *explizi-*

ten *Freund-Feind-Unterscheidung*, die eine weitere Schlussregel markiert. Explizit wertend und daher von anderer Qualität ist die vorgenommene Distinktion, wenn konkrete Motive oder Attribute – etwa rassistische oder inkriminierende – mit dem Ziel angegeben werden, abwertende Emotionen mit Blick auf das Außen beziehungsweise den Anderen zu wecken. Von der Logik der vorgenannten Schlussregel unterscheidet sich die *explizite Freund-Feind-Unterscheidung* dadurch, dass zusätzlich zur Nicht-Identität des Anderen auch noch auf dessen – im pejorativen Sinne – *Alterität* hingewiesen wird, um die Notwendigkeit von Ausnahmemaßnahmen zu plausibilisieren. Der Andere ist im Rahmen einer solchen *Angstpolitik* gerade nicht der zufällige Gegner, sondern der existenzielle Feind, wie ihn Carl Schmitt seinem Begriff des Politischen zu Grunde gelegt hat. Solche *expliziten Freund-Feind-Unterscheidungen* als pejorativ gemeinte Verweise auf Alterität können in der Begründungspraxis von Ausnahmezuständen in unterschiedlichen Ausformungen und Intensitätsgraden auftreten. Während eine auf Neid abstellende Diffamierung einer ganzen Berufsgruppe eine noch vergleichsweise milde Form der Unterscheidung darstellt – wobei diese Klassifizierung, so unglücklich sie sein mag, keineswegs zynisch gemeint, sondern analytisch geboten ist – stehen andere Modi im Zusammenhang mit fremdenfeindlichen bis hin offen zu faschistischen Motiven.

Für die vergleichsweise milde Variante kann die inkriminierend gemeinte *Neiddebatte*, wie sie im Zusammenhang mit dem spanischen Fluglotsenstreik im Dezember 2010 von der Exekutive geführt worden ist, als Beispiel herangezogen werden. Im Fall der streikenden Fluglotsen vermochte erst die teilweise Suspendierung des Verfassungsgefüges durch einen *Alarmzustand* das Grundrecht der „Arbeitnehmer und Arbeitgeber auf kollektive Arbeitskonfliktmaßnahmen" (Spanische Verfassung: Art. 37,2)[4], das im Normalfall durch die Verfassung explizit garantiert wird, aufzuheben. Die Verhängung des Alarmzustandes angesichts eines illegalen Arbeitskampfes der Fluglotsen erschien notwendig, weil eine nachhaltige Sicherung von „für die Gemeinschaft wesentlichen Diensten" offensichtlich nicht garantiert war. Was konkret ein solcher, „für die Gemeinschaft wesentlicher Dienst" ist, dessen Fortbestand es auch im Falle des Arbeitskampfes zu garantieren gilt, geht aus dem Königlichen Erlass 1673/2010 vom 4.12.2010 (Ministerio de la Presidencia 2010) hervor. Dort heißt es:

---

[4] Der Text des gesamten Artikels lautet: „Das Recht der Arbeitnehmer und Arbeitgeber auf kollektive Arbeitskonfliktmaßnahmen wird anerkannt. Das Gesetz zur Regelung der Ausübung dieses Rechtes wird ungeachtet eventueller Beschränkungen die erforderlichen Garantien zur Sicherung der für die Gemeinschaft wesentlichen Dienste vorsehen."

> Artikel 19 der spanischen Verfassung räumt allen Spaniern das Recht ein, am freien Verkehr auf dem gesamten nationalen Territorium teilzunehmen. Dieses Recht steht als Folge der internationalen Verträge und Übereinkünfte, an denen Spanien teilnimmt, auch allen anderen Personen zu. (Ministerio de la Presidencia 2010, S. 101222).

Der Kern der Krise besteht in der Feststellung von „außergewöhnlichen Umständen" (Ministerio de la Presidencia 2010, S. 101222) in Form der Verletzung des Grundrechtes auf Freizügigkeit. Durch den Streik könnten, so der Erlass, weder Spanier noch ausländische Personen, die sich auf spanischem Hoheitsgebiet aufhalten, von diesem Grundrecht Gebrauch machen. Da es sich bei den von der Verfassung garantierten Grundrechten aber um Wesensmerkmale der spanischen Demokratie handelt, erscheint die Ausrufung des Alarmzustandes als angemessene Reaktion auf den Fluglotsenstreik. Letzterer wiederum wird insofern hochgradig kriminalisiert, als nicht mehr das Moment des Arbeitskampfes, sondern einzig und allein die Grundrechteverletzung durch die Fluglotsen zur Beurteilung der Situation herangezogen wird. Die argumentative Einbettung des Alarmzustandes basiert hier auf der Erzeugung von Neid und dem Vorwurf des Verbrechens. Neben dem Postulat des Vorrechts der größeren Zahl – alle Spanier als Grundrechteinhaber gegen streikende Fluglotsen – bedarf es eines spezifischen Framings der Situation, das es in der Folge erlaubt, eine Binnendifferenzierung des Souveräns vorzunehmen. Diese Binnendifferenzierung, die eine *explizite Freund-Feind-Unterscheidung* nach innen möglich und, konkludent dazu, eine auf außergewöhnlichen Maßnahmen der Exekutive gründende Praxis gegen diesen inneren Feind erforderlich macht, beruht auf der Metapher der Geiselnahme. Der Streik der Fluglotsen erfährt in den Medienberichterstattungen dementsprechend flächendeckend nicht mehr eine Beschreibung als – wenn auch illegaler – Arbeitskampf. Stattdessen werden die Fluglotsen als eine zahlenmäßig kleine, überaus gut verdienende Elite beschrieben, die ein ganzes Land, so es sein Grundrecht auf Mobilität in Anspruch nehmen will, für ihre Zwecke in Geiselhaft nähme. Abweichendes und ökonomisch schädliches Verhalten sei nicht hinnehmbar, die Verursacher müssten „zur Räson" (Wieland 2010, S. 2) gebracht werden. Die Gruppe der Fluglotsen wird zum kollektiven Adressaten für die im Alarmzustand anstehenden Maßnahmen.

> Die Deklaration des Alarmzustandes betrifft das gesamte Staatsgebiet, alle Kontrolltürme an den Flughäfen, die Netzwerk- und Leitzentralen [...] [und] alle Fluglotsen [...]. (Ministerio de la Presidencia 2010, S. 101222)

Das Framing der Situation als Geiselnahme erlaubt es also, nicht nur über die eigentlichen Motive der Fluglotsen für ihr Handeln hinweg zu gehen, sondern auch

– vermeintliche – Verantwortlichkeiten klar zuzuweisen. Der Satz „Wir werden Gerechtigkeit walten lassen" (Cáceres 2010, S. 7) ist keine neutrale Aussage des spanischen Verkehrsministers José Blanco, sondern eine offene Drohung, die sich in Form der Verhängung des Alarmzustandes manifestiert. Eine Entscheidung, zu der die spanische Politik nicht mehr aktiv greift, die sie nicht gewollt oder gar herbeigeführt hat, sondern zu der sie – um in der Semantik der Argumentation zu bleiben – durch die „Geiselnehmer" gedrängt worden ist. Ergänzend zu der nach Innen gerichteten *expliziten Freund-Feind-Unterscheidung* wird eine rein reaktive Handlungsposition der Exekutive behauptet, die im Strom der Ereignisse nicht etwa eine Normsuspendierung vornimmt, sondern zu dieser gedrängt wird: „Die Regierung, mit dem Ministerpräsidenten an der Spitze, hat nicht gezögert [. . .] als es darum ging, den Allgemeinwillen zu schützen" (Blanco López 2010) lautet dann eine auf Verteidigung ausgerichtete Selbstbeschreibung dieses rein reaktiv gedeuteten Regierungshandelns. Neben der Zuweisung von Verantwortung, die durch die Konstruktion des Feindbildes *Fluglotse = Geiselnehmer* erreicht wird, ermöglicht die vorgenommene Identifikation der Fluglotsen als Feinde eine Binnendifferenzierung des Souveräns, also des spanischen Volkes. Dadurch wird die Gruppe der Fluglotsen zu einer Projektionsfläche, die im Rahmen dieses „Krieges" (Blanco López 2010) zwei Funktionen erfüllt: Sie ermöglicht die konkrete, personal verankerte Legitimierung von Exekutivexpansionen durch die Regierung ebenso wie die zielgenaue Ausrichtung der Maßnahmen. Die gezielte Konstruktion einer als *pejorativen Alterität* dargestellten Minderheit dient dazu, bei der verbliebenen Mehrheit des Souveräns Zustimmung für die Exekutive zu generieren, da diese ja im Sinne des „interés general" (Blanco López 2010) handele. Denn: „Situaciones extraordinarias requieren medidas excepcionales [. . .]" (ebd.).

Ein ungleich problematischerer Plausibilisierungshorizont tritt mit der usamerikanischen Reaktion auf den japanischen Angriff auf *Pearl Harbor* auf. Der Fall *Korematsu v. United States*[5] (US-Supreme Court 1944) geht auf eine auf „racial prejudice, war hysteria, and a failure of political leadership" (United States Statutes at Large 1988, S. 2) gründende Praxis zurück, die sich in der Beschneidung der Freiheitsrechte japanischstämmiger Amerikaner zeigte. Diese stellten eine, gemessen an der Gesamtbevölkerung, nur sehr kleine Gruppe, deren Mitglieder fortan als *Enemy Alien* betrachtet (vgl. ausführlich Lemke 2010, 2012) und die, gerade weil sie zahlenmäßig der Restbevölkerung unterlegen waren, für eine als minder-

---

[5] Zur Problematik der Wahrung der bürgerlichen Freiheitsrechte der japanischstämmigen Amerikaner Rossiter (1948, S. 280 ff.); zur Fallgeschichte Takezawa (1995); zum bei Korematsu v. United States angewandten Abwägungsprinzip von Regierungsinteressen gegenüber bürgerlichen Freiheitsrechten („strict scrutiny") Winkler (2006).

schwer betrachte Einschränkung ihrer Freiheitsrechte freigegeben wurden. Das hier einschlägige *Argument der größeren Zahl* nimmt eine rein quantitative Verhältnisabwägung vor, die ihrerseits auf einer tiefgreifenden Unsicherheit ob der nahen Zukunftserwartung gründet. Die Vermutung eines mit hinreichend hoher Wahrscheinlichkeit eintretenden und in seiner Streuung nicht adäquat eingrenzbaren Risikos überführt unveräußerliche Bürgerrechte in ein rein kalkulatorisches Objekt, das, wenn die Umstände dafür sprechen, auch abgeschrieben werden darf:

> Like curfew, exclusion of those of Japanese origin was deemed necessary because of the presence of an unascertained number of disloyal members of the group, most of whom we have no doubt were loyal to this country. (US-Supreme Court 1944, S. 219)

Bezogen auf den Fall *Korematsu v. United States* bedeutet dies, dass Korematsu seiner real existierenden Bürgerrechte enthoben wird, weil die Prognose eines Risikos ebenso als real eingestuft wird. In dieser Begründungspraxis des Ausnahmezustandes vermischen sich demnach die Ebenen tatsächlicher und prognostizierter Realität mit dem Ergebnis, dass die prognostizierte Realität zum entscheidenden Kriterium für die Suspendierung der Normgeltung avanciert. Im Bemühen um den Schutz der Bevölkerung gewinnt die Idee der Gefahrenprävention an Attraktivität, und das ungeachtet der Tatsache, dass der Bestandsverlust von Grundrechten im vorliegenden Fall massiv ist. Motivational gesprochen führt die Angst vor kommenden Ereignissen zur Plausibilisierung des Ausnahmezustandes. In seiner abweichenden Stellungnahme bezeichnet Justice Murphy diese Angst als *Rassismus*. In der Begründung seines *Dissent* heißt es:

> This exclusion of all persons of Japanese ancestry [...] from the Pacific Coast area on a plea of military necessity in the absence of martial law ought not to be approved. Such exclusion goes over ‚the very brink of constitutional power' and falls into the ugly abyss of racism. (US-Supreme Court 1944, S. 233)

Justice Murphy verweist auf die Gefahr der degenerativen Perpetuierung des Ausnahmezustandes, die dann eintreten kann, wenn sich die Entscheidungsgründe über die Konstruktion einer *pejorativen Alterität* zu entsachlichen drohen. Eine solche Situation ist gegeben, wenn sie auf Attribuierungen von Personengruppen beruht, die wirklichkeitswidrig für einen behaupteten Sachverhalt keine intersubjektiv plausibilisierbaren Begründungen angeben (US-Supreme Court 1944, S. 240 ff.). Bei *Korematsu v. United States* ist dieser Tatbestand durch den Verweis auf die japanische Abstammung der Verdächtigen erfüllt, die als hinreichend für die *Exclusion* erachtet wird, und das unabhängig von einer eventuell vorliegenden konkreten Täterschaft eines der Mitglieder des kollektiv adressierten Personenkreises:

It is the case of convicting a citizen as a punishment for not submitting to impri-
sonment in a concentration camp, based on his ancestry, and solely because of his
ancestry, without evidence or inquiry concerning his loyalty and good disposition
towards the United States. (US-Supreme Court 1944, S. 226)

Statt aber von der Exekutive durch Vorurteile und den Verweis auf Sündenböcke
immer weiter ausgereizt zu werden, bedürfe, so Justice Murphy weiter, die Exekutivexpansion der Einhegung. Denn der Ausnahmezustand, so wird deutlich, bedeutet
nicht nur die Expansion von Exekutivkompetenzen. Er bedeutet, insbesondere
wenn es nicht gelingt, eine *tatsächliche Situation der Äußerlichkeit* anzugeben, das
Einsetzen eines Prozesses der Segregation in einer vormals homogen vorgestellten Bürgerschaft. Wie schon im Zuge der französischen Vorstadtunruhen wird
deutlich, dass die *pejorative Alterität*, wenn sie aus ihrer Latenzphase heraustritt,
die Regierungspraxis repräsentativer Demokratien zu unterminieren vermag. Denn
die vom Souverän geschaffenen Institutionen wenden sich hier gegen den Souverän
selbst.

Eine weitergehende Zuspitzung erfährt die Schlussregel angesichts der
Gesetzgebungs- und Rechtsprechungspraxis in den Vereinigten Staaten in Folge
von 9/11. Im Zusammenhang mit der Supreme-Court-Entscheidung *Boumediene
vs. Bush* wird eine durch *pejorative Alterität* verschärfte *Situation der Äußerlichkeit* im sogenannten *War on Terror* auf Dauer gestellt und nicht mehr notwendig
terminiert geschweige denn überhaupt noch konkret begründet. Für die künftige
Daueraufgabe der Terrorabwehr hat die amerikanische Regierung eine Reihe von
Gesetzen (von denen der *USA PATRIOT-Act* das bekannteste und wohl auch das
umstrittenste darstellt) und *Executive* und *Military Orders* erlassen, darunter jene vom 13.11.2001, mit der die Figur des *unlawful enemy combatant* geschaffen
wurde.[6] Die mit dieser Figur intendierte dauerhafte Beschränkung von *Habeas
Corpus* stellt eine signifikante Erweiterung der Exekutivkompetenzen zuungunsten
einzelner Personen dar, was mehrfach zum Gegenstand von Verhandlungen vor
dem US-Supreme Court wurde. Die Bush-Administration hat in ihrem Bemühen
um erweiterte Handlungsspielräume hier eine ganze Gruppe von Fällen[7] geschaffen, die als einschlägige juristische Bewertungen der *pejorativen Alterität* gelesen
werden können. Nimmt man aus dieser Gruppe das 2008 ergangene Urteil *Bou-*

---

[6] Vgl. Bush (2001); vgl. ferner *Military Commissions Act of 2006* (10 U.S.C. 948a) zur
Definition des *unlawful enemy combatant*.

[7] Unter anderem einschlägig sind Rasul v. Bush, Hamdi v. Rumsfeld, Hamdan v. Rumsfeld
sowie Boumediene v. Bush; vgl. in diesem Zusammenhang – mit besonderem Blick auf Hamdi
v. Rumsfeld und die darin vorbereitete argumentative Aufweichung verfassungsrechtlicher
Bestimmungen – den Aufsatz von Niday (2008).

mediene v. Bush heraus, dann werden zweierlei Aspekte deutlich. Einerseits wird das Bemühen der Exekutive um Kompetenzerweiterung in Form einer völligen zeitlichen Suspendierung von *Habeas Corpus* erkennbar, andererseits jedoch auch das gegenteilige Bemühen der Judikative um unbedingten Grundrechteschutz. Es ist die Judikative, die sich gegen die Exekutivexpansion verwehrt und die somit gegen die schleichende Aushöhlung demokratischer Prinzipien eintritt. Betrachtet man das zentrale von der Regierung eingebrachte Argument, dann wird vor dem Hintergrund der latent omnipräsenten Feinderzählung, dass die Figur des *unlawful enemy combatant* dazu dient, eine Personenkategorie zu schaffen, die einer effizienten Verfolgung ausgesetzt werden kann, weil sie konsequent außerhalb des Rechts angesiedelt wird:

> The Government contends that non-citizens designated as enemy combatants and detained in territory located outside our Nation's borders have no constitutional rights and no privilege of habeas corpus. (US-Supreme Court 2008, S. 8)

Diese radikale, sowohl grundsätzliche wie auch strukturelle Infragestellung der Zuerkennung von Rechten durch eine repräsentative Demokratie bildet gleichsam den Kern wie auch die absolute Zuspitzung der *expliziten Freund-Feind-Unterscheidung* als Schlussregel. Indem die Exekutive für sich die absolute situative Definitionshoheit darüber beansprucht, wer wann durch die in der Verfassung und der *Bill of Rights* gewährten Schutzrechte profitieren soll, offenbart sie implizit den Handlungsdruck, dem sie sich in einer solch zugespitzten Krisensituation ausgesetzt sieht.

3.3   Effizienzgebot

Dieser Handlungsdruck öffnet den Blick für ein drittes Element plausibilisierenden Erzählens. Die Notwendigkeit, schnell, richtig und umfassend angesichts der jeweiligen Ausnahmesituation zu handeln, führt zu einer Variante von Schlussregeln, die als *Effizienzgebot* bezeichnet werden können. Der Normalzustand wird dabei wegen seiner Einhegung durch die verfassungsmäßigen Rechtsbestimmungen als umständlich und retardierend angesichts der zu bewältigenden Krise beschrieben. Die Normalität der Rechtsgeltung – Kernbestand des legalen Legitimitätsglaubens – wird vorgeblich zugunsten einer schnelleren, besseren Problemlösungsfähigkeit der von verfassungsrechtlichen Restriktionen weitestgehend entbundenen Exekutive aufgegeben. Dieser Plausibilitätshorizont des Ausnahmezustandes ist auch vor der gegenwärtig häufig diagnostizierten hegemonialen Ökonomisierung (Schaal und

Lemke i. E.) nicht gefeit. Die Krisenintervention im Ausnahmezustand, ehedem unter striktem Vorbehalt der Exekutive, wird so mitunter – und vielleicht auch zunehmend – als eine marktfähige Dienstleistung erfahrbar. Damit meint Ökonomisierung im Zusammenhang mit der Begründung von Ausnahmezuständen immer zweierlei: es geht um die Diskussion eines möglichst effizienten Ressourcenansatzes und um die Akteursdimension bei der Abarbeitung der Krise, insofern nämlich nicht immer automatisch der Staat, sondern gegebenenfalls auch private Anbieter Kriseninterventionsleistungen erbringen. Eine Art Präzedenzfall für diese härtere Version des ökonomisierten Effizienzgebots und die damit einhergehende Umakzentuierung plausibilisierenden Erzählens hin zu einer *Vermarktwirtschaftlichung des Ausnahmezustandes* kann im Umfeld des Katastrophenmanagements anlässlich des *Hurrikan Katrina* beobachtet werden.

Der Fall verbindet zwei Akteure. Einmal die private Sicherheitsfirma *Xe Services* mit Sitz in North Carolina, die noch bis Anfang 2009 *Blackwater Worldwide* hieß.[8] Weltweit bekannt wurde sie durch ihr Engagement als sogenannter *private Contractor* verschiedener us-amerikanischer Ministerien, Behörden und Unternehmen im *Zweiten Irakkrieg* (*Operation Iraqi Freedom*), in deren Verlauf die Söldner der als größter privater Sicherheits- und Militärdienstleister weltweit eingestuften Firma mehrfach durch exzessive Gewaltanwendung aufgefallen waren. Weniger bekannt ist ihr Einsatz unter dem Namen *Blackwater USA* an der amerikanischen Heimatfront im Zusammenhang mit der Abwicklung verschiedener Zivil- und Katastrophenschutzeinsätze in Folge von *Katrina* in und um New Orleans. Diese weitreichende Intervention eines privaten Sicherheitsunternehmens in einem Katastrophengebiet markiert die Umakzentuierung im Sinne der Ökonomisierung des Ausnahmezustandes. Waren bislang staatliche Institutionen maßgeblich in die Abwicklung von Krisensituationen involviert, so gilt diese Limitierung seit 2005 nicht mehr. Denn in den Raum zwischen Bürger und Staat treten private Sicherheitsunternehmen. Diese Konstellation ist insofern brisant, als die im Ausnahmezustand ohnehin fragile Legitimitätsbasis staatlicher Intervention durch das Hinzutreten eines demokratisch nicht legitimierten, privatwirtschaftlich organisierten Akteurs zusätzlich belastet wird: „FEMA[9]" – die andere, die *staatliche* Seite, „is broken, because FEMA was supposed to be the link between people and government in time of natural disasters" (Pelosi 2006), hatte die damalige Sprecherin des Repräsentantenhauses, Nancy Pelosi, diese Konstellation im Februar 2006 zutref-

---

[8] Im Folgenden wird der Name Blackwater verwendet, da die Firma im für diese Analyse einschlägigen Einsatz in New Orleans in 2005 unter eben diesem Namen operierte. Aktuell nennt sich das Unternehmen Academi.

[9] Federal Emergency Management Agency.

fend charakterisiert, nachdem die Organisations- und Kommunikationsdefizite der staatlichen Stellen während und nach der Katastrophe bekannt geworden waren. Insofern durch *Katrina* die nachhaltige Unfähigkeit der zuständigen Behörden zu einer adäquaten Krisenintervention offen gelegt wird, treffen zwei Katastrophen in einem Punkt zusammen: einerseits das Ereignis einer Naturkatastrophe sowie darüber hinaus die Enthüllung eines manifesten Staatsversagens im präventiven wie auch reaktiven Umgang mit eben dieser Katastrophe. Angesichts dieses doppelten Staatsversagens in der Abwicklung und der Vorbereitung der Krisenintervention und angesichts massiver Zeitknappheit erscheint die Hinzuziehung weiterer nichtstaatlicher Kräfte, sogenannter *Contractors*, dann nur folgerichtig, da diese schnell und zumeist auch kostengünstig (verglichen mit uniformiertem Personal) zur Verfügung stehen können und weil bereits langjährige Erfahrungen mit der Einbindung privater Dienstleister in sicherheitssensible Aufgabenbereiche vorliegen. Die gewohnheitsmäßige Einbindung privater Kräfte liest sich in demokratietheoretischer Perspektive jedoch als unmittelbarer Ausdruck staatlicher Schwäche. Sie erweist sich als ein politisches Problem, das seine Virulenz aus der Tatsache ableitet, dass nicht nur die im Ausnahmezustand ohnehin fragil gewordene staatliche Legitimität, sondern auch die grundsätzliche staatliche Garantie zum verantwortungsvollen und transparenten Umgang mit Krisensituationen prekär geworden ist.

> [D]emocratic government is responsible government – which means accountable government – and the essential problem in ‚contracting out‘ is that responsibility and accountability are greatly diminished. (Singer 2005, S. 126)

Die Bestimmungen des im Falle der Anwendung militärischer – oder eben auch: militärisch beauftragter – Macht im Innern einschlägigen *Posse Commitatus Acts* werden durch *private Contractors* insofern unterminiert, als durch die Vermarktwirtschaftlichung von Krisenintervention die Beschränkung von Interventionskompetenzen im Innern nicht mehr qua Gesetz, sondern nur durch Angebot und Nachfrage eingehegt werden kann. Dementsprechend verfügen die privaten Sicherheitsdienstleister selbst über die Möglichkeit, Angebot und Nachfrage – und damit auch: ihre eigene Bedeutung zu beeinflussen, etwa indem sie gezielt Infrastruktur und Ressourcen anbieten, deren Nutzung durch staatliche Stellen aufgrund bestehender Knappheit und Dringlichkeit kaum abgelehnt werden kann. Die auf einer „unusual source to protect people and property" (Witte 2005) beruhende Privatisierung des Ausnahmezustandes, in die der Staat durch eigenes Versagen in der Katastrophenvorsorge geradezu getrieben wird, erweist sich somit als multiple Krise staatlicher Macht, die in einer zeitkritischen Situation zu einer Konzentration eigener Macht, also zur Selbstorganisation, offensichtlich

nicht fähig und zur konkreten Abarbeitung des Krisenszenarios nicht in der Lage
ist. Der Staat, der nicht hinreichend präventiv, sondern verstärkt reaktiv auf Krisen
reagieren kann, erscheint im Falle des tatsächlichen Eintretens einer Krise überfor-
dert, und diese Überforderung zwingt ihn zur Hinzuziehung privatwirtschaftlicher
Kräfte. Der reaktive Staat erscheint also in mehrfacher Hinsicht als ein Gefangener.
Er ist Gefangener sowohl des Marktes wie auch seiner selbst.

Angesichts dieser Diagnose einer Selbstblockade des Staates erscheint im Ringen
um mehr Sicherheit als notwendiger Vorbedingung für eine effiziente Katastro-
phenhilfe ein neuer Akteur. *Blackwaters* Auftreten im Katastrophengebiet in und
um New Orleans[10], wird dabei rückblickend unter zwei unterschiedlichen Gesichtspunkten beschrieben. Einerseits wird die Schnelligkeit, die Unmittelbarkeit
der Bereitstellung von Ressourcen „just 36 h after the levies broke" (Temple-
Raston 2007) durch *Blackwater* betont, wodurch eine Art Improvisation oder
Selbstermächtigung, in jedem Fall aber eine Rechtslücke angesichts knapp bemes-
sener Zeit angedeutet wird; andererseits wird das Tätigwerden von *Blackwater*,
das in kürzester Frist ca. 600 Mitarbeiter aufzubieten vermochte, auf bestehende oder im Verlauf des Einsatzes fortgeschriebene oder neu abgeschlossene
Verträge mit dem *DHS*, einer staatlichen Stelle, die selbst offensichtlich nicht
hinreichend in der Lage ist, eine effektiven Einsatz zu organisieren, zurück-
geführt. Beide Einschätzungen scheinen miteinander wenig kongruent, wobei
schon diese nicht hinreichend ausgeprägte Plausibilität zwischen beiden Informa-
tionssträngen dasjenige Transparenzdefizit andeutet, das Scahill (2005) in seiner
Analyse der Sicherheitsdienstleistungen von *Blackwater* angesichts des Katastrophenmanagements in New Orleans als rechtlich bedenklich angemahnt hatte. Aus
Sicht der handelnden Akteure muss eine solche verminderte Zurechenbarkeit von
Verantwortung in Ausnahmesituationen jedoch nicht von Nachteil sein. Im Gegenteil steht zu vermuten, dass sie, gerade weil eine konkrete Zuordnung von
Verantwortung und eine hinreichende Transparenz erschwert werden, attraktive
Handlungsräume für staatliche und nicht-staatliche Akteure eröffnet. Damit unterliegen offensichtlich das Sicherheitsbedürfnis sowie die Möglichkeiten, diesem
Bedürfnis nachzukommen, einem Zielerreichungskonflikt – maximale Rechtsstaatlichkeit (denn auch der Ausnahmezustand ist vom Rechtsstaat nicht völlig
entkoppelt) und maximale Sicherheit scheinen offenkundig nicht kompatibel zu
sein.

---

[10] Neben *Blackwater* haben im fraglichen Kontext auch *DynCorps, American Security Group,
Wackenhut, Kroll* (alle USA) sowie *Instinctive Shooting International* (Israel) ihre Dienste
angeboten. Vgl. Scahill (2008, S. 256).

Was sich aus dem Katrina-Fall ableiten lässt, ist die Erzählung eines in der Katastrophe schutzbedürftigen Staates, der seinen Kernaufgaben nur dann nachzukommen vermag, wenn er zusätzliche Sicherheitsmaßnahmen einkaufen kann. Damit bröckelt das Monopol des Staates, das in militärischen wie zivilen Katastrophen- und Krisenfällen auf staatliche Akteure gesetzt hatte. Rechtlich ist diese Erosion des staatlichen Sicherheitsmonopols insofern bedenklich, als angesichts der *Erzählung vom schwachen Staat* in Situationen ohnehin schon gesteigerter Fragilität staatlicher Legitimität Akteure hinzugezogen werden, die der staatlichen Kontrolle und Rechenschaftspflicht nur in einem erheblich geminderten Maße unterliegen. Während die klassische Krisenintervention auf Militär und Polizei setzt und damit ein Mindestmaß an Verrechtlichung der Akteure auch in der Krise garantieren kann, sind Söldner nur ihrem Auftraggeber verpflichtet, nicht aber dem entsendenden Souverän. Die Akzeptanz, die *Blackwater* als privatwirtschaftlich organisierter Akteur im Rahmen der Krisenintervention dennoch erfährt, koinzidiert mit der Ohnmacht staatlicher Institutionen. Auf der Zeitachse betrachtet mündet der Prozess der schleichenden Erosion der staatlich-institutionell verankerten Akteursqualität in Ausnahmesituationen in der Substituierung staatlicher durch privatwirtschaftlich organisierte Anbieter.

Auch wenn die Intervention *Blackwaters* in Folge der durch den *Hurrikan Katrina* ausgelösten Katastrophe in und um New Orleans gemessen an den von staatlicher Seite erbrachten Leistungen nur minimalen Ausmaßes war, so kommt ihnen doch eine erhebliche symbolische Bedeutung zu. Einmal auf der Ebene der Begründungslogik des Ausnahmezustands, der nach *Katrina* ein nach marktlichen Schlussregeln plausibilisierbarer Diskurs ist. Das Spektrum akzeptabler Begründungen hat sich damit signifikant über den politischen Rahmen hinaus erweitert. Die andere Ebene, die tangiert wird, ist die der demokratischen Legitimität und Verantwortung von Exekutivexpansionen, die erstmals zugunsten von Effizienz- und Kostenüberlegungen überlagert wird. Eine demokratietheoretische Dimension der Kritik am *Contracting out* wird offenbar, wenn man an die Innovation der amerikanischen Demokratie erinnert, wie sie James Madison in den *Federalist Papers* formuliert hatte:

> [...] De[r] Fortschritt Amerikas gegenüber der antiken Methode..., einen ordentlichen Verfassungsentwurf vorzubereiten und zu verabschieden [...] bestand gerade darin einen Neuanfang durch die Intervention einer beratenden Versammlung der Bürger herbeizuführen und nicht durch eine mystische Verfassungsquelle. (Madison, zit. nach Adams und Adams 1994, S. 217, 216)

Die Verweise auf den Markt können angesichts einer hegemonial gewordenen neo-
liberalen Ideologie noch über das *Effizienzgebot* hinaus als eine neue *strategische
Erzählung* beschrieben werden, die sich unter dem Begriff der *Ökonomisierung des
Ausnahmezustandes* fassen ließe.

4   Erosion der Rechtstaatlichkeit?

Dann allerdings stellt sich – ebenfalls mit Madison – die grundsätzliche Frage, die
an das in der Einleitung umrissene Problem der Grenzziehung bei Normsuspendierungen anknüpft: „Woher konnte es kommen, daß ein Volk, das so auf seine
Freiheit bedacht war [...], seine Vorsichtsmaßnahmen bis zu [diesem] Punkt auf-
gab [...]?" (Madison, zit. nach Adams und Adams 1994, S. 216). Unternimmt man
von dieser Frage aus den Versuch, strategische Erzählungen zur Plausibilisierung
von Ausnahmezuständen zu bewerten, dann entsteht der Eindruck, dass die Kombination der drei vorgestellten Elemente von Schlussregeln ein wirkungsmächtiges
Instrumentarium zur Ausschaltung des Normalvollzugs der repräsentativen Demokratie darstellt. Über einen langen Zeitraum und in unterschiedlichen politischen
Systemen – präsidentiellen, semi-präsidentiellen und parlamentarischen – gelingt
es der jeweiligen Exekutive immer wieder, Normsuspendierungen durchzusetzen,
indem sie sich eines funktional identischen Sets solcher Erzählelemente bedient.
Zieht man den Befund hinzu, dass Ausnahmezustände nach den Anschlägen von
New York und Washington vergleichsweise häufiger auftreten, als in anderen Epo-
chen, dann verfestigt sich der Eindruck, der Ausnahmezustand könnte mehr und
mehr zur eigentlichen *Normalität repräsentativ-demokratischen Regierens* werden.
     Dieser Eindruck, wonach materiell gesprochen mehr Exekutivkompetenzen
durch weniger *Habeas-Corpus*-Rechte der Bürger erkauft werden, ist deswegen
so ungeheuer problematisch, weil die Schlussregeln im Zusammenhang mit der
Entscheidung über den Ausnahmezustand gegenwärtig so intensiv wie noch nie
kommuniziert werden können. Aus dem, was im Notfall zur Rettung der Republik
unabdingbar schien, ist wegen der Verfestigung der vorgestellten Erzählelemente und angesichts zunehmend avancierter technischer Mittel eine Bedrohung des
repräsentativ-demokratisch verfassten Rechtsstaats geworden: der Rechtsstaat, so
der Befund, erodiert mehr und mehr.
     Die Freiheit, so ließe sich auf Madison antworten, ist deswegen verschwun-
den, weil eine schon über lange Zeit angewandte strategische Erzählung und ihre
Elemente endlich auf die für ihre Verbreitung günstigen technischen Voraussetzungen trafen. – *Unfreiheit* und nicht Rettung der Demokratie erweist sich als ihr
eigentlicher Fluchtpunkt.

Literatur

Adams, Angela, und Willy Paul Adams, Hrsg. 1994. Die Federalist-Artikel. Politische Theorie und Verfassungskommentar der amerikanischen Gründerväter. Mit dem englischen und deutschen Text der Verfassung der USA, Paderborn: Schönigh.

Agamben, Giorgio. 2004. *Ausnahmezustand. Homo Sacer II.1.* Frankfurt a. M.: Suhrkamp Verlag.

Agamben, Giorgio. 2008. *Was ist ein Dispositiv? Aus dem Italienischen von Andreas Hiepko.* Zürich: Diaphanes.

Altenried, Moritz. 2011. *Aufstände, Rassismus und die Krise des Kapitalismus. England im Ausnahmezustand.* Münster: Edition Assemblage.

Blanco López, José. 2010. Defender el interés general. http://www.elcuadernodepepeblanco. com/?m=20101207. Zugegriffen: 31. März 2014.

Bush, George W. 2001. *Military order: Detention, treatment, and trial of certain non-citizens in the war against terrorism.* Washington D.C.: Federal Register.

Cáceres, Javier. 2010. Luftverkehr in Spanien normalisiert sich wieder. *Süddeutsche Zeitung,* 6.12.2010:7.

de Gaulle, Charles. 1961. Message au lendemain du putsch des généraux, 23 Avril 1961, in: La Fondation Charles de Gaulle/L'Institut National Audiovisuel. http://www.ina.fr/ fresques/de-gaulle/fiche-media/Gaulle00071/discours-du-23-avril-1961.html. Zugegriffen: 10 März 2013.

Foucault, Michel. 2003. Schriften in vier Bänden. Dits et Ecrits. Band III: 1976–1979. Herausgegeben von Daniel Defert und François Ewald unter Mitarbeit von Jacques Lagrange. Aus dem Französischen von Michael Bischoff, Hans-Dieter Gondek, Hermann Kocyba und Jürgen Schröder, Frankfurt a. M.

Frankenberg, Günther. 2010. Staatstechnik. Perspektiven auf Rechtsstaat und Ausnahmezustand. Frankfurt a. M.: Suhrkamp.

Lemke, Matthias. 2010. Das alter ego der Souveränität. Zur Begründung von Normsuspendierungen im Ausnahmezustand. In *Souveränität. Theoretische und ideengeschichtliche Reflexionen,* Bd. 10, Hrsg. Samuel Salzborn und Rüdiger Voigt, 83–102. Stuttgart: Franz Steiner Verlag (= Staatsdiskurse).

Lemke, Matthias. 2011. Das alternate law der Demokratie: Begründungspraktiken für Ausnahmezustände in den USA (1944) und Spanien (2010). *Zeitschrift für Politik* 58 (4): 369–392.

Lemke, Matthias. 2012. Ausnahmezustände als Dispositiv demokratischen Regierens. Eine historische Querschnittsanalyse am Beispiel der USA. *Zeitschrift für Politikwissenschaft* 22 (3): 307–331.

Lemke, Matthias. 2013. Am Rande der Republik. Ausnahmezustände und Dekolonisierungskonflikte in der V. Französischen Republik. In *Ausnahmezustand. Carl Schmitts Lehre von der kommissarischen Diktatur,* Hrsg. Rüdiger Voigt, 185–208. Baden-Baden: Nomos Verlagsges.Mbh.

Lincoln, Abraham. 1861. Suspension of the writ of habeas corpus relating to the events in Baltimore, Washington.

Machiavelli, Niccolò. 1990. Discorsi. Abhandlungen über die ersten zehn Bücher des Titus Livius. In *Politische Schriften,* Hrsg. Niccolò Machiavelli und Herfried Münkler, 125–269. Frankfurt a. M.: Fischer-Taschenbuch-Verl.

Ministerio de la Presidencia. 2010. 18683 Real Decreto 1673/2010, de 4 de diciembre, por el que se declara el estado de alarma para la normalización del servio publico esencial del transporte aéreo. In: Boletín Official del Estado, No. 295, Sec. I., 101222–101223.

Niday, Jackson A. 2008. The war against terror as war against the constitution. *Canadian Review of American Studies* 38 (1): 101–117.

Pelosi, Nancy. 2006. Katrina response a scandal of incompetence and cyronism. California Chronicle, 8.2.2006.

Rossiter, Clinton L. 1948. *Constitutional dictatorship. Crisis and government in the modern democracies.* Princeton: Transaction Publishers.

Scahill, Jeremy. 2008. Blackwater. Der Aufstieg der mächtigsten Privatarmee der Welt. München: Antje Kunstmann.

Scahill, Jeremy. 2005: Blackwater down. *The Nation,* 21. September.

Lemke, Matthias, und Gary S. Schaal. 2014. Ökonomisierung und Politikfeldanalyse. Eine ideengeschichtliche und theoretische Rekonstruktion des Neoliberalismus im Zeitalter der Postdemokratie. In *Die Ökonomisierung der Politik in Deutschland – eine vergleichende Politikfeldanalyse,* Hrsg. Gary S. Schaal, Matthias Lemke, und Claudia Ritzi. Wiesbaden: Springer.

Singer, Peter W. 2005. Outsourcing war. *Foreign affairs,* 2/2005.

Takezawa, Yasuko Iwai. 1995. *Breaking the silence. Redress and Japanese American ethnicity.* Ithaca: Cornell University.

Temple-Raston, Dina. 2007. Blackwater eyes domestic contracts in US. *National Public Radio,* 28. September.

Toulmin, Stephen E. 1975. *Der Gebrauch von Argumenten. Aus dem Englischen übersetzt von Ulrich Berk.* Kronberg: Beltz Athenaeum.

Toulmin, Stephen E. 1981. *Voraussicht und Verstehen. Ein Versuch über die Ziele der Wissenschaft.* Frankfurt a. M.: Edition Suhrkamp.

Toulmin, Stephen E. 2003. *The uses of argument. Updated edition.* Cambridge: Cambridge University Press.

United States Statutes at Large. 1988. The civil liberties act of 1988, Pub. L. No. 100–383, 102 Stat. 903 (codified at 50 app. U.S.C. § 1989 (1988)), Title I, Section 101.

US-Supreme Court. 1866. Ex parte Lambdin P. Milligan 71 U.S. 2 (1866).

US-Supreme Court. 1944. Korematsu v. United States 323 U.S. 214 (1944).

US-Supreme Court. 2008. Boumediene v. Bush 553 U.S. 723 (2008).

Wieland, Leo. 2010. Ein Land als Geisel. Frankfurter Allgemeine Zeitung 6. Dezember, Nr. 284, 2.

Winkler, Adam. 2006. Fatal in theory and strict in fact: An empirical analysis of strict scrutiny in the federal courts. *Vanderbilt Law Review* 59: 793–871 (= UCLA School of Law Research Paper No. 06–14).

Witte, Griff. 2005. Private security contractors head to Gulf. *The Washington Post,* 8. September.

Teil II

Politische Narration zwischen Dichtung und Wahrheit

„The Specter of Orwell": Narrative nach Nineteen Eighty-Four in US-amerikanischen Privacy-Debatten der 1960er und 1970er Jahre

Benedikt Neuroth

Zusammenfassung

In Debatten um Privatsphäre und Datenschutz in den Vereinigten Staaten von Amerika der 1960er und 1970er Jahre spielten Kommentatoren oftmals auf den Roman Nineteen Eighty-Four von George Orwell an. So tauchte die dystopische Figur eines Big Brother sowohl in der Diskussion über ein statistisches Datenzentrum, föderale Datenbestände, als auch die Gesetzgebung zum Datenschutz auf, und das fiktionale Jahr 1984 repräsentierte die Vorstellung einer nahenden Überwachungsgesellschaft. Der Beitrag untersucht, in welchem spezifischen Kontext Kommentatoren, Rechtswissenschaftler, aber auch Politiker auf literarische Motive zurückgegriffen haben. Mit Bezügen auf den Roman haben die Akteure soziale Prozesse und politische Aspekte in eine sinnhafte Erzählung eingebettet, so dass sich aus diesen Narrativen gesellschaftliche Konflikte und ihre Bearbeitung ablesen lassen. Damit stehen die sich an Nineteen Eighty-Four anschließenden Narrative in einem besonderen Verhältnis zur politischen Theorie.

1 Der Roman Nineteen Eighty-Four in der US-Politik

In einer Rede an der Stanford-Universität sprach Präsident Gerald R. Ford im Jahr 1975 in Hinblick auf ein Datenschutzgesetz von einer „big brother bureaucracy" (1977, S. 1480), vor welcher die Privatsphäre der Bürger geschützt werden müsste.

B. Neuroth (✉)
Humboldt Universität zu Berlin, Unter den Linden 6, 10099 Berlin, Deutschland
E-Mail: beneneuroth@web.de

W. Hofmann et al. (Hrsg.), *Narrative Formen der Politik*,
DOI 10.1007/978-3-658-02744-5_5, © Springer Fachmedien Wiesbaden 2014

Die Figur eines *Big Brother*, mit der Präsident Ford hier die Rolle des Bundesstaates reflektierte, bezog sich in Debatten zunächst auf Kameras und Abhörgeräte. Diese verletzten angeblich die persönliche Privatsphäre der Bürger in den Vereinigten Staaten von Amerika,[1] so dass Politik und Öffentlichkeit in den 1960er und 1970er Jahren Datenschutzthemen intensiv debattierten[2]. Des Romans *Nineteen Eighty-Four*, aus dem die Figur eines *Big Brother* entlehnt war, bedienten sich Autoren und Redner auch, um auf potentielle Gefahren hinzuweisen, die von Datenbanken ausgingen. Demnach stützten sich Behörden wie Unternehmen in zunehmendem Maße auf Informationen über Bürger beziehungsweise Kunden, um effizient zu arbeiten. Als mögliche Kehrseite dieser Entwicklung erachteten Kommentatoren einen zweckentfremdeten Gebrauch von Daten, ein Erstellen von persönlichen Dossiers sowie unfaire Entscheidungen. Mit den Verweisen auf den Roman betteten die Akteure den politischen und sozialen Prozess in eine sinnhafte Geschichte ein. Eine Analyse dieser Narrative zeigt gesellschaftliche Konflikte auf, die in den Debatten verhandelt wurden und von einem historischen Wandel zeugen.[3]

Im Folgenden werden zunächst politische Aspekte des Romans *Nineteen Eighty-Four* skizziert und das Konzept von Narrativen dargestellt 1). Daraufhin wird untersucht, welche Funktion die Bezüge auf den Roman erfüllten – in Debatten-beiträgen um ein statistisches Datenzentrum bei Vance Packard 2) und um den Datenschutz bei Arthur R. Miller und Alan F. Westin, sowie bei Präsident Ford 3). Abschließend wird argumentiert, dass aus dem Roman selbst keine theoretischen Modelle für die Folgen von Überwachung abzuleiten sind, sondern das politische Denken damit narrativen Strukturen folgte 4).

1.1 Der politische Gehalt des Romans Nineteen Eighty-Four

Nineteen Eighty-Four gilt in politischen Debatten als Sinnbild für Überwachung (Solove 2001, S. 1395), obgleich es sich dabei um einen Nebenaspekt des Werkes handelt. Der Autor Eric Blair, der den Roman unter dem Pseudonym George Orwell im Jahr 1949 herausgegeben hat, erzählt darin die Geschichte von Winston Smith, der im Staat *Oceania* lebt (1998). Dieser Staat wird von einer einzelnen

---

[1] Ich bedanke mich bei Gabriele Metzler für die intensive Betreuung der Masterarbeit, auf die der Beitrag aufbaut, sowie bei Florian Kühn für eine ausführliche Kommentierung des Beitrags auf der Tagung an der TU München.

[2] Priscilla Regan hat die Gesetzgebung im Kongress untersucht, (1995, Kap. 4).

[3] John Blum (1991) beschreibt eine Phase der Zwietracht, Bruce Schulman (2001) grundlegende Veränderungen.

Partei beherrscht, die eine Kontrolle der Bewohner, vor allem der Parteimitglieder, bis in ihre Gedankenwelt anstrebt. Die *Thought Police* repräsentiert dabei eine Observation und Repression der Bewohner. *Big Brother* spielt als Wächter einer Revolution eine eher mythische Rolle, als Mann mit dunklem Schnurrbart tritt er nicht direkt auf, sondern beobachtet Menschen mit einem durchdringenden Blick (1998, S. 83) von Münzen, Postern oder Büchern aus (1998, S. 29). Die Figur verkörpert einen diktatorischen Herrscher, trägt aber auch religiös-mystische Züge. So gilt unter anderem der Katholizismus als eine Referenz für Orwell (Shklar 1998, S. 440). Über die Aussage der satirischen Dystopie schrieb Orwell selbst, dass er die „intellectual implications of totalitarianism" (Conant 2000, S. 291) schildern wollte. Der Roman wirft demnach Fragen nach Macht und geistiger Freiheit auf. Als Bezugspunkt gilt unter anderem das stalinistische System, aber auch der Faschismus. Eine suggestive Kraft verleiht dem Roman, dass er in einem fiktionalen London also innerhalb der anglo-amerikanischen Sphäre und in der nahen Zukunft spielt, wobei die Jahreszahl 1984 vermutlich aus einem Zahlendreher des Entstehungsjahres 1948 resultierte. Politische Kommentare haben das Szenario auf die eigene Gesellschaft projiziert, aber teilweise als Prophezeiung missverstanden (Shklar 1998, S. 339 ff.). Der Roman bildete weniger eine Vorhersage als eine Kritik bestehender Verhältnisse, die in ihrer „seinstranszendenten Orientierung" (Mannheim 1985, S. 169 ff.) auch in späteren politischen Debatten Wirkung entfaltete.

1.2 Nineteen Eighty-Four als Metapher, Topos oder Narrativ

Die Anspielungen auf die Figur eines *Big Brother* in Büchern, Artikeln und Reden tragen Züge eines rhetorischen Topos im Sinne von Ernst Robert Curtius (Veit 1963, S. 120). Allerdings funktionierten sie in den Debatten nicht für sich als ein Argument[4]. Die Forschung sieht in ihnen eher Metaphern oder Bildsprache. Etwa erwähnt Priscilla Regan, dass in den Kongressdebatten „images of 1984" vorkamen (1995, S. 81 f.). Außerdem wurde untersucht, was der Roman im Allgemeinen über das Verhältnis von Privatsphäre und Technologie aussagen kann. Daniel Solove argumentiert, dass die Metapher eines *Big Brother* Aspekte von Kameraüberwachung und Abhörmaßnahmen abbilden kann, verwirft die Metapher aber als irreführend in Hinblick auf Datenbanken (2001, S. 1397 f.). Eine grundsätzliche Kritik übt Richard Posner, der vermeintliche politische Aussagen auf literarische Aspekte des

---

[4] Gemäß Curtius gliedert sich die Gerichtsrede in der klassischen Rhetorik in Einleitung, Erzählung/Narration, Beweis/Argument, Widerlegung, Schluss, wobei sich Allgemeinplätze oder Topoi in der Argumentatio wiederfinden (Veit 1963, S. 122).

Romans zurückführt (2000, S. 1 f., 2009, S. 405). Solove argumentiert dagegen: „Metaphors are instructive not for their realism but for the way they direct our focus to certain social and political phenomena" (2001, S. 1419). Statt als Metapher, können Verweise auf den Roman aber auch als narrative Strukturen einer Erzählung (Veit 1963, S. 122) aufgefasst werden.

Während ein Sprachbild eine Analogie aufbaut, sind Narrative an eine erzählerische Struktur gebunden. Ein Indiz dafür, dass im vorliegenden Fall ein Narrativ vorliegt, bildet die zeitliche Dimension der Debattenbeiträge, die vor zukünftigen Problemen warnten und das literarische Jahr 1984 rhetorisch als Naherwartung darstellten. Autoren entlehnten Motive aus dem Roman, ohne dabei die Intention des Originals wiederzugeben, deuteten Erzählungen aus und wandelten sie ab. Narrative sollten daher in ihrem politischen Kontext analysiert werden. Zu unterscheiden wäre ein literarisches Narrativ, entlang dem die Handlung im Roman verläuft, von einem politischen Narrativ, wie es einer literarischen Vorlage entlehnt wurde und politische Debatten strukturiert hat. Ein politisches Narrativ wird in diesem Aufsatz als Erzählstruktur verstanden, die einen sinnhaften Zusammenhang für gesellschaftliche Prozesse oder politische Aspekte bildet[5].

In der politischen Debatte bieten Narrative bestimmte Deutungen an, die sich von theoretischen Argumenten unterschieden, und sprechen die politische Imagination an. Der akademische Diskurs unterscheidet zwischen theoretisch fundierten Argumentationen und erzählerischen Folgerungen. Richard Rorty trifft in *Contingency, Irony, and Solidarity* eine Unterscheidung zwischen Narrativ und Theorie, wobei er erklärtermaßen der Narration den Vorzug gibt und von „utopian futures" spricht (1989, S. xvi). Entsprechend erkennt Rorty in *Nineteen Eighty-Four* keine „moral realities" (1989, S. 174). In *The Legal Imagination* verweist James Boyd White innerhalb der Rechtsprechung auf eine Spannung zwischen Narration und Analyse beziehungsweise Theorie (1985, S. 244 f.). White gilt als Wegbereiter der Studien in *law and literature* (Ward 1995, S. 6 f.; Dolin 2007, S. 10 f.), die auch literarische Texte in ihre Analyse einbeziehen und das Konzept von Narrativen aufgegriffen haben. Robert Cover schreibt im Vorwort *Nomos and Narrative* in der *Harvard Law Review*: „No set of legal institutions or prescriptions exists apart from the narratives that locate it and give it meaning. For every constitution there is an epic for each decalogue a scripture" (1983, S. 4).

---

[5] Robert Cover definiert Narrative aus rechtlicher Sicht wie folgt: „Narratives are models through which we study and experience transformations that result when a given simplified state of affairs is made to pass through the force field of a similarly simplified set of norms" (1983, S. 10).

Auf die Politik übertragen, zeichnen sich im Diskurs über den Datenschutz gesellschaftliche Konflikte ab, die Akteure zum Teil in Narrativen nach dem Roman *Nineteen Eighty-Four* gedeutet haben.

2 Ein konkurrierendes Narrativ zu Effizienz

In Debatten um die Privatsphäre in den 1960er Jahren verwiesen Kommentatoren in Hinblick auf Überwachungstechnologien bisweilen auf den Roman *Nineteen Eighty-Four*. Nach einer gängigen Vorstellung entwickelte sich Technologie rascher als Orwell es hätte erahnen können, und sein Szenario erschien aus technischer Hinsicht bald realisierbar. So schrieb Senator Edward Long, Demokrat aus Missouri, in seinem Buch *The Intruders*: „Modern technology will soon make mechanically practical the nightmare society projected by George Orwell in 1984" (1966, S. 61). Häufig ging es in den Debatten um Kameras und Abhörgeräte, mit denen Ermittler aus dem öffentlichen wie auch dem privaten Sektor die private Sphäre von Personen ausforschen könnten. Einen Bezug zum Roman bildete das Motiv des *Telescreen*, der bei Orwell permanent Propaganda aussendet, über den die *Thought Police* willkürlich Bewohner beobachtet und belauscht (1998, S. 4), aber auch ansprechen kann (1998, S. 39). Doch Kommentatoren bezogen den Roman auch auf Computer und Datenbanken, von der sich Politik und Wirtschaft Effizienz versprachen. So haftete laut *Wall Street Journal* einigen Kreditagenturen das Bild einer „Big Brother Inc." (Sesser 1968, S. 1) an. Kritiker glaubten, dass Datenbanken in der öffentlichen Verwaltung wie auch in Unternehmen sogenannte Dossiers über Personen ermöglichten und zu unfairen Entscheidungen führten. Eine Projektionsfläche für solche Befürchtungen bildeten Pläne für ein statistisches Datenzentrum.

2.1 Pläne für ein statistisches Datenzentrum

„The Orwellian nightmare would be brought very close indeed if congress permits the proposed computer NDC to come into being" (The New York Times 1966, S. 36), so kommentierte die *New York Times* im August 1966 die Pläne für ein *National Data Center*, NDC. Ein Report des *Social Science Research Council* aus dem Jahre 1965 hatte der Haushaltsbehörde (*Bureau of the Budget*) empfohlen, Datenbestände mehrerer Bundesbehörden zu statistischen Zwecken zu vereinheitlichen und zusammenzuführen, welche wiederum den Berater Edgar S. Dunn mit einem Report beauftragte. Mit den Plänen befassten sich schließlich der Senat sowie ein Komitee im Repräsentantenhaus unter Cornelius Gallagher, Demokrat aus

New Jersey (Regan 1995, S. 71). Befürworter eines Datenzentrums erhofften sich, politische Programme effektiv gestalten zu können und Aufschlüsse über die gesellschaftliche Struktur zu gewinnen (Harvard Law Review 1968, S. 400 f.). Während Befürworter hierbei auf anonyme und aggregierte Statistiken verwiesen, befürchteten Kritiker ein „effective end of privacy", wie es die *New York Times* vorhersah, wenn verstreut liegende Informationen zu sogenannten Dossiers gebündelt werden könnten (The New York Times 1966, S. 36). Den historischen Kontext der Pläne bildete eine Phase umfangreicher Staatsaufgaben, die bis auf die Politik des *New Deal* zurückging. Im Jahr 1963 trat Präsident Lyndon B. Johnson die Nachfolge des ermordeten John F. Kennedy an, um die Armut im Land zu bekämpfen und mit Programmen unter dem Leitbild einer *Great Society* gleiche Chancen für die Bürger zu schaffen (Blum 1991, S. 163 ff.). In der Zeit erlebten auch die Bürgerrechte einen Aufschwung.

Befürworter der Pläne für ein Datenzentrum hatten Mühe, die Vorstellungen bezüglich *Nineteen Eighty-Four* zu zerstreuen. Dunn, Ökonom bei *Resources for the Future, Inc.*, widersprach dem Eindruck, dass mit einem überdimensionierten Zentrum das Jahr 1970 an das Jahr von „Orwell's ,1984'" heranrückte (1967, S. 21). Dunn stellte das Buch *The New Utopians* von Robert Boguslaw[6], in dem Utopisten den Computer als Heilmittel erkennen, dem „specter of a negative utopia of Orwell", gegenüber. Damit forderte Dunn, die Kosten und Nutzen der Datenverarbeitung abzuwägen (1967, S. 28). Politik und Wissenschaft beschäftigte in der Folge die Frage, wie diese Werte in ein ausgewogenes Verhältnis zu setzen wären.

2.2 Big Brother als unerbittlicher Bürokrat bei Vance Packard

Das Repräsentantenhaus befragte im Juli 1966 den Autoren und Soziologen Vance Packard zu den Plänen für ein föderales Datenzentrum[7]. Dieser hatte sich einen Namen als Sozialkritiker gemacht und verschiedene Sachbücher veröffentlicht. In dem Buch *The Naked Society* schilderte Packard, wie staatliche Stellen, aber auch Unternehmen aus der Wirtschaft die Privatsphäre der Bürger bedrohten (1964). Darin zog Packard eine Parallele von der modernen Technologie zu Orwells Roman und nannte das Motiv des *Telescreen*. Packard zitierte eine Stelle, die eine nahezu lückenlose Beobachtung schildert: „You had to live–did live, from the habit that became instinct–in the assumption that every sound you made was overheard [,]

---

[6] Im Text heißt es „Robert Bugoslow".

[7] Statement of Vance Packard, Sociologist, Author, and Lecturer, Jul 26, in: U. S. House of Representatives (1966, S. 7–22).

and, except in darkness, every moment [was] scrutinized"[8]. Die Technik der 1960er Jahre ermöglichte es, Personen auch im Dunkeln zu beobachten, wie Packard ausführte, und er folgerte, dass Orwells Roman in Anbetracht dessen Anfang der 1960er Jahre erschreckender ausgefallen wäre: „If Mr Orwell were writing his book today rather than in the 1940s his details would surely be more horrifying" (1964, S. 29). Diese Ansicht bezog Packard auch auf das Thema elektronischer Datenbanken (1964, S. 29 f.). Er argumentierte, dass Datenbanken, die mit Computern verwaltet wurden, zur Überwachung dienen könnten. Zugleich würdigte er die Vorteile der elektronischen Datenverarbeitung, fragte aber nach den Folgen, wenn Bürokraten im fiktionalen Jahr „1984", das aus seiner Perspektive noch zwanzig Jahre entfernt lag, aus föderalen Datenbeständen eine Datei über eine Person zusammenfügen könnten (1964, S. 42).

Seine Vorbehalte gegenüber einem Datenzentrum legte Packard Anfang 1967 in einem längeren Artikel für die *New York Times* dar (Packard 1967, S. 236) und vertrat in seinem Redebeitrag im Repräsentantenhaus die Ansicht, dass ein zentrales Datenzentrum eine Gefahr für die individuelle Freiheit barg. Wenn Information Macht bedeutete, wäre die Menge an Daten, die der Bundesstaat über die Bürger speicherte, besorgniserregend (U. S. House of Representatives 1966, S. 7). Packard beschrieb, dass Daten einer Person in verschiedenen Akten erfasst waren, bei Versicherungen, Kreditagenturen, in Krankenakten und Schulakten, bei der Wohnungsbehörde oder in Steuererklärungen (1966, S. 8). Innerhalb der nächsten zehn Jahre könnte der Bundesstaat mit Computern aus bisher verstreuten Informationen zusammengefügte Dateien erstellen, womit sich ein trister Ausblick auf das „bicentennial" der Unabhängigkeitserklärung im Jahr 1976 ergeben würde (1966, S. 9). Packard äußerte sich deshalb skeptisch zu den Plänen des *Bureau of the Budget*, Datenbestände zu zentralisieren, ohne diese frühzeitig zu anonymisieren (1966, S. 9 f.). Als Gründe gegen ein zentrales Datenzentrum nannte er erstens unpersönliche Entscheidungen von Computern, was dem „American way of life" zuwiderlaufe, zweitens ein Gefühl des Misstrauens, wenn der Staat ein „all-seeing eye" auf die Bürger werfe, was Packard totalitären Systemen zuschrieb (1966, S. 11). Drittens könnten falsche Informationen wie auch frühere Vergehen unfaire Folgen für Personen haben, was dem Frontiergeist widerspräche (1966, S. 12). Um dies zu verdeutlichen, erzählte Packard Geschichten über Bekannte, die unverhofft auf Probleme mit Krediten oder bei der Arbeitssuche gestoßen waren.

Schließlich führte Packard aus, dass Behördenmitarbeitern über einen Zentralcomputer Macht zufalle. Personen im Regierungsumfeld würden mit geheimen

---

[8] So Packard (1964, S. 29), die eckigen Klammern bezeichnen die Fassung nach: Orwell (1998, S. 5).

Informationen diskreditiert – im *New York Times*-Artikel deutete er an (Packard 1967, S. 236), dass ein Steuerberater im Fall um Bobby Baker eingeschüchtert worden wäre[9] – zentrale Dateien über sämtliche Bürger könnten als „form of control" benutzt werden (U. S. House of Representatives 1966, S. 12 f.). Packard bezog sich auf die Warnung eines Informatikers vor einem „Big Brother regime" gemäß dem Buch „1984", falls die Datenverarbeitung innerhalb der Bundesbehörden nicht hinreichend kontrolliert würde (1966, S. 13). Sein Beitrag deutete schließlich auf das fiktionale Jahr 1984 hin, das vom Jahr 1966 gerechnet in naher Zukunft lag: „Let us remember, 1984 is only 18 years away" (1966, S. 13). Er modifizierte die Geschichte aus dem Roman in seinem Beitrag:

> My own hunch is that Big Brother, if he ever comes to these United States, may turn out to be not a greedy power seeker, but rather a relentless bureaucrat obsessed with efficiency (1966, S. 13).

Packard imaginierte *Big Brother* als erbarmungslosen Bürokraten, der ausschließlich Kriterien der Effizienz folgte. Seine Erzählung kam ohne tyrannischen Herrscher aus und richtete sich auf diese Weise an das demokratische System. Das Narrativ stellte die Pläne für ein Datenzentrum in den Kontext einer fortschreitenden Bürokratisierung mit einer effizienten Datenverarbeitung, ein Prozess, der nach Ansicht der Zeitgenossen eine unerwünschte Konzentration von Macht sowie unfaire Entscheidungen über Personen zur Folge haben könnte.

Eine Studie unter Senator Sam Ervin, Demokrat aus North Carolina[10], aus dem Jahr 1974 stellte jedenfalls fest, dass in der öffentlichen und politischen Debatte ein Datenzentrum als Schritt hin zu einer totalitären Gesellschaft wie in Orwells Roman galt (U. S. Senate 1974, S. 732).

Sowohl das Repräsentantenhaus als auch der Senat lehnten die Pläne für ein Datenzentrum ab, solange die Folgen und der Schutz der Privatsphäre ungeklärt wären. Ein zweiter Anlauf des *Bureau of the Budget* scheiterte erneut im Kongress (Regan 1995, S. 73). Zwar hatte *Nineteen Eighty-Four* nicht den Ausschlag dafür gegeben. Doch Bezüge auf den Roman kanalisierten Vorbehalte, Ungewissheiten und Zweifel an den Plänen.

---

[9] Robert G. „Bobby" Baker, *Senate's Secretary*, wurde 1963 wegen eines Finanzskandals entlassen. Packard bezog sich hier offenbar auf Versicherungsvertreter Don Reynolds, der einen abgekarteten Versicherungsdeal mit Vizepräsident Johnson andeutete, den Vorwurf aber zurückzog (Matusow 1984, S. 144–146).

[10] Subcommittee on Constituional Rights of the Committee on the Judiciary Federal Data Banks and Constitutional Rights, in: U. S. Senate (1974, S. 723–779).

3 Narrative der Überwachung in der US-Datenschutzpolitik

Das geplante Datenzentrum kam nicht zustande, aber der Datenschutz blieb auf der politischen Agenda (Regan 1995, S. 73). Einen Aufschwung erfuhr das Thema mit einer Affäre, die ihren Anfang mit dem Einbruch in den *Watergate*-Komplex in Washington im Jahr 1972 nahm, bei dem Abhöranlagen in der Zentrale der Demokratischen Partei installiert werden sollten. Offenbar war das politische Umfeld von Präsident Richard Nixon darin verwickelt, wie die *Washington Post* 1973 berichtete, die fortan weitere illegale Aktivitäten publik machte (Schulman 2001, S. 42–48). In den Debatten zum Datenschutz mehrten sich Anspielungen auf die *Watergate*-Affäre, die aber die Bildsprache von *Nineteen Eighty-Four* nicht gänzlich ablöste (Regan 1995, S. 81).

Akten und Informationen stehen in *Nineteen Eighty-Four* zumeist im Kontext von Propaganda. Das *Records Department* im *Ministry of Truth* passt die Vergangenheit an das aktuelle politische Geschehen an, und es enthielt: „every conceivable kind of information, instruction, or entertainment [. . .]" (Orwell 1998, S. 45). Diese Romanstelle zitierte ein Abgeordneter im Kontext der Privacy-Debatte und zog einen Vergleich zur Politik[11]. Dabei handelt der Roman in diesem Sinne nicht von Personendaten, Orwell schilderte aber an anderer Stelle, dass eine verhaftete Person aus den Registern gelöscht, sämtliche Aufzeichnungen über Handlungen vernichtet würden und sie somit dem Vergessen anheim falle (1998, S. 21).

Beim sogenannten Recht auf Privatsphäre waren sich die politischen Lager scheinbar einig, wie der demokratische Abgeordnete Edward Koch, der gemeinsam mit dem Republikaner Barry Goldwater, Junior, ein Datenschutzgesetz unterstützt hatte, in einem Statement in der *New York Times* im Jahr 1975 ausführte: „True conservatives and true liberals oppose Big Brother in government, and so we joined forces" (Ronan 1975, S. 12). Vermutlich standen Konservative bundesstaatlichen Aufgaben skeptischer gegenüber, während es Liberalen um die Gestaltung eines auf Ausgleich bedachten Staates ging. Die Wohlfahrtspolitik änderte sich mit der Wahl Richard Nixons zum Präsidenten, der die Programme und Institutionen der Liberalen ablehnte, staatliche Hilfen zunächst aber beibehielt. Unter Nixon entstand der *Family Assistance Plan*, der von neoklassischen Konzepten geprägt war (Blum 1991, S. 343), aber keine Mehrheit im Kongress fand (Blum 1991, S. 347). In Debatten um Datenschutz zielten manche Redner mit der Figur des *Big Brother* auf

---

[11] U. S. Senate (1974, S. 1808), „Mr. Archer [keine Angabe zur Person, vermutlich Repräsentant William R. Archer, Republikaner aus Texas] [. . .] Our Nation would be establishing its own records department so aptly described in Orwell's ‚Nineteen Eighty-Four'", From the Congressional Records, Extensions of Remarks, Apr 22, 1974, in: U. S. Senate (1974, S. 1809).

politische Programme und Wohlfahrt ab. Möglicherweise bildete die kollektivistische Kriegswirtschaft aus dem Romanszenario, die von Mangel geprägt ist (Orwell
1998, S. 41 f.), einen Bezugspunkt zur Politik. Vor dem Hintergrund dieses Narratives eines *Big Brother* als vermeintlichen Wohltäter, mischte sich der Bundesstaat
aus damaliger Sicht zunehmend in gesellschaftliche Belange ein.[12]

3.1 1984 als Geisteszustand bei Arthur R. Miller

Ein Komitee unter Senator Sam Ervin lud im Februar 1971 den Rechtswissenschaftler Arthur R. Miller, um ihn zum Datenschutz zu befragen[13]. Das Komitee
untersuchte zu dieser Zeit auch geheimdienstliche Aktivitäten der Armee, die über
Jahre hinweg Protestbewegungen und Bürgerrechtsgruppen überwacht hatte (Pyle
1986, Kap. 1), aus Sorge vor sozialen Unruhen, ungehorsamen Soldaten und Sa-
botage (Pyle 1986, S. 5). Miller war zuletzt mit dem Buch *The Assault on Privacy*
in Erscheinung getreten. Seine Bezüge auf den Roman wirken teilweise inkonsi-
stent, so verwies er in einem Artikel in der *Michigan Law Review* einerseits auf
unbestimmte Ängste vor einem „specter of Big Brother" (1969, S. 1241), führte
andererseits gesetzliche Vorschriften als Heilmittel für die Gesellschaft gegen ein
„Orwellian miasma" (1969, S. 1180) auf. Im Senat schilderte Miller, wie der Bundesstaat die Rechte der Bürger wie Privatsphäre, Meinungs- und Versammlungsfreiheit
gefährdete. Er äußerte, dass Orwells Roman in jüngster Zeit bedeutsam geworden
wäre: „As recently as a decade ago we could smugly treat Huxley's Brave New World
and Orwell's 1984 as exaggerated science fiction having no relevance to us or to life
in this country"[14]. Demgemäß hatte Überwachungstechnik die „traditional bastions
of privacy" (U. S. Senate 1971, S. 8) eingenommen, da Mikrophone und Kameras
die „physical privacy" (U. S. Senate 1971, S. 8) von Wohn- und Arbeitsräumen
ausforschen könnten.

---

[12] „Mr. Buchanan: [keine Angabe zur Person, vermutlich Abgeordneter John H. Buchanan,
Republikaner aus Alabama] Mr. Speaker, we are today 10 years away from the 1984 of
George Orwell, but to many of us, the Big Brother of which he wrote is with us already. It is
unfortunate that as the Federal Government has expanded to meet the needs of the American
public, the rights of that same public to conduct its affairs in private has been sublimated to
expediency, but this is not the way it was originally intended". House of Represenatatives.
Remarks by Members During Special Order on Privacy, Apr. 2, 1974, in: U. S. Senate (1974,
S. 1642, Zitat 1757).

[13] Statement of Arthur R. Miller, Professor of Law, University of Michigan, Feb 23, in: U. S.
Senate (1971, S. 8–42).

[14] U. S. Senate (1971, S. 8), die Passage ähnelt einem Abschnitt in Millers Buch (1971, S. 39).

Mit dem Aufkommen des Computers beträfe dies auch die „informational privacy" (U. S. Senate 1971, S. 8). Miller suggerierte, dass die Vereinigten Staaten
auf einen kritischen Zustand zuliefen: „I think it is fair to say that in 1971 we are
at 1984 minus 13 and counting"[15]. Er ging davon aus, dass Bürger eine Spur von
Daten hinterließen, die Aufschlüsse über ihr Verhalten und ihre Kontakte bieten
konnten. Technologie ermöglichte es seiner Ansicht nach, solche Informationen
zentral auszuwerten und ein „womb-to-tomb dossier" über Personen zu erstellen
(U. S. Senate 1971, S. 9). Sowohl Bundesbehörden als auch Unternehmen setzten
elektronische Datenverarbeitung ein, um rationale Entscheidungen zu treffen, und
Miller nannte eine Reihe von Datenbanken, auf die das Senatskomitee jüngst gestoßen war (U. S. Senate 1971, S. 9). Er führte diese zunehmende Datensammlung
unter anderem auf die Sozial- und Stadtplanung zurück und nannte auch Nixons
Wohlfahrtpolitik (U. S. Senate 1971, S. 11).

Außerdem äußerte sich Miller zur Überwachung politischer Gruppen durch die
Armee[16] (U. S. Senate 1971, S. 9). Er vertrat die Ansicht, dass bereits der Anschein
von Unterdrückung einen „chilling effect" auf die Bürgerrechte[17] ausübe (U. S.
Senate 1971, S. 10). Dabei gab er zu bedenken, dass Orwells Utopie bei genauer Lesart ein „state of mind" beschreibe, einen Geisteszustand, der von der
abschreckenden Wirkung einer sogenannten Datenbankdiktatur hervorgerufen
würde (U. S. Senate 1971, S. 11). Miller bemerkte:

> I think if one reads Orwell and Huxley [Aldous Huxley, *Brave New World*] carefully,
> one realizes that ‚1984' is a state of mind. In the past, dictatorships always have come
> with hobnailed boots and tanks and machineguns, but a dictatorship of dossiers,
> a dictatorship of data banks can be just as repressive, just as chilling and just as
> debilitating on our constitutional protections. (U. S. Senate 1971, S. 11)

Statt einzelne Aspekte des Romans herzuleiten, ging Miller von einer abstrakten
Bedeutung aus. Zum einen betonte er die psychologischen Folgen von Überwachung. Zum anderen spannte er einen Erzählbogen, nach dem sich Staatsaufgaben
und damit die automatisierte Verarbeitung von Personendaten intensivierte.

---

[15] U. S. Senate (1971, S. 8), offenbar bezog sich Miller hier auf ein Editorial von Richard L.
Tobin in der Saturday Review: vgl. Miller (1969, S. 1128).

[16] Die Armee hatte Akten in computerlesbarer Form angelegt, vgl. Pyle (1986, S. 2–13).

[17] Dieses Argument einer abschreckenden Wirkung auf die Meinungsfreiheit war zentral
im Gerichtsprozess um die geheimdienstlichen Aktivitäten der Armee, *Laird v. Tatum*, vgl.
auch: Kutler (1990, S. 121).

3.2   Ein 1984-Watergate-Szenario bei Alan F. Westin

Der Senat befragte im Juni 1974 den Rechtswissenschaftler Alan F. Westin,
Vorsitzender des *Privacy*-Komitees der *American Civil Liberties Union*, zum Datenschutz[18]. Dieser hatte im Jahr 1967 das Buch *Privacy and Freedom* veröffentlicht,
das sich mit technologischen Entwicklungen und den Möglichkeiten von „data surveillance" (1968, S. 158 ff.) befasste, die dem Bürger noch wie ein „George Orwell
file, with a due date of 1984" erscheinen musste (1968, S. 166). Im Allgemeinen
betrachtete der Autor den Begriff *Big Brother* als Schlagwort und plädierte dafür,
die „Orwellian imagery" zugunsten von „hard facts" aufzugeben (1968, S. 4).

Im Senat unterbreitete Westin Vorschläge für einen Datenschutz, um die Rechte
auf Privatsphäre, Vertraulichkeit und faire Verfahren im sogenannten Computer-
zeitalter zu gewährleisten. Hier bezog er sich auf Thomas Jefferson und sprach
von der „Nation's future as a democracy" (U. S. Senate 1974, S. 83). Der richtige
Zeitpunkt für eine Gesetzgebung war ihm zufolge auch in Hinblick auf die *Watergate*-Affäre gekommen. Dabei spekulierte er, welche Ausmaße ein *Watergate*
in der Zukunft, nach seinen Worten im Jahr „1980 or 1984", annehmen könnte
(1974, S. 85). Nach seiner Schilderung könnten dann mehr elektronische Akten in
der Verwaltung bestehen, ferner wären weitere Daten aus den Bereichen Gesund-
heit, Bildung sowie dem Kredit- und Versicherungswesen verfügbar. Entsprechend
glaubte er, dass „enemies files"[19], ein „disloyalty file" oder ein „press file" Aufschlüsse über die Opposition und die kritische Öffentlichkeit bieten könnten (1974, S. 85).
Diese Vorstellung bezeichnete er als *Watergate-1984-Setting*:

> In such a Watergate-1984 setting, the Plumbers of 1972 would have become the Filers
> of 1984, and the dossiers on the Ellsbergs, Schorrs, Eagletons, O'Briens, Muskies, and
> Fondas would have been produced far more effectively than by such crude measures
> as wiretaps, break-ins, and double-agents[20].

---

[18] Prepared Statement of Alan F. Westin, Professor of Public Law and Government, Columbia
University, New York, N.Y., Jun 18, in: U. S. Senate (1974, S. 82–91).

[19] Westin spielte vermutlich auf die sogenannte „enemies list" mit Persönlichkeiten aus Politik und Medien an, die Nixon-Berater Charles Colson angefertigt haben soll, vgl. Kutler
(1990, S. 104).

[20] U. S. Senate (1974, S. 85). Westin spielte vermutlich auf Personen an, deren Observation
im Zuge der *Watergate*-Affäre bekannt wurde: Daniel Ellsberg, der die *Pentagon Papers* über
den Vietnamkrieg an die Öffentlichkeit getragen hatte (Kutler 1990, S. 109 f.), Daniel Schorr,
Journalist, (Kutler 1990, S. 104), Senator Thomas Eagleton (Kutler 1990, S. 195), Lawrence
O'Brien, Democratic National Chairman, (Kutler 1990, S. 105), Senator Edmund Muskie
(Kutler 1990, S. 104), Schauspielerin und Aktivistin Jane Fonda (Davidson 1994, S. 184 f.).

Westin glaubte, dass die Gesetzgebung zum Datenschutz in die Verfassungstradition passen und Konservative wie Liberale überzeugen konnte, und er bemerkte weiter:

> It is a measure that could be supported by local and state officials, and would not be perceived by private business, civic, and minority groups as a federal Big Brother forcing them to follow federal privacy policies. (U. S. Senate 1974, S. 91)

Hier repräsentierte Big Brother den Bundesstaat, dessen Regulierungen von bestimmten gesellschaftlichen Gruppen und der Privatwirtschaft beargwöhnt wurden. Westin sprach sich vorerst gegen eine Regulierung des privaten Sektors aus, und erberiet Ende der 1980er Jahre eine Kreditagentur in Datenschutzfragen (Smith 2000, S. 322). Dass er mit der Jahreszahl 1984 offenbar auf Orwells Roman anspielte, lässt der Schluss seines schriftlichen Beitrags vermuten. Das literarische Jahr 1984 lag aus seiner Perspektive noch zehn Jahre entfernt, das Szenario in Orwells Roman könnte mit entsprechenden Gesetzesinitiativen aber abgewendet werden, wie Westin im Schlusssatz seines Beitrags notierte:

> We stand precisely one decade away from 1984, and the measured excellence of our legislative response will be the best guarantee that the arrival of Orwell's date on the real calendar will not be a cause for sadness at the realization of his bleak prophesy but of satisfaction that our system was able to avoid the abyss. (U. S. Senate 1974, S. 91)

Zwar folgte er der Erzählung, nach der die Demokratie auf einen kritischen Zustand zulief, was er mit Bezug auf den *Watergate*-Skandal plausibilisierte. Doch wendete er den Ausgang der Erzählung und setzte sein Vertrauen in die demokratischen Kräfte. Das an *Nineteen Eighty-Four* anknüpfende Narrativ funktionierte hier als handlungsleitende Maxime.

3.3 Eine Big-Brother-Verwaltung bei Präsident Gerald R. Ford

Präsident Nixon wollte sich während des Skandals um *Watergate* mit dem Thema *Privacy* profilieren und setzte eine Kommission unter Vizepräsident Gerald Ford ein, die ein Gesetz zum Schutz der Privatsphäre erarbeiten sollte (Smith 2000, S. 331 f.). Im August 1974 trat Nixon schließlich im Zuge des *Watergate*-Skandals als Präsident zurück, bevor der Kongress ihn des Amtes entheben konnte (Schulman 2001, S. 42–48). Ford folgte Nixon als Präsident der Vereinigten Staaten und sprach seinen Vorgänger von allen Vorwürfen frei (Schulman 2001, S. 47). Der Kongress erarbeitete inzwischen Gesetzesentwürfe (Regan 1995, S. 81). Im Januar 1975 unterzeichnete Präsident Ford den *Privacy Act*, der Bürgern einige Rechte gegenüber der Bundesverwaltung einräumte, den privaten Sektor aber aussparte (Beverage 1976, S. 302 ff.).

Im September 1975 sprach Präsident Ford bei der Einweihung des Campus der juristischen Fakultät an der Stanford-Universität. Wie Zeitungen berichteten, empfing das Publikum den Redner mit verhaltenem Applaus und Buhrufen (Shabecoff 1975, S. 13). In seiner Rede referierte er zunächst über die Geschichte der Vereinigten Staaten und leitete dann zur Rolle des Staates über (1977, S. 1478). Ford erwähnte das sogenannte Recht auf Privatsphäre als Beispiel dafür, wie das Recht „horrible consequences" verhindern könnte, die von eigentlich wohlgemeinten Gesetzen ausgingen (1977, S. 1479). Als größte Gefahr für die individuelle Privatsphäre nannte er den Bundesstaat und Gesetze im Kongress, deren technologischer Aufwand Gefahr laufe, die Privatsphäre des Einzelnen zu missachten und ihn als bloßen Datensatz in Computernetzwerken zu behandeln. Ford spannte einen Bogen vom Staat, dessen Kontrolle der Bürger auf Strafverfolgung, Steuern und Katastrophenschutz beschränkt war, bis hin zu einem angewachsenen Staat, der „vast social programs" verfolgte (1977, S. 1479). Seine Ausführungen schildern einen alles durchdringender Sozialstaat, der in das Privatleben von Bürgern eindringe, die Anträge bei staatlichen Stellen einreichen (1977, S. 1479). Die technisierte Sammlung von Informationen über die Bürger durch staatliche Stellen wachse demnach zu einem Dilemma der Demokratie heran. Dies unterstrich er, ohne dabei Orwell zu nennen, mit dem Bild einer *Big-Brother*-Verwaltung:

> Certainly, we cannot scuttle worthwhile programs which provide essential help for the helpless and assist the deserving citizen. Yet we must protect every individual from excessive and unnecessary intrusions by a big brother bureaucracy. (1977, S. 1480)

Anscheinend wollte Ford Sozialleistungen nicht per se in Frage stellen, begründete aber den *Privacy Act* mit dem Schutz der Bürger vor der Verwaltung. „Ford Sees Peril of ‚Big Brother'", titelte die *New York Times* (Shabecoff 1975, S. 13). Die Weiterführung des Narrativs bei Ford erfolgte im Rahmen des zweihundertjährigen Jubiläums der Unabhängigkeitserklärung von 1776. Sie stellte den Freiheitssinn der Gründungsväter gegen die Einschränkung der Freiheit innerhalb einer staatlichen Verwaltung, die zu einer überdimensionierten Größe angewachsen war und aus wohlmeinenden Motiven die Privatsphäre der Bürger einschränkte. Auf diese Weise richtete sich das Narrativ nach *Nineteen Eigthy-Four* der politischen Rechten gegen die Wirtschafts- und Sozialpolitik der Liberalen.

4 Orwells literarisches Narrativ und die Politik

Der Roman *Nineteen Eighty-Four* erscheint in den angeführten politischen Debatten als narrative Struktur und nicht als theoretisches Modell. Im Folgenden wird das Verhältnis vom Roman zur politischen Theorie erörtert und abschließend der Wandel der Figur *Big Brother* in der politischen Debatte geschildert. Das Verhältnis von Literatur und Politik beschreibt Judith Shklar und geht dabei auf die Bedeutung von Narrativen ein:

> [1984] illustrates, dramatizes, personalizes, and raises the questions that political theory asks and the ideas it suggests. It even helps us to tell our stories, and indeed may even help us to decide what story to tell and how to go about it. (1998, S. 351).

Shklar betont hier, wie der Roman Erzählungen inspirieren kann. Für die Debatte in den Vereinigten Staaten in den 1960er und 1970er Jahre konnte gezeigt werden, wie politische Akteure den Roman nutzten, um die eigene politische Situation in eine sinnhafte Geschichte zu fassen. Die „Arbeit am Mythos"[21] der politischen Akteure lag darin, Motive aus dem Roman auf zeitgenössische Probleme zu übertragen.

4.1 Nineteen Eighty-Four in der politischen Theorie

Artikel zum Datenschutz betrachten *Nineteen Eighty-Four* häufig unter der Maßgabe, ob sich aus dem Roman heuristisch theoretische Modelle von Überwachung ableiten lassen. Etwa James Rule hat den Roman als Referenzpunkt einer „total surveillance society" rezipiert (1974, S. 37). Autoren interpretieren das Orwellsche Szenario bisweilen in einem Sinne eines realistischen Szenarios. David Brin schreibt zur Wirkung des Romans: „Orwell may have helped to make his own scenario not come true" (2005, S. 223). Dagegen wertet Lawrence Lessig das technische Szenario als Fehlkonstruktion (2005, S. 216 f.). Richard Posner unterzieht den Roman einer Analyse unter ökonomischen Kriterien (2009, S. 399 f.) und wertet das Überwachungsszenario im Roman als unrealistisch, indem er errechnet, dass zehn Millionen Kontrolleure an Monitoren erforderlich wären (2009, S. 401.). Dahinter steht eine Ökonomie der Privatsphäre, nach der Überwachung bestimmte Kosten verursacht (2000, S. 9). Doch im Roman heißt es, dass nie sicher war ob und wann die Gedankenpolizei jemanden observierte, so dass folglich nur eine geringe Anzahl

---

[21] Hans Blumenberg behandelt in der gleichnamigen Studie (2001) klassische Texte des Altertums.

an Kontrolleuren nötig wäre[22]. Das macht den Roman nicht unbedingt realistisch, doch Kosten und Nutzen spielen in *Nineteen Eighty-Four* keine Rolle, womit sich das Narrativ als inkommensurabel zu ökonomischen Konzeptionen erweist. Daniel Solove versteht den Roman hingegen als Metapher, argumentiert aber, dass die Metapher von *Big Brother* in Hinblick auf Datenbanken ein schiefes Bild evoziere und betrachtet den Roman *Der Prozess* von Franz Kafka[23] als geeigneter, um die Problematik des Datenschutzes, wie etwa Behördenwillkür, zu beschreiben (2001, S. 1397 f.). Dies erschließt sich hinsichtlich Soloves rechtlicher Konzeption von Privatsphäre, die den Zugang zu Informationen regeln soll: „Privacy is about degrees of accessibility [of information]" (2004, S. 161). Die Schilderung einer ungewissen Überwachung bei Orwell wird häufig mit dem Modell im Brief *The Inspection-House* von Jeremy Bentham (1995, S. 31 ff.) verglichen (Posner 2000, S. 2; Solove 2001, S. 1414). Jedoch wirkt der Bezug assoziativ und ist nicht belegt[24]. Foucault hat Benthams panoptischen Entwurf in *Überwachen und Strafen* weitergeführt (1976, S. 251 ff.). Den Unterschied von Foucault zu Orwell, dem es weniger um die Selbststeuerung der Subjekte oder Machtverhältnisse ging, hat David Lyon herausgestellt (1994, S. 66). Texte zu *Privacy* der 1960er und 1970er Jahre haben zum Teil die Metapher eines „record prison" (Westin 1968, S. 160; Miller 1971, S. 39) angeführt oder sich auf Erwin Goffmans Soziologie bezogen (Schwartz 1968, S. 750). Goffman hat Anfang der 1960er Jahre, wie auch Foucault, eine Studie zur Klinik veröffentlicht und sich in *Asylums* mit der „totalen Institution" (1973, S. 16 f.) befasst[25]. Bentham, Foucault und Goffman haben gemeinsam, dass sie von geschlossenen Einrichtungen und deren Insassen ausgehen. Orwells Erzählung steht als Romanutopie in einer anderen Tradition. *Nineteen Eighty-Four* erzählt eine Geschichte und liefert keine kohärente politische Theorie (Shklar 1998, S. 348).

4.2 Die Figur Big Brother im Wandel

Erkenntnisse für die aktuelle politische Theorie verspricht eine Analyse von Narrativen, die an *Nineteen Eighty-Four* anknüpfen und in denen zeitgenössische Autoren ihre Gegenwart gedeutet haben. Zunächst repräsentierte die Figur des *Big Brother* in

---

[22] „There was of course no way of knowing whether you were being watched at any given moment" (Orwell 1998, S. 4 f.).

[23] Zur theoretischen Kontroverse über Kafka in den Rechtswissenschaften vgl. Ward (1995, S. 9–12).

[24] Peter Firchow (2007, S. 121), den Posner (2009, S. 400) anführt, bezieht sich auf Vita Fortunati (1987, S. 115), die eher spekulativ von „echoes" spricht.

[25] Ian Hacking zieht einen Vergleich von Foucault zu Goffman und versteht ihre Ansätze als komplementär (2004, S. 278).

den Debatten diffuse Technikängste. Den literarischen Fluchtpunkt des Narrativs hat der Soziologe Jerry Rosenberg, Autor von *Death of Privacy* (1969) angeführt[26]. Er erzählt von einem schleichenden Verfall, wenn bei der Bevölkerung eine Gewöhnung an Überwachung einsetzt: „The Orwellian Big Brother eventually becomes the victor, and as the book 1984 ends, Winston Smith loves Big Brother, he becomes totally dependent upon him" (U. S. Senate 1971, S. 81). Während bei Packard die Figur eines *Big Brother* einen einzelnen von Effizienz besessenen Bürokraten beschrieb, der Daten über Personen für Machtzwecke gebrauchen könnte, repräsentierte die Figur bei Ford die Bundesverwaltung als solche und zielte auf die liberale Wohlfahrtspolitik ab. Westin bezog die Figur *Big Brother* auf bundesstaatliche Regulierungen, die ihm zufolge Einzelstaaten, Kommunen, Wirtschaft und gesellschaftliche Gruppen bevormundeten. Miller beschrieb „1984" als einen mentalen Zustand der Abschreckung, der die Meinungsfreiheit einschränkte. Kommentatoren griffen auf den Roman häufig im Zusammenhang mit politischen Skandalen zurück, die das Land erschütterten. Finanzaffären in Washington, Überwachung durch die Armee oder der *Watergate*-Skandal hinterließen bei Beobachtern den Eindruck, dass Bestände von kompromittierenden Informationen über einzelne Personen kursierten. Wenn Präsident Jimmy Carter Ende der 1970er Jahre von einer „crisis of confidence" (Schulman 2001, S. 140–143) sprach, klangen darin diese Krisen der Institutionen an. Mit Bezügen auf *Nineteen Eighty-Four* erinnerten die politischen Akteure daran, dass Demokratie stets aufs Neue begründet werden musste.

Literatur

Bentham, Jeremy. 1995. Panopticon letters. In *The Panopticon writings*, Hrsg. v. Miran Božovič, 29–96. London: Verso.

Beverage, James. 1976. The Privacy Act of 1974. An overview. *Duke Law Journal* 1976 (2): 301–329.

Blumenberg, Hans. 2001. *Arbeit am Mythos*. Frankfurt a. M.: Suhrkamp.

Blum, John M. 1991. *Years of discord. American politics and society, 1961–1974*. New York: Norton.

Brin, David. 2005. The self-preventing prophecy. Or, how a dose of nightmare can help tame tomorrow's perils. In *On nineteen eighty-four. Orwell and our future*, Hrsg. Abbott Gleason, Jack Goldsmith, und Martha C. Nussbaum, 222–230. Princeton: Princeton University Press.

---

[26] Statement of Jerry M. Rosenberg, Ph. D., New York, N.Y., Feb 23, 1971, in: U. S. Senate (1971, S. 69–84).

Conant, James. 2000. Freedom, cruelty, and truth. Rorty versus Orwell. In *Rorty and his critics*, Hrsg. Robert Brandom, 268–341. Malden: Blackwell.

Cover, Robert M. 1983. Foreword. Nomos and narrative. *Harvard Law Review* 97 (1): 4–68.

Davidson, Bill. 1994. *Jane Fonda. Eine intime Biographie*. Berlin: Verlag Volk und Welt.

Dolin, Kieran. 2007. A critical introduction to law and literature. Cambridge: Cambridge University Press.

Dunn, Edgar S. 1967. The idea of a national data center and the issue of personal privacy. *The American Statistician* 21 (1): 21–27.

Firchow, Peter Edgerly. 2007. *Modern Utopian fictions from H. G. Wells to Iris Murdoch*. Washington, DC: Catholic University of America Press.

Ford, Gerald R. 1977. Remarks at dedication ceremonies at the Stanford University School of Law. September 21, 1975, No. 577. In *Public papers of the Presidents of the United States. Containing the public messages, speeches, and statements of the President* (Bd. 2, Juli 21 to Dec 31, 1975), Hrsg. Gerald R. Ford, 1476–1481. Washington, DC: Government Printing Office.

Fortunati, Vita. 1987. „It makes no difference". A Utopia of simulation and transparency. In *George Orwell's 1984*, Hrsg. Harold Bloom, 109–120. New York: Chelsea House.

Foucault, Michel. 1976. *Überwachen und Strafen. Die Geburt des Gefängnisses*. Frankfurt a. M.: Suhrkamp.

Goffman, Erving. 1973. *Asyle. Über die soziale Situation psychiatrischer Patienten und anderer Insassen*. Frankfurt a. M.: Suhrkamp.

Hacking, Ian. 2004. Between Michel Foucault and Erving Goffman. Between discourse in the abstract and face-to-face interaction. *Economy and society* 33 (3): 277–302.

Harvard Law Review. 1968. Privacy and efficient government. Proposals for a national data center. *Harvard Law Review* 82 (2): 400–417.

Kutler, Stanley I. 1990. *The wars of watergate. The last crisis of Richard Nixon*. New York: Knopf.

Lessig, Lawrence. 2005. On the internet and the benign invasions of nineteen eighty-four. In *On nineteen eighty-four. Orwell and our future*, Hrsg. Abbott Gleason, Jack Goldsmith, und Martha C. Nussbaum, 212–221. Princeton: Princeton University Press.

Long, Edward V. 1966. *The intruders. The invasion of privacy by government and industry. With a foreword by Hubert H. Humphrey*. New York: Praeger.

Lyon, David. 1994. From big brother to the electronic panopticon, (Kap. 4). In *The electronic eye. The rise of surveillance society*, Hrsg. David Lyon, 57–80. Cambridge: Polity.

Mannheim, Karl. 1985. *Ideologie und Utopie*. 7. Aufl. Frankfurt a. M.: Klostermann.

Matusow, Allen J. 1984. *The unraveling of America. A history of liberalism in the 1960s*. New York: Harper & Row.

Miller, Arthur R. 1969. Personal privacy in the computer age. The challenge of a new technology in an information-oriented society. *Michigan Law Review* 67 (6): 1089–1246.

Miller, Arthur R. 1971. *The assault on privacy*. Ann Arbor: University of Michigan Press.

Orwell, George. 1998. *Nineteen eighty-four. Uniform edition published 1950*. London: Penguin Books.

Packard, Vance. 1964. *The naked society*. New York: McKay.

Packard, Vance. 1967. Don't tell it to the computer. *The New York Times*, 8. Januar. 1967, 236.

Posner, Richard A. 2000. Orwell versus Huxley. Economics, technology, privacy, and satire. Philosophy and Literature, 24 (1): 1–33, entspricht: Chicago, John M. Olin Law and Economics Working Paper No. 89 (2nd series).

Posner, Richard A., 2009. *Law and literature*. 3. Aufl. Cambridge: Harvard University Press.

Pyle, Christopher H. 1986. *Military surveillance of civilian politics 1967–1970*. New York: Garland.

Regan, Priscilla M. 1995. *Legislating privacy. Technology, social values, and public policy*. Chapel Hill: University of North Carolina Press.

Ronan, Thomas P. 1975. Certain legislation gets backers left and right. *The New York Times*, 17. Mai 1975, 12.

Rorty, Richard. 1989. *Contingency, irony, and solidarity*. Cambridge: Cambridge University Press.

Rosenberg, Jerry M. 1969. *The death of privacy*. New York: Random House.

Rule, James B. 1974. *Private lives and public surveillance. Social control in the computer age*. New York: Schocken.

Schulman, Bruce J. 2001. *The seventies. The great shift in American culture, society, and politics*. New York: Free Press.

Schwartz, Barry. 1968. The social psychology of privacy. *American Journal of Sociology* 73 (6): 741–752.

Sesser, Stanford N. 1968. Prying for pay. How credit bureaus collect and use data on millions of persons. *The Wall Street Journal*, 5. Februar 1968, 1.

Shabecoff, Philip 1975. Ford sees peril of ‚Big Brother'. *The New York Times*, 22. September 1975, 13.

Shklar, Judith N. 1998. Nineteen eighty-four. Should political theory care? (Kap. 18). In *Political thought and political thinkers*, Hrsg. v. Hoffman, Stanley, 339–352. Chicago: University of Chicago Press.

Smith, Robert E. 2000. *Ben Franklin's web site. Privacy and curiosity from Plymouth rock to the internet*. Providence: Privacy Journal.

Solove, Daniel J. 2001. Privacy and power. Computer databases and metaphors for information privacy. *Stanford Law Review* 53 (6): 1393–1462.

Solove, Daniel J. 2004. *The digital person. Technology and privacy in the information age*. New York: New York University Press.

The New York Times. 1966. To preserve privacy. *The New York Times*, 9. August 1966, 36.

U. S. House of Representatives. 1966. *The computer and invasion of privacy. Hearings before a subcommittee on government operations, 89th Congress 2nd session*. Washington, DC: Government Printing Office.

U. S. Senate. 1971. *Federal data banks, computers and the bill of rights. Hearings before the subcommittee on constitutional rights of the committee on the judiciary, Part 1, 92nd Congress, 1st session*. Washington, DC: Government Printing Office.

U. S. Senate. 1974. *Privacy. The collection, use, and computerization of personal data. Joint hearings before the ad hoc subcommittee on privacy and information systems of the committee on government operations and the subcommittee on constitutional rights of the committee on the judiciary, Part 1, Part 2, 93rd Congress, 2nd Session*. Washington, DC: Government Printing Office.

Veit, Walter. 1963. Toposforschung. Ein Forschungsbericht. *Deutsche Vierteljahresschrift für Literaturwissenschaft und Geistesgeschichte* 37 (1): 120–163.

Ward, Ian. 1995. *Law and literature. Possibilities and perspectives*. Cambridge: Cambridge University Press.

Westin, Alan F. 1968. *Privacy and freedom*. New York: Atheneum.

White, James Boyd. 1985. *The legal imagination. Abridged ed.* Chicago: University of Chicago Press.

Zwischen Fiktion und historischer Wahrheit: Die Autobiographie Arnold Brechts als narrative Form politischen Denkens

Hannah Bethke

Zusammenfassung

Autobiographien stellen aus narrationstheoretischer Perspektive eine besondere Textgattung dar, da die Übergänge zwischen historischer Wahrheit und autobiographischer Fiktion fließend sind. Die erzählte Lebensgeschichte, die mit der tatsächlichen Geschichte nicht übereinstimmen muss, ist Teil des „autobiographischen Pakts" (Lejeune), in dem Autor, Erzähler und Protagonist identisch sind. Die Autobiographie von Arnold Brecht ist besonders gut dafür geeignet, das Methodenarsenal der politischen Ideengeschichte mit jenem der Narrationstheorie zu verknüpfen. Brechts Entgegensetzung von „Politikferne" und eminent politischem Denken ist eines der Narrative seiner Autobiographie, die wiederum selbst als Narrativ auf drei Ebenen fungiert: in ihr drückt sich erstens das Selbstbild der Person Arnold Brecht aus; zweitens kann sie gelesen werden als historisch-politisches Zeugnis und zugleich als politisch-wissenschaftliche Stellungnahme jener Zeit, in der Brecht seine Autobiographie schrieb; und drittens wirkt sie als geschichtspolitisches Narrativ mit Blick auf jene Zeit, von der hier erzählt wird.

H. Bethke (✉)
Institut für Politik- und Kommunikationswissenschaft
Universität Greifswald, Baderstraße 6/7, 17487 Greifswald, Deutschland
E-Mail: hannah.bethke@uni-greifswald.de

W. Hofmann et al. (Hrsg.), *Narrative Formen der Politik*,
DOI 10.1007/978-3-658-02744-5_6, © Springer Fachmedien Wiesbaden 2014

1 Zum Begriff der Narration

Zur Bestimmung des Begriffs der Narration lege ich die Definition des Literaturwissenschaftlers Gérard Genette zugrunde, der im Wesen der Erzählung drei Bedeutungsdimensionen erkennt: die Geschichte, die Erzählung und die Narration. Während die Geschichte „die Abfolge der realen oder fiktiven Ereignisse", also den „narrativen Inhalt" bezeichnet, geht es in der Erzählung um „die narrative Aussage, den mündlichen oder schriftlichen Diskurs, der von einem Ereignis oder einer Reihe von Ereignissen berichtet". Gegenstand ist hier die *Erzählung* im eigentlichen Sinne". „Narration" bezeichnet demgegenüber nicht mehr das Ereignis, „von dem erzählt wird", sondern jenes, „das darin besteht, dass jemand etwas erzählt", also den „Akt der Narration selber". Enthalten ist darin auch die reale oder fiktive Situation, in der der produzierende narrative Akt erfolgt. Alle drei Bedeutungsdimensionen können Genette zufolge jedoch nicht losgelöst voneinander betrachtet werden, sondern sind durch Interdependenzen gekennzeichnet:

> Geschichte und Narration existieren für uns also nur vermittelt durch die Erzählung. Umgekehrt aber ist der narrative Diskurs oder die Erzählung nur das, was sie ist, insofern sie eine Geschichte erzählt, da sie sonst nicht narrativ wäre [...], und sofern sie eben von jemandem erzählt wird, denn sonst wäre sie [...] überhaupt kein Diskurs. Narrativ ist die Erzählung durch den Bezug auf die Geschichte, und ein Diskurs ist sie durch den Bezug auf die Narration. (Genette 2010, S. 11 ff.)

Wenn im Folgenden von Narration die Rede ist, ist sie in dem von Genette explizierten Sinn zu verstehen; sie ist angesiedelt auf einer Metaebene, die den Vorgang des Erzählens an sich reflektiert und zugleich spiegelt, in welchen Kontexten Ort, Zeit und Autor der Erzählung eingebettet sind.

Der politikwissenschaftliche Mehrwert einer narrationstheoretischen Perspektive lässt sich anhand der Autobiographie Arnold Brechts veranschaulichen. Hierfür ist allerdings zunächst eine allgemeine Bestimmung der Textgattung nötig, die sich aus der narrationstheoretischen Besonderheit von Autobiographien ergibt. Denn anders als in fiktionalen Erzählungen sind hier Autor, Erzähler und Protagonist identisch. Es ist diese Namensidentität, die Philippe Lejeune als „autobiographischen Pakt" bezeichnet hat (Lejeune 1994, S. 27 ff. u. a.).

2 Autobiographien aus narrationstheoretischer Sicht

Autobiographien stellen Selbstzeugnisse dar, deren Analyse der Berücksichtigung ihrer spezifischen „Textualität" (Depkat 2003, S. 445) bedarf.[1] Sie unterscheiden sich hinsichtlich ihres „Objektivitätsgehalts" von jenen Quellen, die nicht das Ergebnis von Selbstbeschreibungen sind, sondern im weitesten Sinne historische Fakten überliefern. Autobiographien erzählen eine Lebensgeschichte. Man muss nicht so weit gehen wie Pierre Bourdieu, der die Existenz einer Lebensgeschichte überhaupt in Frage stellt und sie als „Konstruktion des perfekten sozialen Artefakts" hinstellt (Bourdieu 2000, S. 57). Richtig ist dennoch, dass die „erzählte Lebensgeschichte [...] mit dem Lebensgeschehen nicht deckungsgleich" ist (Günther 2001, S. 32).

Eine Schwierigkeit der textuellen Bestimmung von Autobiographien liegt darin, dass sie sich in dem Spannungsverhältnis zwischen „Dichtung und Wahrheit" befinden (Günther 2001, S. 34; Depkat 2003, S. 443). Sie erheben den Anspruch, die „Wahrheit" zu erzählen, und unterliegen gleichzeitig einem „Fiktionalismusverdacht" (Depkat 2003, S. 449). Zwar kann dem Autor einer Autobiographie das Interesse unterstellt werden, die Historie objektiv „richtig" und unverfälscht darzustellen, mithin dem berühmten Diktum Rankes zu folgen, zu „zeigen, wie es eigentlich gewesen" ist (Ranke 1885, S. VII). Aber dieser Anspruch auf größtmögliche Objektivität wird nicht allein durch die unvermeidbare Subjektivität getrübt, die einer jeden wissenschaftlichen und historischen Betrachtung zwangsläufig innewohnt, sondern vor allem dadurch, dass der Autobiograph sich selbst und sein Leben zum Gegenstand der Untersuchung macht. Das bedeutet, dass es ihm immer auch darum geht, ein bestimmtes Bild von sich zu zeichnen – und zwar ein (Selbst-)Bild, das unter Umständen nicht mit der historischen Realität bzw. der Fremdwahrnehmung übereinstimmt, weil es Schönfärbungen enthalten oder – sei es auch mangelndem Erinnerungsvermögen, sei es aus bewusster Absicht – Sachverhalte verfälschend darstellen kann. Bei der Analyse von Autobiographien muss somit eine Differenzierung erfolgen zwischen dem, *was* erzählt wird, und *warum* und *wie* etwas erzählt wird. Die „Erzählung des Gewesenen, Erlebten, Empfundenen" ist nicht gleichzusetzen mit „dem Gewesenen, Erlebten, Empfundenen" – oder anders ausgedrückt: „Wo Tränen behauptet werden, müssen nicht unbedingt Tränen fließen." (Günther 2001, S. 52, 42).

Wenn nach den Intentionen des Autobiographen gefragt wird, muss zudem immer der Unterschied zwischen „Erzählzeit und erzählter Zeit" (Haumann 2006, S. 47) berücksichtigt werden, also „die Zeit der Niederschrift einer Autobiogra-

---

[1] Die folgenden Ausführungen basieren auf Überlegungen aus meiner Dissertation: Bethke 2013.

phie und die von ihr erzählte und berichtete Zeit" (Günther 2001, S. 51). Dagmar
Günther weist darauf hin, dass „Erzählung im Unterschied zu anderen Kom-
munikationsformen und Diskursgattungen Perspektivität" impliziere, also „die
Unterscheidung zwischen einer Ebene des Erzählten und des Erzählens" (Günther
2001, S. 51). Eine Autobiographie aus der Perspektive ihres Entstehungskontextes,
also aus der Zeit, in der sie geschrieben wurde, zu betrachten, bedeutet auch, sie
selbst – und also nicht nur den Gegenstand, von dem sie berichtet – als historische
Quelle in den Blick zu nehmen. Für Volker Depkat hat der Text – und mit ihm der
Kontext – einer Autobiographie darüber hinaus eine weitere Dimension, indem er
Gewesenes nicht nur *re*produziert, sondern selbst als „Produktionsort" der Vergangenheit und „symbolischer Sinnwelten" (Depkat 2003, S. 463) fungiert. Depkat
erklärt:

> In der autobiographischen Reflexion setzt sich der Autor mit seiner Lebensgeschichte
> in ein Verhältnis zur Vergangenheit und bringt dadurch *Vergangenheit* erst hervor,
> weil er sich mit seinem Text ihr gegenüber *verhält*. [...] Kurz, Autobiographien sind
> soziale Selbstbeschreibungen und als solche selbst historische Fakten, die Bestandteil
> der Zeit sind, in der sie entstehen. (Depkat 2003, S. 444 f.)

Als Bestandteil ihrer Entstehungszeit seien Autobiographien außerdem „textuell
konditioniert": „Das heißt, der Autobiograph verhält sich mit seiner Darstellung nicht allein zu einer äußeren Realität, sondern er nimmt immer auch Bezug
auf bereits geschriebene Autobiographien und historische Darstellungen der eigenen Zeit" (Depkat 2003, S. 463). Die Komplexität dieses Ineinandergreifens von
„Biographie und Geschichte" (Depkat 2003, S. 442), von Lebensgeschichte und
Lebensgeschehen, Selbstzuschreibung und historischer Realität, erinnerndem und
erinnertem, erzählendem und erzähltem „Ich" (Günther 2001, S. 51) macht die Analyse von Autobiographien zu einem komplizierten Unterfangen. Gleichwohl liegt
mit ihr eine äußerst ergiebige Textgattung vor, da sie „gleichermaßen Aufschluß
über Erfahrungsgehalte *beider* Zeitebenen" (Depkat 2003, S. 459) gibt, nämlich der
Zeit des Ereignisses und der Zeit der Erinnerung.

Mit den Worten von Bourdieu will die autobiographische Erzählung gleichzeitig eine „retrospektive und prospektive Logik" entwickeln (Bourdieu 2000, S. 52),
und eben hierin liegt der Kern des Problems: Es sind „vorgewußte Sachverhalte"
(Günther 2001, S. 39), mit denen der Autobiograph operiert; die „Konsistenz und
Konstanz" (Bourdieu 2000, S. 52), die „sich erst im Rückblick offenbarende Einheit-
lichkeit, Kohärenz und Folgerichtigkeit in der Entwicklung des Autors", um die er
in seiner Darstellung bemüht ist, sind „mit der empirischen Realität des tatsächlich
gelebten Lebens nur schwer in Einklang zu bringen" (Depkat 2003, S. 449). Der

Autobiograph – und, hier ist Bourdieu zuzustimmen, in gewisser Weise auch der
Biograph (Bourdieu 2000, S. 52 f.) – will die von ihm geschriebene Lebensgeschichte nicht als zufällige Abfolge verschiedener Ereignisse verstanden wissen, sondern
er suggeriert eine „Sinnhaftigkeit der berichteten Existenz" (Bourdieu 2000, S. 52).
In der Akzeptanz dieser „biographische[n] Sinnkonstruktionen" (Günther 2001,
S. 59)[2] liegt aus der Sicht von Bourdieu die Gefahr, der „biographischen Illusion" zu
erliegen und sich „zum Ideologen des eigenen Lebens zu machen" (Bourdieu 2000,
S. 52). Um sich vor dieser Gefahr zu schützen, so Depkat, ist es für die Historiker
notwendig, die spezifische „*Textualität* von Autobiographien in ihre konzeptio-
nellen Überlegungen einzubeziehen", d. h. also, Autobiographien „als *Texte*" zu
analysieren, „um sie als *Quellen* nutzen zu können" (Depkat 2003, S. 445 f.).

Trotz ihres Charakters als Erzählung, die Verzerrungen, Verfälschungen und
Fiktionen enthalten kann, erreichen Autobiographien einen hohen Grad an Authentizität, weil sie – im Gegensatz zu Romanen – auf wahren Tatsachen beruhen
und die von ihr erzählte Lebensgeschichte „Bestandteil der historischen Epoche
[ist], in der sie entsteht" (Depkat 2003, S. 475). Autobiographien, so das Resümee
von Dagmar Günther,

> besitzen in ihrer Individualitätslastigkeit und Aufrichtigkeitsbekundung keinen hö-
> heren Erkenntniswert – oder umgekehrt wegen ihrer ‚Verzerrungen' einen besonders
> niedrigen, sie vermitteln nicht die wirklichere oder eine unwirklichere Wirklich-
> keit, sondern eine spezifische. Und um diese Spezifizität in Wert zu setzen, heißt
> *mit* Autobiographien arbeiten auch *über* Autobiographien arbeiten. (Günther 2001,
> S. 61)

3 Die Autobiographie Arnold Brechts als narrative Form politischen Denkens

Worin liegt nun die Besonderheit der Autobiographie Arnold Brechts? Welchen
Aussagewert besitzt sie aus narrationstheoretischer Perspektive?

Arnold Brecht, 1884 in Lübeck geboren, war einer der wenigen überzeugten
Demokraten in der höheren Verwaltung der Weimarer Republik. 1926 verfasste
er die Gemeinsame Geschäftsordnung der Reichsministerien (GGO I), die 1949 in
der Bundesrepublik kaum verändert wieder in Kraft gesetzt wurde. Nachdem er

---

[2] Vgl. dazu auch Haumann, der erklärt: „Selbstzeugnisse sind Sinnkonstruktionen." (Haumann 2006, S. 42).

als promovierter Jurist und Ministerialdirektor sechs Jahre lang im Reichsinnen-
ministerium gearbeitet hatte, wo er unter anderem mit der Arbeit am Republik-
schutzgesetz befasst war, wechselte er 1927 ins preußische Staatsministerium. Als
Hauptbevollmächtigter im Reichsrat und Mitglied des Verfassungsausschusses der
Länderkonferenz war Brecht maßgeblich an der Vorbereitung der Reichsreform
beteiligt. Nach dem sogenannten „Preußenschlag" im Juli 1932 vertrat er Preußen
vor dem Staatsgerichtshof. 1933 hielt er die letzte freie Rede im Reichsrat, in der
er Hitler ermahnte, den von ihm geleisteten Verfassungseid auch einzuhalten und
seine Geschäfte „unparteiisch und gerecht gegen jedermann zu führen". Kurz darauf wurde er als „national unzuverlässig" entlassen. Im November 1933 emigrierte
er nach New York und übernahm an der dortigen New School for Social Research
eine Professur für Politikwissenschaft. In den USA avancierte Brecht, der 1946 die
amerikanische Staatsbürgerschaft annahm, zu einem renommierten Politikwissenschaftler, dessen Schriften große Beachtung fanden und weitläufig rezipiert wurden.
Thematisch ist sein Werk breit gefächert: es reicht von Fragen des Beamtenrechts
und der Verwaltungsorganisation über die Entwicklung der Staatsausgaben, den
deutschen Föderalismus und zivilrechtliche Studien bis zu rechtsphilosophischen
und wissenschaftstheoretischen Abhandlungen. Zu seinem bekanntesten Werk gehört seine „Political Theory", die 1959 erstmals erschien und zwei Jahre später ins
Deutsche übersetzt wurde (Brecht 1961). 1977 starb Brecht, der in der heutigen sozi-
alwissenschaftlichen und auch historischen Forschung weitgehend in Vergessenheit
geraten ist, bei einem seiner Deutschlandbesuche in Eutin.[3]

Aus seiner rund tausend Seiten umfassenden Autobiographie (Brecht 1966,
1967) sollen im folgenden exemplarisch jene Ausschnitte herausgegriffen werden, in denen Brecht von seinen Lebensstationen vor Beginn seiner Tätigkeit als
politischer Verwaltungsbeamter berichtet.

Sein Erleben der Zeit bis zum Ersten Weltkrieg, also bis zu seinem dreißigsten
Lebensjahr, beschreibt Brecht als „politikferne Jugend" (Brecht 1966, S. 15 ff.).
Typisch für seine Generation und für die Schicht, aus der er stammt und die
ihn umgibt, stellt „das Bürgerliche", wie Volker Depkat bemerkt, eine wichtige
„Kategorie der Selbstbeschreibung" in seiner Autobiographie dar (Depkat 2007,
S. 341).[4] Es seien nicht Parteibegriffe gewesen, an denen er sich orientiert habe,

---

[3] Die hier angeführten biographischen Daten und Informationen sind folgenden Quellen
entnommen: Forkosch (1954, S. 175–178); Röder (1980, S. 90); Hula (1977); Landau (1968);
Reichshandbuch der deutschen Gesellschaft (1930, S. 207); Stiefel und Mecklenburg (1991,
S. 87 f.); Stoffregen (2002, S. 279). Die Angaben zur Biographie stützen sich außerdem auf
die Memoiren Arnold Brechts (Brecht 1966; Brecht 1967).

[4] Brecht schreibt selbst dazu: „Wer in bürgerlichen Kreisen Norddeutschlands um die Jahr-
hundertwende aufwuchs, hatte mit Politik im allgemeinen wenig oder keine Berührung [. . .]".

sondern, wie Brecht emphatisch bekennt: „Ich dachte in Begriffen des Geistes und der Persönlichkeit." (Brecht 1966, S. 91)

In Lübeck geboren, wuchs Brecht mit seinen vier Geschwistern in einem bürgerlichen Elternhaus auf. Sein Vater Ernst Brecht, Sohn eines Pastors (Brecht 1966, S. 19 f.), war Geheimer Regierungsrat und Vorsitzender der Lübeck-Büchener-Eisenbahngesellschaft; als Mitglied der Lübecker Bürgerschaft stand er politisch den Nationalliberalen nahe. Seine Mutter Marie, geb. Weishaupt, stammte selbst aus einer preußischen Beamtenfamilie und hatte vor ihrer Heirat ein Musikstudium begonnen, in dem Clara Schumann eine ihrer Lehrerinnen war (Brecht 1966, S. 20 f.). Trotz der Parteimitgliedschaft des Vaters wurde von Politik, so Arnold Brecht, „zu Haus selten gesprochen" (Brecht 1966, S. 20).

In Lübeck besuchte Brecht das berühmte Katharineum, wo auch Jürgen Fehling zu seinen Schulkameraden und engen Freunden gehörte (Brecht 1966, S. 25 ff. u. a.). In seinen Erinnerungen schildert Brecht seine Schulzeit als eine unbeschwerte und von Fragen der Politik unberührte Zeit. So erklärt er: „Von politischen, sozialen und wirtschaftlichen Dingen hatten die meisten von uns, wenn nicht alle, keine Ahnung." (Brecht 1966, S. 35) Und so berichtet Brecht auch nicht von politischen Auseinandersetzungen, die seine Jugend geprägt haben; im Zentrum seiner Aufmerksamkeit habe vielmehr etwas anderes gestanden: der „Drang zum Theater" (Brecht 1966, S. 29).

In seiner vergleichenden Untersuchung von vierzehn Autobiographien aus dem 20. Jahrhundert weist Volker Depkat darauf hin, dass die positive Bewertung der Schulzeit ein typisches Merkmal der Memoiren „bürgerlicher" Autoren im Gegensatz zu jenen von Arbeitern sei (Depkat 2007, S. 342). Mit Blick auf Brecht scheint sich diese Feststellung zu bestätigen, denn auch er zeichnet ein überwiegend positives Bild von seinem Schulalltag.[5] Zwar ist er auch stets bemüht, den „Freiheitssinn" zu betonen, der bei ihm und seinen Mitschülern stark ausgeprägt gewesen sei und zu einem grundsätzlichen „Mißtrauen gegen Autorität" (Brecht 1966, S. 36) geführt habe. Doch die Beispiele, die er vom „Kampfe gegen die Schulzucht" (Brecht 1966, S. 36) anführt, erschöpfen sich weitgehend in Erzählungen von harmlosen Schülerstreichen, die mit einer tatsächlichen Auflehnung gegen Autorität und Schulordnung nicht viel gemein haben (Brecht 1966, S. 25 ff.). Und so

---

Die eigenen Anschauungen waren sachlich, vernünftig, unpolitisch. Alles, was weiter rechts oder links stand, *das* waren die ‚Politiker'." (Brecht 1966, S. 17)

[5] Gleichwohl wäre es falsch, daraus eine pauschale Gesetzmäßigkeit abzuleiten; ein Gegenbeispiel für die von Depkat aufgestellte These liefern etwa die Erinnerungen von Stefan Zweig, der seine Schulzeit sehr düster darstellt (Zweig 1942, S. 45 ff.).

kommt Brecht auch in der Gesamtbewertung seiner Schulzeit zu dem Schluss: „Für uns war es im ganzen eine himmlisch glückliche Zeit." (Brecht 1966, S. 37)

Die hinter diesen Beschreibungen stehenden Intentionen des Autors werden klar erkennbar: Dem Leser seiner Autobiographie soll die Relevanz vermittelt werden, die die Sozialisation in einem bildungsbürgerlichen Milieu für ihn hatte: tief geprägt von der humanistischen Ausbildung am Katharineum, befreundet mit dem berühmten Theaterregisseur Fehling, aufgewachsen in der Geburtsstadt Thomas Manns. „Lübeck als geistige Lebensform"[6]: Kunst, Literatur, Dichtung – all dies, so beschreibt es Brecht in seinen Erinnerungen, waren Werte, die für ihn Bedeutung hatten – nicht aber die Politik.[7]

Gleichzeitig bemüht sich Brecht, im Rückblick auf sein Leben, in Kenntnis über den Verlauf und Ausgang der Geschichte, ein Bild von sich zu zeichnen, das ihn auch in seiner „politikfernen" Zeit als politisch wachsam erscheinen lässt, indem er immer wieder seine schon früh vorhandene Abneigung gegen Autorität – sei es in Form der Schulzucht, sei es in Form von staatlicher Autorität (Brecht 1966, S. 61) – betont und sich mit einer Mischung zwischen Stolz und Reumut über sein vorgebliches Aufbegehren gegen jene Autoritäten präsentiert.

Sein Studium änderte nach den Schilderungen Brechts nichts an seinem Desinteresse an politischen Fragen. Es setzte aber ebenso wenig etwas ein, was man als Leidenschaft für die Wissenschaft bezeichnen könnte; auch das Interesse am Studium der Rechtswissenschaft blieb nach eigenen Angaben eher begrenzt.

Nicht nur im Hinblick auf seine spätere politische Tätigkeit versucht Brecht hier also auf eine grundlegende Differenz zwischen seinem „lebensweltlichen"[8] Orientierungsrahmen vor und jenem nach 1914 aufmerksam zu machen – dies gilt, zumindest teilweise, vielmehr auch für den Bereich der Wissenschaft, die ihm später zum Beruf wurde.

Nicht Politik, nicht Wissenschaft, sondern die Kunst sei es gewesen, die im Zentrum seiner Aufmerksamkeit stand. Während seines Studiums in Berlin und Göttingen[9] habe er zum ersten Mal zu ahnen begonnen, „was Kunst eigentlich ist",

---

[6] Diese Wendung geht auf eine Rede Thomas Manns zurück (Mann 1926).

[7] So bekundet er auch, dass seine spätere Sympathie für die Sozialdemokratie nicht in kulturellen Gründen zu suchen sei, denn „kulturell war ich ein Sohn des Bürgertums, wenn auch noch so abseitig und einzelgängerisch, der Absolvent eines humanistischen Gymnasiums, ein Privatgelehrter, ein Intellektueller, ein verhinderter Poet – kein ‚Proletarier'" (Brecht 1966, S. 253).

[8] Zum Begriff der „Lebenswelt" vgl. Haumann (2006, S. 48 ff.) sowie ders. (2003, S. 114–116, 117–118). Siehe dazu auch Vierhaus (1995).

[9] Diesem gingen drei Studiensemester in Bonn voran (Brecht 1966, S. 39).

und zwar „vor allem in der *Sprache*, in der Prosa wie in der lyrischen Poesie, und überhaupt überall im Verhältnis von Form und Inhalt" (Brecht 1966, S. 40). Und so ist es auch die sprachliche Färbung seiner Texte, in der sich diese Erfahrung widerspiegelt, und zwar bis zu seiner letzten Monographie.[10]

So wie Brecht in seiner späteren politikwissenschaftlichen Laufbahn als dogmatischer Verfechter einer wertfreien Wissenschaft auftritt[11] – und ähnlich dogmatisch seinen selbst erhobenen Anspruch nicht einzuhalten imstande ist –, will er diese ihn tief prägende Welt des „Schöngeistigen", seine „Nähe zum Künstlerischen"[12], strikt unterschieden wissen von der „Welt des Denkens":

> Ich lebte mit den Sinnen, mit dem Geiste und mit dem Herzen. Ich sah, lauschte, träumte, dachte, dichtete und phantasierte vor mich hin, wo ich ging und stand. Wenn es sich um Denken handelte, war ich leidenschaftlich um Schärfe und Sauberkeit des Denkens besorgt; aber wenn ich die Dinge um mich herum mit den Sinnen oder mit dem Gefühl aufnahm, oder wenn es sich um künstlerische Form und ihren Genuß handelte, so verachtete ich alles bloß Gedachte. (Brecht 1966, S. 43)

Und in gleicher Weise wie Brecht sein Postulat der wissenschaftlichen Wertfreiheit selbst nicht einhält, gelingt es ihm – vor allem sprachlich – in einigen Passagen seines Werkes nicht, diese klare Trennung zwischen der „Sauberkeit des Denkens" und dem „künstlerischen Genuß" konsequent zu vollziehen.[13]

Ungeachtet dieser Diskrepanz zwischen Anspruch und Umsetzung im Brechtschen Werk wird das Bild, das der Leser von ihm gewinnen soll, deutlich sichtbar: Politik spielte in seinen ersten dreißig Lebensjahren keine Rolle für Brecht. Und diese Politikferne ist, wie Depkat erklärt, „nicht nur charakteristisch für seine soziale Schicht, sondern sogar identitätsdefinierend" (Depkat 2007, S. 348). An Stelle einer politischen Sozialisation trat eine zutiefst prägende Lebensphase, die Brecht in seiner Autobiographie als „*éducation sentimentale*" bezeichnet, eine, wie er erklärt,

---

[10] Eine weitere Passage aus seiner Autobiographie mag einen Eindruck von seinen lyrischen Anwandlungen geben: „Ich mußte allein sein, oder zusammen mit ganz wenigen Freunden entfernt von der lauten Welt, um wirklich zu leben. [...] Die Schönheit, die ich suchte, war eine Schönheit, die Ausdruck von etwas Überirdischem war. Ich suchte und fand sie in der Natur, in der Kunst, in den Menschen und ihren Beziehungen. Aber nur in der Stille. In geweihter Stille. Allein." (Brecht 1966, S. 79)

[11] Vgl. dazu ausführlich Brecht 1961.

[12] So eine Formulierung von Friedrich Karl Fromme in seinem Nachruf auf Brecht (Fromme 1977).

[13] Vgl. dazu etwa das letzte Kapitel aus seiner „Politischen Theorie" (Brecht 1961, S. 441 ff.).

> Erziehung des Gefühlslebens, daneben eine Erziehung zur Kunst, eine stete Wahr-
> heitssuche, eine Vorschule philosophischen Denkens, besonders eine Vorschule zur
> Moralphilosophie, daneben auch eine berufliche und gesellschaftliche Erziehung,
> aber keine Erziehung zu sozialem und politischem Handeln. (Brecht 1966, S. 79)

Der Ausbruch des Ersten Weltkrieges markiert in Brechts Autobiographie die für
ihn entscheidende Zäsur: Sein „politisches Erwachen" (Brecht 1966, S. 99). Kriegs-
ausbruch, Kriegsziele, Kriegsende, Revolution und Weimar – all das, so Brecht,
erlebte er als „politische Erziehung" (Brecht 1966, S. 107 ff.). Die Intention des
Autobiographen ist klar: „Der Weltkrieg soll als die Geburt des politischen Menschen Arnold Brecht erscheinen." (Depkat 2007, S. 356) Die Kriegsjahre haben
dabei eine gravierende Funktion: Sie sind „entweder ein politisches Initialereig-
nis, das den Ausgangspunkt einer neuen Welt- und Lebensanschauung markiert,
oder aber doch eine nachhaltige Transformation bisheriger politischer Sinn- und
Vorstellungswelten" (Depkat 2007, S. 356).[14]

Der Erste Weltkrieg erscheint somit nicht nur als historisch-politische Zäsur,
sondern auch als Bruch in der Biographie und Sozialisation Arnold Brechts. Bei aller
Plausibilität der Darstellung bleibt jedoch festzuhalten, dass dieser biographische
Bruch auch das Ergebnis einer, wenn man so will, literarischen Konstruktion ist.
Mehr als es in seinen Erinnerungen den Anschein macht, finden sich in Brechts
Werk[15] starke Kontinuitätslinien – und zwar solche, deren Ursprünge deutlich in
der Zeit vor dem Ersten Weltkrieg, also in seiner „politikfernen Jugend", zu suchen
sind. Die Zäsuren bestehen hier also längst nicht so eindeutig, wie Brecht den
Eindruck erweckt – die „Lübecker Politikferne" bleibt in seinem Werk auch noch
nach der Zeit des „politischen Erwachens" präsent. Dies zeigt sich etwa in seinen
verwaltungswissenschaftlichen Arbeiten aus der Weimarer Republik, aber auch in
den politikwissenschaftlichen Schriften, die er nach seiner Emigration verfasst hat,
allen voran in seiner „Politischen Theorie".[16]

Insgesamt lässt sich Brechts Autobiographie als Narrativ interpretieren, das
nicht nur aus werkbiographischer Sicht von Belang ist, sondern auch Auskunft
gibt über den gesellschaftspolitischen Kontext sowohl der erzählten Zeit als auch
der Erzählzeit und vermittelt über die Erzählung seiner Lebensgeschichte das politische und wissenschaftliche Denken seines Autors zum Ausdruck bringt. Diese

---

[14] Diese Feststellung bezieht sich laut Depkat nicht nur auf Brecht, sondern gilt für alle der
von ihm untersuchten „bürgerlichen" Autoren.
[15] Hierbei ist allerdings zu berücksichtigen, dass die meisten seiner Publikationen erst nach
dem Ersten Weltkrieg zu verzeichnen sind.
[16] Nähere Ausführungen dazu bei Bethke 2013.

Interdependenzen von Wissenschaft und Politik, politischer Wachsamkeit und Politikferne, Biographie und Autobiographie, Erzählung und politischem Denken, Dichtung und Wahrheit, Selbstbeschreibung und historischer Realität, Fiktion und Dokumentation werden erst mit der Verknüpfung von Narratologie und politischer Ideengeschichte richtig sichtbar. Eben darin ist der politikwissenschaftliche Mehrwert einer narrationstheoretischen Perspektive zu sehen.

Literatur

Bethke, Hannah. 2013. *Das politische Denken Arnold Brechts: Eine transatlantische Ideengeschichte des 20. Jahrhunderts.* Berlin: Duncker & Humblot.

Bourdieu, Pierre. 2000. Die biographische Illusion [1990]. In *Biographische Sozialisation,* Hrsg. Erika M. Hoerning, 51–60. Stuttgart: Lucius und Lucius.

Brecht, Arnold. 1961. *Politische Theorie. Die Grundlagen politischen Denkens im 20. Jahrhundert.* Tübingen: Mohr.

Brecht, Arnold. 1966. *Aus nächster Nähe: Lebenserinnerungen 1884-1927.* Stuttgart: Deutsche Verlagsanstalt.

Brecht, Arnold. 1967. *Mit der Kraft des Geistes. Lebenserinnerungen zweite Hälfte.* Stuttgart: Deutsche Verlagsanstalt.

Depkat, Volker. 2003. Autobiographie und die soziale Konstruktion von Wirklichkeit. *Geschichte und Gesellschaft* 29: 441–476.

Depkat, Volker. 2007. *Lebenswenden und Zeitenwenden. Deutsche Politiker und die Erfahrungen des 20. Jahrhunderts.* München: Oldenbourg.

Forkosch, Morris D., Hrsg. 1954. *The political philosophy of Arnold Brecht.* New York: Exposition Pr.

Fromme, Karl Friedrich. 1977. Beamter, Gelehrter und Besichtiger der Zeitläufte. Zum Tode des Staatssekretärs und Professors Arnold Brecht. *Frankfurter Allgemeine Zeitung*, 28. Sept. 12.

Genette, Gérard. 2010. *Die Erzählung.* 3. Aufl. Paderborn: Wilhelm Fink.

Günther, Dagmar. 2001. „And now for something completely different". Prolegomena zur Autobiographie als Quelle der Geschichtswissenschaft. *Historische Zeitschrift* 272: 25–61.

Haumann, Heiko. 2003. Lebensweltlich orientierte Geschichtsschreibung in den Jüdischen Studien: Das Basler Beispiel. In *Jüdische Studien. Reflexionen zu Theorie und Praxis eines wissenschaftlichen Feldes,* Hrsg. Klaus Hödl, 105–122. Innsbruck: Studien Verlag.

Haumann, Heiko. 2006. Geschichte, Lebenswelt, Sinn. Über die Interpretation von Selbstzeugnissen. In *Anfang und Grenzen des Sinns,* Hrsg. Brigitte, Hilmer, Georg, Lohmann, und Tilo, Wesche, 42–54. Weilerswist: Velbrück.

Hula, Erich. 1977. Arnold Brecht 1884-1977. *Social Research* 44: 601–604.

Landau, Martin. 1968. Arnold Brecht. In *International encyclopedia of the social sciences,* Bd. 2, Hrsg. David L. Sills, 145–148, New York: MacMillan.

Lejeune, Philippe. 1994. *Der autobiographische Pakt.* Frankfurt a. M.: Suhrkamp.

Mann, Thomas. 1926. Lübeck als geistige Lebensform. Rede gehalten am 5. Juni im Stadt-theater zu Lübeck aus Anlaß der 700. Jahresfeier der Freien und Hansestadt [1926]. In *ders., Essays. Bd. 3: Ein Appell an die Vernunft 1926-1933,* Hrsg. v. Hermann Kurzke und Stephan Stachorski, 16–38. Frankfurt a. M.: Fischer.

Ranke, Leopold von. 1885. *Geschichte der romanischen und germanischen Völker von 1494 bis 1514.* 3. Aufl. Leipzig: Duncker & Humblot.

Reichshandbuch der deutschen Gesellschaft. 1930. *Das Handbuch der Persönlichkeiten in Wort und Bild. Erster Band.* Berlin: Deutscher Wirtschaftsverlag.

Röder, Werner, Hrsg. 1980. *Biographisches Handbuch der deutschsprachigen Emigration nach 1933.* Band I: Politik, Wirtschaft, Öffentliches Leben. Hrsg. vom Institut für Zeitgeschichte München und von der Research Foundation for Jewish Immigration, Inc. New York: Saur.

Stiefel, Ernst C., und Mecklenburg, Frank. 1991. *Deutsche Juristen im amerikanischen Exil (1933-1950).* Tübingen: Mohr.

Stoffregen, Matthias. 2002. *Kämpfen für ein demokratisches Deutschland. Emigranten zwischen Politik und Politikwissenschaft.* Opladen: Leske + Budrich.

Vierhaus, Rudolf. 1995. Die Rekonstruktion historischer Lebenswelten. Probleme moderner Kulturgeschichtsschreibung. In *Wege zu einer neuen Kulturgeschichte,* Hrsg. Hartmut Lehmann, 7–28. Göttingen: Wallstein.

Zweig, Stefan. 1942. *Die Welt von Gestern. Erinnerungen eines Europäers [1942].* Frankfurt a. M.: Büchergilde Gutenberg.

Narration und Argument in der Politik: Die erzähltheoretische Kategorie der Fiktionalität in der Autorisierungstheorie von Hobbes' *Leviathan*

Eva Odzuck

Zusammenfassung

Der Aufsatz kritisiert die Standarddeutung der Autorisierungstheorie in Hobbes' *Leviathan* und bezieht damit zugleich Stellung zu der in der Hobbes-Forschung nach wie vor umstrittenen Frage nach Hobbes als einem Wegbereiter des Liberalismus. Es wird dafür argumentiert, dass es sich bei der Autorisierungstheorie um eine Theorie *bedingter* Autorisierung handelt und Hobbes durch die bewusste Verwendung der Kategorie der Fiktionalität deutlich macht, dass die Rechtmäßigkeit der künstlichen Person des Staates von der Anerkennung durch deren Autoren abhängig ist. Für die Erforschung narrativer Formen des politischen Denkens können aus dieser Analyse Schlussfolgerungen gezogen werden: Narration und Argument sind in politiktheoretischen Texten nicht nur oftmals eng verbunden, sondern sind daneben auch nicht von vornherein auf gegensätzliche Funktionen, etwa der Herrschaftsstabilisierung oder -kritik, festgelegt. Es wird gezeigt, dass Narrationen durchaus herrschaftskritisches Potential besitzen können, wenn sie mit einer Reflexion auf die besonderen Merkmale von Narrationen verbunden werden: Die Fiktionalität von Narrationen kann als Argument für die Grenzen fiktiver Entitäten, wie es Souverän oder Untertan sind, herangezogen werden.

E. Odzuck (✉)
Institut für Politikwissenschaft der Universität Erlangen-Nürnberg,
Kochstraße 4/7, 91054 Erlangen, Deutschland
E-Mail: eva.odzuck@fau.de

W. Hofmann et al. (Hrsg.), *Narrative Formen der Politik*,
DOI 10.1007/978-3-658-02744-5_7, © Springer Fachmedien Wiesbaden 2014

1 Die Autorisierungstheorie in Thomas Hobbes' *Leviathan*

Das Titelblatt des *Leviathan*, der umfangreichsten und berühmtesten staatsphilosophischen Schrift des englischen Philosophen Thomas Hobbes (1588–1679), lädt zu vielfältigen Deutungen ein (Brandt 2008, S. 45). Es zeigt unter anderem einen überdimensional großen Menschen, der aus vielen einzelnen Menschen zusammengesetzt scheint. Nach einhelliger Meinung handelt es sich bei diesem überdimensional großen Menschen um ein Bild des Staates, für den Thomas Hobbes den Namen des biblischen Seeungeheuers *Leviathan* wählt. Wie aber wird aus vielen einzelnen Menschen ein Staat? Und wie genau ist die Beziehung zwischen den zu Untertanen gewordenen Menschen und dem Staat zu denken?

Auf diese Fragen antwortet die sogenannte Autorisierungstheorie. Im 16. Kapitel des *Leviathan* entwickelt Hobbes erstmals explizit diese Theorie, die die Grundlage für die spätere Beschreibung des wechselseitigen, den Staat hervorbringenden Vertrages im 17. Kapitel des *Leviathan* wird, und die in seinen vorhergehenden staatsphilosophischen Schriften, den *Elements of Law* und *De Cive*, fehlt. Die im *Leviathan* neu auftauchende Vertragsformel enthält folgende Fassung der Autorisierungstheorie:[1] „Ich autorisiere diesen Menschen oder diese Versammlung von Menschen und übertrage ihnen mein Recht, mich zu regieren, unter der Bedingung, daß du ihnen ebenso dein Recht überträgst und alle ihre Handlungen autorisierst" (L, S. 134).

Das erstmalige Auftauchen dieser Theorie im *Leviathan* hat in der Hobbes-Forschung Anlass zu zahlreichen Spekulationen gegeben: Weit verbreitet sind Deutungen, die den Ausgleich systematischer Schwachstellen der früheren staatsphilosophischen Schriften als Motiv für die Einführung der Autorisierungstheorie sehen (Brandt 1980, S. 44; Kersting 2008, S. 179). Daneben existieren Deutungen, die hinter deren Einführung eine primär rhetorische Strategie vermuten, die dem *Leviathan* inhaltlich nichts Neues hinzufügt (Skinner 2007, S. 161).

Während über die Motive, die Hobbes zur Entwicklung der Autorisierungstheorie bewogen haben, große Unklarheit herrscht, besteht über den Inhalt derselben weitgehende Einigkeit. Die Standarddeutung der Autorisierungstheorie geht davon aus, dass der Autorisierungsvertrag eine vorbehaltlose Unterwerfung der Menschen unter den entstehenden Souverän darstellt und die Autorisierungstheorie damit Ausdruck und Bestandteil der von Hobbes entwickelten Theorie des absoluten Staates ist.

---

[1] Ich zitiere im Folgenden die deutsche Übersetzung von Walter Euchner nach der von Iring Fetscher herausgegebenen und eingeleiteten Ausgabe des *Leviathan*, die 1966 beim Suhrkamp Verlag in Frankfurt erschien, mit der Abkürzung „L".

Diese Standarddeutung führt jedoch zu gewissen Problemen, insofern sie mit der ebenfalls im *Leviathan* formulierten Lehre von der Freiheit der Untertanen nicht widerspruchsfrei vereinbar ist. Daher schlage ich eine alternative Deutung der Autorisierungstheorie als einer Theorie *bedingter* Autorisierung vor, die die Probleme der Standarddeutung vermeidet. Ich möchte dafür argumentieren, dass Hobbes bewusst die erzähltheoretische[2] Kategorie der Fiktionalität verwendet, um anzuzeigen, dass es sich bei der Autorisierung – ganz entsprechend der Lehre von der Freiheit der Untertanen – um eine nur bedingte Autorisierung handelt. Die Sensibilität für erzähltheoretische Kategorien kann sich, wie gezeigt werden soll, bei der Analyse des *Leviathan* als fruchtbar erweisen, um bestehende Fehldeutungen zu korrigieren und die Autorisierungstheorie als bisher vernachlässigtes liberales Element in Hobbes' politischer Philosophie herauszuarbeiten. Dabei werde ich folgendermaßen vorgehen:

Zunächst (2) werde ich diejenigen Teile der Autorisierungstheorie darstellen, die zur Entstehung der Standarddeutung geführt haben. Danach (3) gehe ich auf Hobbes' Lehre von der Freiheit der Untertanen ein, die die Deutung der Autorisierungstheorie als einer Theorie unbedingter Autorisierung vor gewisse Probleme stellt, weil beide nicht widerspruchsfrei vereinbar sind. In einem vierten Teil (4) zeige ich, wie sich diese scheinbaren Widersprüche auflösen lassen, indem ich unter Einbezug der erzähltheoretischen Kategorie der Fiktionalität eine alternative Deutung entwickle. In einem Fazit (5) werden die Ergebnisse zusammengefasst und deren Bedeutung für die Hobbes-Forschung und die Erforschung narrativer Formen des politischen Denkens im Allgemeinen diskutiert.

2 Standarddeutung: Die Autorisierung als unbedingte, vorbehaltlose Autorisierung

Bereits der eingangs zitierte Wortlaut der Vertragsformel und deren größerer Kontext legen nahe, dass es sich bei der Autorisierung des Souveräns um eine vorbehaltlose, unbedingte Autorisierung handelt: Hobbes spricht mehrfach davon, dass die Autoren alle Handlungen und Worte der künstlichen Person als eigene anerkennen. Sogar vom Verzicht auf ein eigenes Urteil ist in der Passage, die der Vertragsformel unmittelbar vorausgeht, die Rede:

---

[2] Unter einer Narration wird im Folgenden eine Erzählung verstanden, um deren Wesens- und Funktionsbestimmung sich bisher v. a. literaturwissenschaftliche, erzähltheoretische Ansätze bemühten. Auf das besondere politiktheoretische Potenzial der Fiktionalität von Narrationen wird im Fazit des Aufsatzes ebenso eingegangen wie auf das Verhältnis narrativer und argumentativer Formen des politischen Denkens im Allgemeinen.

Der alleinige Weg zur Errichtung einer solchen Gewalt [...] liegt in der *Übertragung ihrer gesamten Macht und Stärke* auf einen Menschen oder eine Versammlung von Menschen, die ihre Einzelwillen durch Stimmenmehrheit auf einen Willen reduzieren können. Das heißt soviel wie einen Menschen oder eine Versammlung von Menschen bestimmen, die deren Person verkörpern sollen, und bedeutet, daß jedermann *alles als eigen anerkennt,* was derjenige, der auf diese Weise seine Person verkörpert, in Dingen des allgemeinen Friedens und der allgemeinen Sicherheit tun oder veranlassen wird, und sich *selbst als Autor alles dessen bekennt und dabei den eigenen Willen und das eigene Urteil* seinem Willen und Urteil *unterwirft* (L, S. 134, Hervorh. E.O.).

Der durch diese Formulierungen bereits entstehende Eindruck, dass die Untertanen sich durch den Autorisierungsvertrag dem entstehenden Souverän bedingungslos unterwerfen, in dem sie alle dessen Worte und Handlungen als eigene anerkennen, wird durch weitere Textstellen erhärtet:

Wenn außerdem derjenige, welcher versucht, seinen Souverän abzusetzen, wegen dieses Versuches getötet oder bestraft wird, so ist er *Autor seiner eigenen Bestrafung,* da er *durch die Einsetzung Autor aller künftigen Handlungen des Souveräns* ist, und da jemand ungerecht ist, wenn er etwas tut, für das er auf Grund seiner eigenen Autorität bestraft werden kann, so ist er es auch aus diesem Rechtsgrund (L, S. 136 f., Hervorh. E.O.).

Die Pflicht, den Befehlen des Souveräns zu gehorchen, scheint – auch bei empfindlichen Strafen – absolut zu sein. Nicht einmal die Bestrafung eines Unschuldigen durch den Souverän kann unter diesen Prämissen als Unrecht bezeichnet werden. Hobbes erklärt:

Denn es wurde schon gezeigt, daß die souveräne Vertretung einem Untertan *nichts zufügen* kann, *was aus irgendeinem Grund zu Recht Ungerechtigkeit oder Unrecht genannt werden könnte, da jeder Untertan Autor jeder Handlung des Souveräns ist.* [...] Das gilt auch für einen *souveränen Fürsten, der einen unschuldigen Untertanen tötet.* (L, S. 165, Hervorh. E.O.).

Textstellen wie diese legen die Ansicht nahe, dass der Mensch mit dem Autorisierungsvertrag alle künftigen Handlungen des Souveräns bedingungslos autorisiert, d. h. auf alle seine Rechte verzichtet und sich zum absoluten Gehorsam dem Souverän gegenüber verpflichtet. Diese Deutung der Autorisierungstheorie findet sich auch in den meisten der jüngeren deutschsprachigen Einführungsbücher zu Hobbes und in Überblicksdarstellungen zum politischen Denken, so etwa bei Wolfgang Kersting, Otfried Höffe und Henning Ottmann. Kersting formuliert beispielsweise in der zweiten Auflage seines 2005 erschienenen Einführungsbuches:

Der Verzicht auf das Recht auf alles, die Aufgabe der natürlichen Freiheit und die Autorisierung und Übertragung des Rechts auf Selbstregierung sind allesamt vorbehaltlose *Entäußerungen,* die *keinerlei Freiheit und keinerlei Recht* auf seiten der

Vertragsparteien zurückbehalten. [...] *Die Gehorsamsverpflichtung der Bürger ist nicht minder absolut*, als die Macht, der sie gilt (Kersting 2005, S. 167 f., Hervorh. E.O.).

Ebenso schreibt Höffe 2010 unter der Überschrift „Absolute Vollmacht":

> Der *Leviathan* steigert diese Bedeutung [eines Bevollmächtigten, E.O.]. Bei ihm wird der Stellvertreter zum bevollmächtigten Vertreter, dem sich alle *vorbehaltlos unterwerfen*, indem sie ihm *alle Rechte übertragen* (Höffe 2010, S 149, Hervorh. E.O.).

Und auch Ottmann vertritt im Hobbes-Kapitel seiner *Geschichte des politischen Denkens* diese Deutung der Autorisierungstheorie:

> Die Autorisierung wiederum weicht von einer privatrechtlichen Bevollmächtigung radikal ab, da sie keine Spezifizität der Aufgabe und keine Beschränkung durch die Rechte des Beauftragenden kennt. Der Fehler der Konstruktion ist leicht zu erkennen: Warum eine Person *uneingeschränkt* autorisieren (Ottmann 2006, S. 293)?

Nicht nur im deutschen, sondern auch im angelsächsischen Sprachraum ist diese Deutung der Autorisierungstheorie die vorherrschende Interpretationsrichtung. Exemplarisch herangezogen werden können als Beleg dafür die entsprechenden Artikel in den englischsprachigen Wörterbüchern zu Hobbes. So schreibt etwa Juhana Lemetti in dem von ihm verfassten *Historical Dictionary of Hobbes's Philosophy* unter dem Stichwort „representation":

> An *author* (a subject or subjects) does not give only, if at all, a set of well-defined rights to an actor, but *gives virtually unlimited rights* not only to speak and act on his behalf but also the right to interpret what is best for the commonwealth. (Lemetti 2012, S. 280, Hervorh. E.O.).

Und auch Aloysius Martinich erläutert die Autorisierung in dem von ihm verfassten *Hobbes Dictionary* als unbedingte Autorisierung, die jedoch angesichts des Ziels der Selbsterhaltung absurd erscheine:

> Typically, authorizations are revocable at will when they do not terminate after a fixed period of time. [...] Such cases of authorization always require a contract between the author and the actor in order to protect the rights of each. But Hobbes cannot think of authorization in this way since he refuses to have the sovereign be a party to the contract. [...] When a person's life is at stake, it is absurd to give someone else *carte blanche* [...]. (Martinich 1995b, S. 39).

Die Standarddeutung der Autorisierungstheorie geht also davon aus, dass ausnahmslos alle Handlungen des Souveräns durch den Autorisierungsvertrag autorisiert werden und keinerlei Rechte und Freiheiten beim Untertanen verbleiben.

3   Probleme der Standarddeutung der Autorisierungstheorie

Ich möchte nun zeigen, in welche Probleme die Standarddeutung der Autorisierungstheorie durch die Theorieelemente des Rechts auf Selbsterhaltung und die
darauf basierende Freiheit der Untertanen gerät. Hobbes lässt, wie das Zitat über die
rechtmäßige Hinrichtung eines unschuldigen Untertanen nahelegt, keinen Zweifel daran, dass das Recht des Staates absolut ist. Wenn im Autorisierungsvertrag
tatsächlich alle Rechte übertragen und alle Handlungen im Vorhinein als eigene anerkannt werden, scheint auch die Gehorsamsverpflichtung des Untertanen absolut
zu sein.

Gerade diese absolute Pflicht des Untertanen bestreitet Hobbes jedoch im 21.
Kapitel des *Leviathan*, in dem er seine Lehre der Freiheit der Untertanen entwickelt.
Dort räumt Hobbes ein, dass es Dinge gibt, „die wir trotz des Befehls des Souveräns
verweigern können, ohne Unrecht zu tun" (L, S. 168). Hobbes betont, dass „jeder
Untertan Freiheit in allen Dingen besitzt, bei denen eine vertragliche Rechtsüber-
tragung unmöglich ist" (L, S. 168) und konkretisiert die Fälle, in denen Ungehorsam
erlaubt ist:

> Wenn deshalb ein Souverän einem wenn auch rechtmäßig verurteilten Menschen
> befiehlt, sich selbst zu töten oder zu verstümmeln, Angreifern keinen Widerstand
> zu leisten oder auf Nahrung, Luft, Arznei oder andere lebensnotwendige Dinge zu
> verzichten, so hat dieser Mensch doch die Freiheit, den Gehorsam zu verweigern.
> (L, S. 168, Hervorh. E.O.).

Im Gegensatz zur Standarddeutung der Autorisierungstheorie, in der behauptet wird, der Untertan habe durch die Autorisierung alle Rechte und Freiheiten
verloren und sei zu absolutem Gehorsam verpflichtet, spricht die Lehre von
der Freiheit des Untertanen also davon, dass es unübertragbare Rechte gebe,
die kein Gegenstand einer vertraglichen Autorisierung sein könnten und dass
es deswegen zahlreiche Fälle gebe, in denen man den Gehorsam rechtmäßig
verweigern dürfe. Offensichtlich widerspricht die auf dem Recht auf Selbsterhaltung basierende Theorie der Freiheit der Untertanen der Standarddeutung der
Autorisierungstheorie.

Dieser Widerspruch wird in der Literatur zum Teil stillschweigend übergangen
bzw. reproduziert: So spricht etwa Kersting, der vorher von einer absoluten Gehor-
samspflicht gesprochen hat, sowie davon, dass die Autorisierung *keinerlei Rechte*
auf der Seite der Untertanen vorsieht, später von einer „grundsätzlichen Grenze
der politischen Obligation" und einem „unaufgebbaren Recht auf Selbsterhaltung",
ohne den entstehenden Widerspruch eigens zu thematisieren (Kersting 2005,

S. 177).[3] Ebenso liest man bei Höffe, der vorher von einer Übertragung *aller* Rechte und einer *vorbehaltlosen* Unterwerfung gesprochen hatte, einige Seiten später von einer nur noch „*fast* unbegrenzte[n] Vollmacht" (Höffe 2010, S. 152, Hervorh. E.O.) und einem „unveräußerliche[n] Recht auf Selbsterhaltung" (Höffe 2010, S. 153).

Im Unterschied dazu wird der sich durch die Standarddeutung der Autorisierungstheorie ergebende Widerspruch von Michael Esfeld explizit formuliert, wenn er darauf verweist, dass es widersprüchlich sei, auf der einen Seite von der Autorisierung ausnahmslos aller Handlungen des Souveräns zu sprechen und auf der anderen Seite die Unmöglichkeit, selbsterhaltungsschädliche Handlungen zu autorisieren, zu behaupten (Esfeld 1995, S. 361 f.; vgl. aber auch Martinich 1995, S. 39 f.).

4 Eine alternative Deutung der Autorisierungstheorie unter Einbezug der erzähltheoretischen Kategorie der Fiktionalität

Der Widerspruch, dass die Menschen im Naturzustand den künftigen Souverän zu all dessen Handlungen autorisieren, es gleichzeitig jedoch unmöglich ist, jemanden zu allen, d.h. also auch selbsterhaltungsschädlichen Handlungen zu autorisieren, lässt sich dann auflösen, wenn die Existenz des Souveräns *Bedingungen* unterliegt, d.h. wenn der Souverän nur so lange autorisierter Stellvertreter ist, wie seine Existenz der Selbsterhaltung förderlich ist. Genau diese mögliche Auflösung des Widerspruchs wird, so meine These, von Hobbes dadurch nahegelegt, dass er bewusst das Konzept der Fiktionalität verwendet und sich damit auf ein erzähltheoretisches Konzept bezieht, das Autoren als Hersteller künstlicher Personen begreift.

Dass Hobbes unter Autorisierung – obwohl die Rede vom wechselseitigen Vertrag dies nahe legt – nicht die Herstellung einer neuen rechtlichen Beziehung versteht, lässt sich durch eine Analyse der Lehre von der Freiheit der Untertanen belegen. Im 21. Kapitel, in dem er diese Lehre entfaltet, empfiehlt Hobbes zur Klärung der Frage, wie frei der Untertan im Staat tatsächlich sei, eine nochmalige Betrachtung des Autorisierungsvertrages:

---

[3] In seiner Studie zum Gesellschaftsvertrag merkt Kersting jedoch in einer Fußnote (1994, S. 77, n. 16) an, dass die durch seine Deutung der Autorisierungstheorie nahegelegte Aufgabe aller Rechte und die von der Lehre der Freiheit der Untertanen nahegelegte Beibehaltung einiger Rechte einen Widerspruch darstellt.

Wenn wir nun zu den Einzelheiten der wahren Freiheit eines Untertanen kommen, das heißt, was die Dinge sind, die wir trotz des Befehls des Souveräns verweigern können, ohne Unrecht zu tun, so müssen wir in Betracht ziehen, welche Rechte wir bei der Schaffung eines Staates übertragen oder, was dasselbe ist, welche Freiheit wir uns vorenthalten, *wenn wir ausnahmslos alle Handlungen des Menschen oder der Versammlung, die wir zu unserem Souverän ernennen, als eigene anerkennen.* (L, S. 168, Hervorh. E.O.).

Menschen, so Hobbes, seien von Natur aus frei und könnten nur durch eigenes Handeln verpflichtet werden. Um die Pflichten des Untertanen dem Souverän gegenüber zu beurteilen, müsse man sich daher ansehen, ob und inwiefern der Untertan durch den Autorisierungsvertrag verpflichtet werde:

Denn der Akt unserer *Unterwerfung* enthält sowohl unsere *Verpflichtung*, als auch unsere *Freiheit*, weshalb sie mit Argumenten begründet werden müssen, die sich von dort ableiten lassen. Man kann nämlich nur durch eigenes Handeln verpflichtet werden, denn alle Menschen sind von Natur aus gleichermaßen frei. (L, S. 168).

Hobbes unterscheidet im Anschluss zwei mögliche Ursprünge der Verpflichtung: den Wortlaut des Vertrages und den Zweck des Vertrages, und lässt in der Folge keinen Zweifel daran, dass man durch die bloßen Worte der Vertragserklärung keinerlei Verpflichtung eingehe, sondern danach noch ebenso frei sei wie zuvor:

Ferner ist die Zustimmung eines Untertans zur souveränen Gewalt in den Worten enthalten: ‚Ich autorisiere alle ihre Handlungen oder nehme sie auf mich.' Darin liegt nicht die geringste Beschränkung seiner früheren natürlichen Freiheit [...]. [...] Niemand ist auf Grund der Worte selbst verpflichtet, sich selbst oder einen anderen Menschen zu töten, und *folglich hängt die Verpflichtung*, die man bisweilen aufgrund eines souveränen Befehls haben kann, irgendeine gefährliche oder entehrende Aufgabe durchzuführen, *nicht von den Worten* unserer Unterwerfungserklärung ab, *sondern von der* damit ausgesprochenen *Absicht*, die sich aus ihrem *Zweck* ergibt. (L, S. 168 f., Hervorh. E.O.).

Was bedeutet es, dass der Mensch nach dem Autorisierungsvertrag genauso frei ist wie zuvor? Was bedeutet es, dass der Wortlaut des Autorisierungsvertrages keine Verpflichtung zur Folge hat, eine Verpflichtung sich aber aus dem Zweck ergibt, dessentwegen der Autorisierungsvertrag abgeschlossen wurde? Dies kann nur bedeuten, dass der ursprünglich freie Mensch, Verträge hin oder her, im Naturzustand wie im staatlichen Zustand lediglich eine Pflicht hat – nämlich die aus dem ursprünglichen Recht auf Selbsterhaltung abgeleitete *Pflicht zur Selbsterhaltung*. Etwas verklausuliert formuliert lässt Hobbes erkennen, dass ein Mensch den Gehorsam immer verweigern darf, solange dies nur seinem ursprünglichen Zweck – der Selbsterhaltung – dient und umgekehrt nur dann gehorchen muss, wenn ihm dies aus Gründen der Selbsterhaltung geboten scheint: „Vereitelt deshalb unsere Gehorsamsverweigerung den *Zweck, zu dem die Souveränität eingesetzt worden war*, dann ist keine *Freiheit zur Verweigerung* gegeben, andernfalls durchaus" (L, S. 169, Hervorh. E.O.).

Durch den Autorisierungsvertrag entsteht also genau genommen weder ein neues Recht auf Seiten des Souveräns, noch eine neue Verpflichtung auf Seiten des Untertanen. Der Mensch ist nach Abschluss des Autorisierungsvertrages genauso frei wie zuvor und muss den Gesetzen, die nichts weiter als Befehle des Souveräns sind, nur gehorchen, wenn dies der eigenen Selbsterhaltung dienlich ist.[4] Weit entfernt davon, dass durch die Autorisierung ein neues Rechtsverhältnis entsteht, wie dies beispielsweise Kersting (2005, S. 155) vermutet, handelt es sich bei der Autorisierung vielmehr um die Hervorbringung der künstlichen Person des Staates, die in ihrer Existenz als autorisierter Stellvertreter jedoch von der Zwecksetzung ihrer Schöpfer abhängig ist. Im 21. Kapitel über die Freiheit der Untertanen schreibt Hobbes:

> Die *Verpflichtung* der Untertanen gegen den Souverän dauert nur so lange, wie er sie auf Grund seiner Macht *schützen* kann, und nicht länger. Denn das natürliche Recht des Menschen, sich selbst zu schützen [...] kann durch keinen Vertrag aufgegeben werden. Die *Souveränität ist die Seele des Staates*, von der die Glieder keinen Bewegungsantrieb empfangen können, wenn sie einmal den *Körper verlassen* hat. *Der Zweck des Gehorsams ist Schutz.* (L, S. 171, Hervorh. E.O.).

Hobbes macht in diesen Zeilen unmissverständlich klar, dass die Souveränität in ihrer Existenz von der Zwecksetzung abhängig ist, die die Individuen bei ihrer Errichtung verfolgten: der Selbsterhaltung.[5] In dem Fall, in dem die Selbsterhaltung nicht gewährleistet ist, erlischt die Souveränität, wie eine Seele, die den Körper verlässt. Was dann übrig bleibt, ist nicht mehr die künstliche Person des Souveräns und die (ebenfalls künstliche) Person des Untertanen, sondern nur noch zwei natürliche Menschen, die sich – wie im Naturzustand – feindlich gegenüber stehen.[6]

---

[4] Diese Lehre von der Freiheit der Untertanen hat in der Literatur zahlreiche Widerspruchsvorwürfe hervorgerufen. So meint etwa Karlfriedrich Herb, auf Basis der Annahme einer sich durch den Autorisierungsvertrag ergebenden Freiheitseinschränkung, dass Hobbes zwei Begriffe von Freiheit verwende, die nicht vereinbar wären (Herb 1999, S. 32).

[5] Einer von wenigen Forschern, der diese von Hobbes behauptete Abhängigkeit der Existenz des Souveräns von dessen Zweckerfüllung ernst nimmt, und Hobbes in diesem Zusammenhang gegen Widerspruchsvorwürfe verteidigt, ist Peter J. Steinberger (2002), der jedoch weder auf das Fiktionalitätskonzept als Grundlage dieser Abhängigkeit eingeht, noch von einer grundsätzlichen Verpflichtungsfreiheit der Untertanen – ausgenommen deren Pflicht zur Selbsterhaltung – ausgeht.

[6] Nicht umsonst spricht Hobbes, wenn er über Fälle spricht, in denen der Gehorsam rechtmäßig verweigert werden darf, nicht mehr vom Untertan, sondern vom – in den Naturzustand zurückgefallenen und deswegen von seiner Untertanenrolle befreiten – Menschen (L, S. 168).

Genau diese Abhängigkeit der Souveränität von der Zwecksetzung der sie einsetzenden Individuen wird nun, so die hier vertretene These, von Hobbes dadurch
illustriert, dass er seine Autorisierungstheorie auf das erzähltheoretische Konzept
der Fiktionalität gründet.

Was verstehe ich in diesem Zusammenhang unter Fiktionalität? Wenngleich in
der Literaturwissenschaft keine anerkannte Theorie der Fiktionalität existiert, gilt
die Fiktionalität als eine grundlegende Kategorie der Bestimmung narrativer Texte:
„Fiktionale Texte bilden eine bestimmte Klasse von Texten, die, wie sich jedenfalls vorläufig sagen lässt, von erfundenen Figuren, Gegenständen und Ereignissen
handeln [. . .]" (Rühling 2003, S. 25).[7]

Fiktional ist ein Text aber nicht bereits dann, wenn er fiktive Elemente enthält:
Eine Forschungsarbeit, die Verwendung der künstlichen Figur des Rotkäppchens
untersucht, oder eine Mathematikaufgabe mit erfundenen Bestandteilen werden
beispielsweise nicht zu den fiktionalen Texten gezählt, obwohl sie fiktive Elemente
enthalten. Als fiktional gelten dagegen Texte, in denen künstliche Figuren handelnd
und redend dargestellt werden und dabei der Autor des Textes zwar als der Schöpfer der künstlichen Figuren betrachtet wird, dabei jedoch unterscheidbar bleibt von
den Figuren und deren Reden und Handlungen. Für einen Roman als fiktionalen
Text ist also beispielsweise der – vom Leser gewusste – Unterschied zwischen dem
Autor und der fiktiven Person des Erzählers konstitutiv, für ein Drama der – vom
Zuschauer gewusste – Unterschied zwischen dem Autor und den im Drama agierenden fiktiven Personen. Interessanterweise griff man im 20. Jahrhundert in der
Literaturwissenschaft auf das Bild des Kontraktes bzw. des Paktes zwischen Autor und Leser zurück (vgl. Schneider 2007, S. 13), um die Rezeptionsbedingungen
fiktionaler Texte zu erklären.

Fiktionalität, so könnte man auf der Basis der bisherigen Überlegungen als
Arbeitsdefinition formulieren, bezeichnet den pragmatischen Status von erzählten
Texten, die durch einen Fiktionsvertrag, der bestimmten Bedingungen unterliegt,
ihren Status als erzählte Texte verlieren. Obwohl der Leser bzw. Zuschauer weiß,
dass es sich bei den fiktiven Personen des Textes um Erfindungen des Autors
handelt, werden diese künstlichen Personen unter bestimmten Voraussetzungen
als wirklich betrachtet.

Für die Autorisierungstheorie von Hobbes zentral sind nun genau diese beiden
für die Kategorie der Fiktionalität wichtigen Begriffe von künstlicher Person und
Autor. Hobbes beginnt seine Autorisierungstheorie im 16. Kapitel mit Definitionen
der Begriffe der Person und des Autors.

---

[7] Vgl. auch Zipfel (2001, S. 57): „In fiktionalen Texten hat man es auf die eine oder andere
Art mit der sprachlichen Darstellung von erfundenen, nicht-wirklichen Sachverhalten zu tun
[. . .]."

> Eine Person ist der, dessen Worte oder Handlungen entweder als seine eigenen an-
> gesehen werden, oder als solche, die die Worte oder Handlungen eines anderen
> Menschen vertreten, denen man sie tatsächlich oder durch Fiktion zuschreibt. Wer-
> den sie als seine eigenen angesehen, so wird sie als natürliche Person bezeichnet, und
> sieht man sie als solche an, die die Worte oder Handlungen eines anderen vertreten,
> so ist sie eine fingierte oder künstliche Person. (L, S. 123).

Relevant für den staatstheoretischen Zusammenhang ist insbesondere der Begriff
der künstlichen Person, der mit dem Begriff des Autors wie folgt verbunden wird:

> Die Worte und Handlungen einiger künstlicher Personen werden von den durch sie
> Vertretenen *als eigene anerkannt*. Damit ist die Person der *Vertreter* und derjenige,
> welcher dessen Worte und Handlungen als eigene anerkennt, der *Autor*; in diesem
> Falle handelt der Vertreter mit Autorität. (L, S. 123).

Diese im 16. Kapitel von Hobbes aufgestellte Beziehung zwischen Autor und künstlicher Person, in der der Autor derjenige ist, der eine künstliche Person ermächtigt,
in seinem Namen zu sprechen und zu handeln, und die künstliche Person diejenige
ist, deren Worte und Handlungen man als diejenigen des durch sie vertretenen
Autors ansieht, wird von Hobbes nun im 17. Kapitel in einem staatstheoretischen
Zusammenhang genutzt. Die Vermutung, dass Hobbes das Konzept der Fiktionalität bewusst verwendet, um die Beziehung zu illustrieren, die zwischen Untertan
und Staat existiert, lässt sich zum einen durch die Tatsache stützen, dass Hobbes
die künstliche Person bereits in der einleitenden Definition auch als eine „*fingierte
Person*" beschreibt, der „*durch Fiktion*" Worte und Handlungen zugeschrieben
werden (L, S. 123) und damit gleich zu Beginn desjenigen Kapitels, in dem er seine Autorisierungstheorie entfaltet, explizit die Kategorie der Fiktionalität ins Spiel
bringt.

Aber nicht nur die explizite Nennung des Fiktionalitätskonzepts in der Definition der künstlichen Person spricht dafür. Zum anderen spricht die Tatsache,
dass Hobbes seinen Begriff der Person durch einen etymologischen Hinweis erläutert – und damit wiederum auf dessen Bedeutung in einem fiktionalen Kontext
zurückgreift, für eine bewusste Verwendung des Fiktionalitätskonzepts:

> Das Wort > Person < ist lateinischer Herkunft. Die Griechen sagen dazu πρόσωπον,
> was das Gesicht bedeutet, wie auch *persona* auf lateinisch eine *Verkleidung* oder die
> *äußere Erscheinung* eines Menschen bedeutet, der auf der Bühne dargestellt wird,
> [...]. Und von der Bühne wurde dieser Begriff auf jeden übertragen, der stellver-
> tretend redet oder handelt, im Gerichtssaal wie im Theater. So ist also eine *Person*
> dasselbe wie ein *Darsteller*, sowohl auf der Bühne als auch im gewöhnlichen Verkehr
> [...]. (L, S. 123).

Worauf will Hobbes hinaus, wenn er eine Person etymologisch, d. h. über deren Funktion im Theater definiert? Was heißt es, dass eine Person dasselbe wie ein Darsteller ist? Und worin besteht die Gemeinsamkeit zwischen dem Darsteller auf der Bühne und der künstlichen Person des autorisierten Stellvertreters?

Auch einem Darsteller auf der Bühne werden durch Fiktion Handlungen zugeschrieben – nämlich die Handlungen derjenigen künstlichen Person, die der Autor des Stücks erfunden hat, das auf der Bühne gespielt wird. Die möglichen Handlungen der künstlichen Person, die der Schauspieler darstellen soll, sind dabei von vornherein beschränkt durch die Rolle, die der Autor festlegte und den Zweck, den der Autor verfolgte: Weigert sich der Darsteller, die Regieanweisungen zu befolgen, oder agiert er gegen die Intention des Autors, wenn er beispielsweise den Charakter seiner Rolle durch sein Spiel ins Gegenteil verkehrt, dann erkennt der Autor (oder die Zuschauer des Stücks) ihn nicht mehr als legitimen Darsteller der Rolle an. Als Darsteller einer Rolle ist der Schauspieler gebunden an die Intention des Autors.[8] In der Sprache der literaturwissenschaftlichen Vertragstheorie erlischt der fiktionale Pakt, wenn sich der Darsteller nicht an die Regeln des Vertrags hält.

In Bezug auf die künstliche Person des Staates bedeutet dies: die Autoren dieser künstlichen Person willigen ein, die Handlungen der künstlichen Person als eigene anzuerkennen, solange die Person mit deren Handlungen ihrem Zweck – der Selbsterhaltung – entspricht. Das Titelblatt des *Leviathan* illustriert diese Identität von künstlicher Person und Autoren dadurch, dass dem Souverän die Abbilder der Autoren – wie eine überdimensionale Tätowierung bzw. im Sinne einer Ganzkörpermaske – auf den Leib geschrieben sind. In dem Moment, in dem der Zweck der Schaffung der künstlichen Person – die Selbsterhaltung – bedroht ist, verschwindet jedoch diese einer Ganzkörpermaske gleichende Tätowierung und die durch

---

[8] Für die bewusste Verwendung der Fiktionalitätskategorie spricht auch, dass Hobbes diese im später veröffentlichten *De homine* erneut verwendet und hier explizit auf die Fiktionalität als eine für das bürgerliche Leben notwendige Kategorie rekurriert. Den pragmatischen Kontext des fiktionalen Dramentextes erläutert Hobbes an dieser Stelle durch eine – im Vergleich zur *Leviathan*-Stelle – differenziertere Beschreibung des Unterschieds von Rolle und Schauspieler, die die oben vorgeschlagene Interpretation der entsprechenden Textstelle im Leviathan bestätigt: „Was bei den Griechen πρόσωπον heißt, heißt bei den Lateinern bald *facies* oder *os* des Menschen, bald *persona; facies*, wenn ein Mensch im wirklichen Leben, *persona*, wenn er in einer angenommenen Rolle, wie auf dem Theater der Komödien- und Tragödienschauspieler, gemeint war. Auf der Bühne sprach ja nicht der Schauspieler als solcher, sondern als irgendein anderer, etwa als Agamemnon, dessen Maske er für die Aufführung angelegt hatte. Später ersetzte man die Maske durch die einfache Ankündigung des Schauspielers, welche Rolle er spielen würde. Nicht weniger nötig als im Theater sind solche Fiktionen im bürgerlichen Leben wegen der Geschäfte und Abmachungen, die im Namen von Abwesenden abgeschlossen werden" (Hobbes 1994, S. 53 f.).

diese versinnbildlichte künstliche Person des Staates gilt als nicht mehr existent. Zurück bleibt nach der Zerstörung der Fiktion der Schauspieler, dem man die Rolle nicht mehr abkauft bzw. ein Mensch aus dem Naturzustand, der einem anderen Menschen aus dem Naturzustand feindlich gegenübersteht.

Durch die Verwendung des Fiktionalitätskonzepts in der Autorisierungstheorie macht Hobbes also deutlich, was er bereits in seiner Lehre von der Freiheit der Untertanen unmissverständlich ausgedrückt hat: Die Existenz der Souveränität, d. h. der künstlichen Person des Staates, ist abhängig von der Zwecksetzung, d. h. Intention der Autoren, die diese künstliche Person erzeugt haben. Das Fiktionalitätskonzept, welches die Künstlichkeit der durch einen Autor hergestellten fiktiven Reden und Handlungen unter bestimmten, im fiktionalen Pakt festgelegten Voraussetzungen, ausblendet, dient Hobbes dazu, am Beispiel eines Theaterstücks die Bedingungen des fiktionalen Paktes zu illustrieren: Wird die künstliche Person als Geschöpf des Autors den Intentionen ihres Autors[9] nicht gerecht, handelt es sich nicht mehr um die vom Autor hergestellte künstliche Person.

Bei der Theorie der Autorisierung handelt es sich damit um eine Theorie bedingter Autorisierung:[10] Zwar werden alle Handlungen *des Souveräns* von den Autoren als eigene Handlungen anerkannt. Weil der Souverän aber *nur solange* als *Souverän* anerkannt wird, wie er dem Zweck der Selbsterhaltung genügt, entspricht die unbedingte Autorisierung des Souveräns einer nur bedingten Autorisierung eines anderen Menschen bzw. einer Gruppe von Menschen, die den Souverän verkörpert.

5 Zusammenfassung und Fazit: Narration und Argument in der Politik

Entgegen der weitverbreiteten Deutung der Autorisierungstheorie als einer Theorie, die die Rechte des absoluten Staates durch eine wechselseitige Unterwerfungsverpflichtung der Untertanen begründe, handelt es sich bei der Autorisierungstheorie

---

[9] Der Umstand, dass es in der Hobbesschen Vertragstheorie viele verschiedene Autoren gibt, die jeweils selbst über die Selbsterhaltungszuträglichkeit und damit Existenz des Souveräns entscheiden, stellt die Hobbessche Vertragstheorie vor ein hier nicht thematisiertes, allerdings grundsätzliches Problem.

[10] Ein weiteres Argument dafür ist, dass Hobbes an mehreren Textstellen – auch im staatstheoretischen Zusammenhang der Existenz vieler Autoren – die Möglichkeit bedingter Autorisierungen explizit erwähnt (L, S. 126) und das 16. Kapitel, welches den Übergang zum Buch vom Staat darstellt, explizit mit dem Hinweis auf zwei verschiedene Arten von Autoren beendet, von denen nur die eine bedingungslos autorisieren würde (L, S. 127).

also um ein liberales Element, welches die Rechtmäßigkeit staatlicher Herrschaft an die Zustimmung bzw. Anerkennung der Individuen bindet. Diese alternative Deutung der Autorisierungstheorie ist insofern relevant für die Hobbes-Forschung, als zwar zahlreiche Autoren auf bestimmte liberale Elemente in Hobbes' Kontraktualismus hingewiesen haben, gerade die Autorisierungstheorie jedoch nahezu einhellig als Ausdruck der Theorie des absoluten Staates gewertet wurde (Jaume 2007, S. 200; Kersting 2008, S. 181; Ottmann 2006, S. 293). Indem gezeigt werden konnte, dass gerade die Autorisierungstheorie ein liberales Element in Hobbes' politischer Philosophie darstellt, weil es sich nur um die bedingte Autorisierung eines anderen Menschen bzw. einer Menschengruppe handelt, wurde ein weiteres Argument für die inzwischen wieder häufiger vertretene These (Jaume 2007, S. 201; Kersting 2005, S. 7) geliefert, dass der Hobbessche Kontraktualismus ein zentraler Schritt auf dem Weg zur Entwicklung des Liberalismus war. Die hier vorgeschlagene Deutung der Autorisierungstheorie besitzt den Vorteil, dass sie Widerspruchsvorwürfe entkräften[11] und eine konsistente Deutung der bisher unvereinbar scheinenden Theorieelemente der Autorisierung und der Freiheit der Untertanen vorlegen kann. Bisher wurde zwar in der Forschung registriert, dass Hobbes' Begriff der Person der Verwendung des Begriffs im Theater auffällig ähnle, jedoch dahinter kein systematischer Grund in dem Sinn vermutet, dass Hobbes die erzähltheoretische Kategorie der Fiktionalität bewusst eingeführt habe, um damit einen Hinweis auf das angemessene Verständnis der Autorisierungstheorie zu geben.[12] Die vorgestellte Neudeutung ist gegenüber bestehenden Deutungen insofern im Vorteil, als sie die Verwendung des Fiktionalitätskonzepts durch Hobbes weder auf eine reine

---

[11] Wenngleich die vorgeschlagene Deutung der Autorisierungstheorie Hobbes gegen bestimmte Widerspruchsvorwürfe verteidigen kann, soll an dieser Stelle nicht behauptet werden, dass der Hobbessche Kontraktualismus *insgesamt* logisch widerspruchsfrei sei. In meiner Doktorarbeit vertrete ich die These, dass der Hobbessche Kontraktualismus an einer in der Forschung bislang vernachlässigten biopolitischen Aporie leidet, die dazu führt, dass sich dieser als ungeeignet für die Rechtfertigung des Staates erweist. Aufgrund der Stellung, die Hobbes als Vorbereiter des Liberalismus beanspruchen kann, und der Präsenz von Elementen des angelsächsischen Kontraktualismus in der politischen Kultur liberaler Demokratien ist diese biopolitische Aporie des Hobbesschen Kontraktualismus, wie ich dort weiter argumentiere statt zeige, von erheblicher Relevanz für die zukünftige Entwicklung der liberalen Demokratie.

[12] Eine Ausnahme stellt die Studie von Brito Vieira dar, die dafür argumentiert, dass der Rekurs auf das Theater für Hobbes' Repräsentationstheorie von enormer Bedeutung sei (2009, S. 2), auf der anderen Seite jedoch der Standarddeutung der Autorisierungstheorie folgt (2009, S. 7) und deshalb zu dem philosophisch wenig überzeugenden Schluss kommt, dass Hobbes mit seiner Lehre von der Künstlichkeit der Souveränität unabsichtlich („unwittingly") ein modernes Souveränitätsverständnis vorbereitet habe (2009, S. 251).

Zufälligkeit reduzieren,[13] noch dahinter eine rein rhetorische Strategie vermuten muss (Skinner 2007, S. 161), sondern Hobbes inhaltliche Gründe für die Wahl des Fiktionalitätskonzepts unterstellen kann.

Für die Erforschung narrativer Formen des politischen Denkens wurde aufgezeigt, wie eine Sensibilität für erzähltheoretische Kategorien zu einem vertieften Verständnis politiktheoretischer Texte beitragen kann. Es wurde dargelegt, dass sich politisches Denken erzähltheoretischer Kategorien bedienen kann, um die funktionale Beziehung zwischen Untertan und Staat zu illustrieren: Der Hinweis auf die Fiktionalität als Moment der Narration kann in politiktheoretischen Texten als Argument dafür verwendet werden, dass staatliches Handeln von den durch diesen Staat vertretenen Individuen nur solange anerkannt werden muss, wie der Staat den Zwecken, die die Individuen bei seiner Errichtung verfolgten, genügt. Für das Verhältnis von narrativen und argumentativen Formen politischen Denkens gilt also, dass sich beide Formen nicht notwendigerweise gegenseitig ausschließen: Während bei Hobbes der Naturzustand und dessen Beendigung durch einen wechselseitigen Vertrag, der den Staat begründet, durchaus als eine Narration begriffen werden kann, ist diese Erzählung nicht nur ihrerseits eingebettet in eine übergeordnete argumentative Struktur, die den Menschen in Form eines Gedankenexperimentes den Vorteil der scheinbaren Freiheitsbeschränkung, die ein Staat mit sich bringt, vor Augen führen soll. Mit Hilfe eines Argumentes sollen Menschen, die als frei betrachtet werden, davon überzeugt werden, dass scheinbare Freiheitsbeschränkungen im Staat sinnvoll, weil selbsterhaltungsdienlich sind. Zugleich wird diese in ein Argument eingebettete Narration jedoch begleitet von einem weiteren Argument: Der Hinweis auf die Fiktionalität narrativer Texte dient als Argument dafür, dass die scheinbaren Freiheitsbeschränkungen nur dann und nur solange sinnvoll sind, solange diese wirklich der Selbsterhaltung dienen. Die Kategorie der Fiktionalität, die den Staat als künstliche Person begreift, der in seiner Existenz von der Zwecksetzung der Autoren abhängig ist, die ihn erschufen, fungiert als Argument für die Abhängigkeit eines rechtmäßigen Staates von dessen Anerkennung durch die Untertanen und damit zugleich als Argument für die Grenzen der Verpflichtung der Untertanen. Narration und Argumentation können also, wie am Beispiel einer Analyse des Hobbesschen Kontraktualismus gezeigt wurde, im politischen Denken dergestalt verbunden werden, dass Narrationen erstens in argumentative

---

[13] So meint Martinich (1995a, S. 36), auf der einen Seite, es sei unwahrscheinlich, dass Hobbes sich in seiner Rede von Autor und Schauspieler auf die darstellenden Künste bzw. das Theater beziehe, weil das Theater zu Hobbes Zeiten nicht angesehen war, muss auf der anderen Seite jedoch einräumen, dass die Verwendung der Begriffe im fiktionalen Kontext des Theaters der Begriffsverwendung in der Autorisierungstheorie auffällig entspricht.

Strukturen eingebettet sind und zweitens der Hinweis auf eine Besonderheit von Narrationen, nämlich auf deren Fiktionalität, selbst ein Argument für die Grenzen fiktiver Entitäten, wie es Souverän oder Untertan sind, sein kann.

Literatur

Brandt, Reinhard. 1980. Rechtsverzicht und Herrschaft in Hobbes' Staatsverträgen. *Philosophisches Jahrbuch* 87: 41–56.

Brandt, Reinhard. 2008. Das Titelblatt des *Leviathan*. In *Thomas Hobbes: Leviathan oder Stoff, Form und Gewalt eines kirchlichen und bürgerlichen Staates,* Hrsg. Wolfgang Kersting. 2. bearbeitete Aufl., 25–46. Berlin: Akademie-Verlag.

Brito Vieira, Mónica. 2009. *The elements of representation in Hobbes: Aesthetics, theatre, law, and theology in the construction of Hobbes's theory of the state.* Leiden: Brill.

Esfeld, Michael. 1995. *Mechanismus und Subjektivität in der Philosophie von Thomas Hobbes.* Stuttgart-Bad Cannstatt: frommann-holzboog.

Herb, Karlfriedrich. 1999. *Bürgerliche Freiheit. Politische Philosophie von Hobbes bis Constant.* Freiburg: Verlag Karl Alber.

Hobbes, Thomas. 1966. *Leviathan oder Stoff, Form und Gewalt eines kirchlichen und bürgerlichen Staates.* eingel, Hrsg. von Iring Fetscher. Frankfurt a. M.: Suhrkamp.

Hobbes, Thomas. 1994. *Vom Menschen. Vom Bürger. Elemente der Philosophie II/III,* eingel, Hrsg. v. Günter Gawlick. 3. Aufl. Hamburg: Felix Meiner Verlag.

Höffe, Otfried. 2010. *Thomas Hobbes.* München: Verlag Beck.

Jaume, Lucien. 2007. Hobbes and the Philosophical Sources of Liberalism. In *The Cambridge companion to Hobbes's Leviathan,* Hrsg. Patricia Springborg, 199–216. Cambridge: Cambridge University Press.

Kersting, Wolfgang. 1994. Die politische Philosophie des Gesellschaftsvertrags. Darmstadt: Wissenschaftliche Buchgesellschaft.

Kersting, Wolfgang. 2005. *Thomas Hobbes zur Einführung.* 3. Aufl. Hamburg: Junius.

Kersting, Wolfgang. 2008. Vertrag, Souveränität, Repräsentation. Zu den Kapiteln 17 bis 22 des *Leviathan*. In *Thomas Hobbes: Leviathan oder Stoff, Form und Gewalt eines kirchlichen und bürgerlichen Staates,* Hrsg. Wolfgang Kersting. 2. bearbeitete Aufl., 173–191. Berlin: Akademie-Verlag.

Lemetti, Juhana. 2012. Artikel „representation". In *Historical Dictionary of Hobbes's philosophy,* 278–280. Lanham: The Scarecrow.

Martinez, Matias, und Scheffel, Michael. 2007. *Einführung in die Erzähltheorie.* 7. Aufl. München: Beck.

Martinich, Aloysius P. 1995a. Artikel „author". In *A Hobbes Dictionary,* 35–37. Cambridge: Blackwell.

Martinich, Aloysius P. 1995b. Artikel „authorization". In *A Hobbes Dictionary,* 37–42. Cambridge: Blackwell.

Ottmann, Henning. 2006. *Geschichte des politischen Denkens, Bd. 3: Neuzeit. Teilband 1: Von Machiavelli bis zu den großen Revolutionen.* Stuttgart: Verlag J. B. Metzler.

Rühling, Lutz. 2003. Fiktionalität und Poetizität. In *Grundzüge der Literaturwissenschaft*, Hrsg. Heinz, Ludwig Arnold, und Heinrich, Detering. 6. Aufl., 25–51. München: Deutscher Taschenbuch.

Schneider, Jost. 2007. Literatur und Text. In *Handbuch Literaturwissenschaft, Bd. 1: Gegenstände und Grundbegriffe*, Hrsg. Thomas Anz. Stuttgart: Verlag J. B. Metzler.

Skinner, Quentin. 2007. Hobbes on Persons, Authors and Representatives. In *The Cambridge companion to Hobbes's Leviathan*, Hrsg. Patricia Springborg, 157–180. Cambridge: Cambridge University Press.

Steinberger, Peter J. 2002. Hobbesian resistance. *American Journal of Political Science* 46 (4): 856–865.

Zipfel, Frank. 2001. *Fiktion, Fiktivität, Fiktionalität. Analysen zur Fiktion in der Literatur und zum Fiktionsbegriff in der Literaturwissenschaft*. Berlin: Erich Schmidt Verlag.

.

Wenn der Liberalismus totalitär wird – Ayn Rands Roman *Atlas Shrugged* und der Wettstreit um die hegemoniale politische Kultur im liberalen Staat

Peter Kainz

Zusammenfassung

Atlas Shrugged, das literarisch-ideologische Hauptwerk der russisch-amerikanischen Autorin Ayn Rand, hat sich in den USA seit seiner Erstauflage millionenfach verkauft. Das Werk will die politische Kultur liberaler Gesellschaften gegen eine als dominant und zerstörerisch empfundene (marxistische) Gleichheitsideologie immunisieren und dem Liberalismus ein stützendes Narrativ zur Verfügung stellen. Die These des vorliegenden Beitrags ist, dass die narrativ transportierten Ideen Rands, in ihrem antitotalitären, individualistischen Impetus dabei jedoch selbst in totalitäre Denkmuster umschlagen, was in der Konsequenz eine Grundlagenreflexion des liberalen Selbstverständnisses erforderlich macht. Der Beitrag offeriert damit einerseits eine Interpretation und Kritik von Rands politischem Denken wirft andererseits die Frage auf, welche Rolle narrativ vermittelte Ideen in einer freiheitlichen Gesellschaft spielen, und wie literarische Narrative und politische Kultur sich zueinander verhalten.

1 Literarische Narrative, politische Kultur und Liberalismus

1.1 Zusammenhang zwischen literarischen Narrativen und politischer Kultur

Bereits zu Beginn der politischen Philosophie des Abendlandes wird in Platons *Politeia* ein ganz grundlegender Zusammenhang zwischen Narrativen, individu-

P. Kainz (✉)
E-Mail: peterkainz@gmx.de

W. Hofmann et al. (Hrsg.), *Narrative Formen der Politik*,
DOI 10.1007/978-3-658-02744-5_8, © Springer Fachmedien Wiesbaden 2014

eller Ethik und politischer Kultur thematisiert (Platon 2005, Buch II und III, 376d-398b). Die an dieser Stelle diskutierte notwendige Reinigung der archaischen Narrative über Menschen und Göttern dient der Verankerung von unzweideutigen Wertmaßstäben im frühen Kindesalter. Diese individuelle Wertorientierung soll gleichzeitig einen Beitrag zur Bewahrung einer nicht-relativistischen politischen Kultur auf der Ebene der kollektiven Bürgerschaft leisten.

Steht also bereits am Anfang des politischen Denkens des Abendlandes eine grundsätzliche Überlegung, inwiefern Narrative, ethisches Handeln und politische Kultur zusammenhängen, so ist es erstaunlich, dass diese Frage in der politikwissenschaftlichen Forschung in Bezug auf liberale Gesellschaften bisher nur marginal Betrachtung gefunden hat. Angesichts dieses Versäumnisses der Politikwissenschaft ist es auch nicht verwunderlich, dass im Jahr 2005 ein Politikwissenschaftler (Strohmeier 2005, S. 7–15) kurzzeitige Medienaufmerksamkeit mit der These gewinnen konnte, Benjamin Blümchen und Bibi Blocksberg vermittelten ein problematisches Bild von Politik und unterminierten die Autorität von Politik und staatlichen Institutionen. Abgesehen von einer gewissen Skurrilität der Fragestellung und ernsthaften methodischen Schwierigkeiten bei deren Beantwortung, ist der Gedanke an sich nicht von der Hand zu weisen: Literarische oder mündlich tradierte Narrative haben einen Einfluss auf das Wertesystem einer Gesellschaft.[1] Die Vermittlung von Ideen durch Romane, Gedichte, Filme etc. hat eine wesentlich unmittelbarere, oftmals affektive Wirkung auch auf Menschen, die sich mit politischen Theorien auf abstrakter Ebene nicht auseinandersetzen. Es ist folglich an der Zeit, dass auch die Politikwissenschaft, sich intensiver mit der kollektiven Wirkung von literarischen Narrativen beschäftigt als bisher.

Für den vorliegenden Beitrag wird ein politisch-theoretischer Zugang gewählt, der allerdings mit einer zentralen Schwierigkeit verbunden ist. Denn wählt ein Autor die Form der Erzählung für die Darbietung seiner politischer Ideen, so scheint damit bei weitem nicht der gleiche Wahrheitsanspruch verbunden zu sein wie beispielsweise bei einem philosophischen Traktat, der sich an rationalen Kriterien, insbesondere in Hinblick auf seine inhärente Logik messen lassen muss. Wie kann man hingegen einer literarischen Fiktion rational begegnen? Nach welchen Maßstäben kann man sie bewerten? Um die hier angesprochenen Probleme zu

---

[1] So ist beispielsweise zu beobachten, dass der Erfolg des SM-Romans *Shades of Grey* zu bemerkenswerten Umsatzsteigerungen bei den Anbietern von Sex-Paraphernalia geführt hat, die für Praktiken benötigt werden, welche bislang gesellschaftlich tabuisiert waren. Ein weiteres Beispiel für gesellschaftliche Auswirkung von Literatur ist der sogenannte „Werther-Effekt" (Ziegler und Hegerl 2002, S. 41–49), der einen Zusammenhang zwischen der Lektüre von Goethes *Leiden des jungen Werther* und der zeitgenössischen Vielzahl von Suiziden bei dessen Leserschaft impliziert.

vermeiden nutzt der vorliegende Beitrag eine Kombination aus einer literaturwissenschaftlichen und einer analytisch-hermeneutischen Methode aus dem Bereich
der Politischen Philosophie. Die Grundlagen der Textanalyse nach Krah (2006, S.
34–40; Kap. 3, 5) bilden das Instrumentarium, um die immanente „Weltordnung"
literarischer Texte zunächst ohne Ansehen des Autors zu erfassen. Die analytisch-
hermeneutische Methode nach Zehnpfennig (2002, S. 32–34; Hansen 2008, S. 27 f.;
Kainz 2012, S. 30–34) lässt sich mit dieser textimmanenten Vorgehensweise ideal
kombinieren und eröffnet die Möglichkeit, den Text auf der Grundlage seiner eigenen Prämissen auf seine logische Konsistenz zu prüfen und somit auch einen rein
fiktionalen Text einer theoretischen und rationalen Untersuchung zu unterziehen.

1.2 Ayn Rands Roman *Atlas Shrugged* und die liberale Gesellschaft

Der Roman *Atlas Shrugged* (zit.AS), das literarisch-ideologische Hauptwerk der
russisch-amerikanischen Autorin Ayn Rand,[2] hat sich in den USA seit seiner
Erstauflage von 1957 millionenfach verkauft und erfreut sich in wirtschaftsliberalen
und konservativen Kreisen großer Beliebtheit. Es gibt eigene Institute, die dem allei-
nigen Zweck gewidmet sind, die Ideen von Ayn Rand zu fördern und zu vertreten,
wie beispielsweise die *Atlas Society* oder das *Ayn Rand Institute*. Gehört der tau-
sendseitige Roman in den USA also in die Bibliothek jedes guten Marktliberalen,[3]
so hat das Werk in Deutschland vergleichsweise wenig Beachtung gefunden – weder
als populäres literarisches Werk, noch als Buch, das der politikwissenschaftlichen
Analyse zugänglich gemacht werden sollte.[4]

---

[2] Die Autorin wurde 1905 in St. Petersburg als Alissa Sinowjewna Rosenbaum geboren
und nahm den Namen Ayn Rand erst nach ihrer Flucht in die USA an. Zur Lebens- und
Werkgeschichte von Rand sind zwei Monographien jüngeren Datums (Burns 2009; Heller
2009) zu empfehlen. Für einen informierten Überblick über Leben, Werk, Figurenzeichnung,
etc. ist auf den *Ayn Rand Companion* von Gladstein (1999) zu verweisen, wobei die Autorin
dem Lager der Rand-Anhänger zuzurechnen ist.

[3] Zur Entstehungszeit dieses Beitrags wurde in den USA eine hitzige Debatte darüber
ausgetragen, ob und inwiefern der „running mate", Paul Ryan, des republikanischen Prä-
sidentschaftskandidaten 2012, Mitt Romney, durch Rands Ideen beeinflusst sei. In einer
Rede bei der *Atlas Society* bekannte er sich unzweideutig zum maßgeblichen Einfluss ihrer
Romane auf seine Überzeugungen (Wallaschek 2012, S. 9–13; Quack 2012; Atlas Society
2012).

[4] Eine neue deutschsprachige Übersetzung (Rand 2012) ist im Jahr 2012 erschienen und
hat zwar ein gewisses Echo in der Qualitätspresse erhalten, wird aber voraussichtlich in
Deutschland kein Verkaufsschlager werden, da Rand hierzulande weitgehend unbekannt ist.

Aus Sicht der Politischen Theorie ist diese bisherige Missachtung bedauerlich – denn wenngleich die radikalindividualistischen Ideen Rands für die Mehrheit der Kontinentaleuropäer absurd anmuten mögen, so sollte nicht übersehen werden, dass der Text und die darin transportierte Ideologie bei weiten Teilen der amerikanischen Bevölkerung auf fruchtbaren Boden fallen und folglich auch politisch virulent werden können. Es ist also sowohl für Politikwissenschaftler als auch für Amerikanisten unabdingbar, sich mit der Ideologie auseinanderzusetzen, die in *Atlas Shrugged* in narrativer Form vermittelt wird. Der Roman ist von Rand geschrieben worden, um den Gefahren, die aus einer Verabsolutierung des Gleichheitsdenkens folgen, eine intellektuelle Gegenposition entgegenzusetzen. Er ist sowohl Spiegel einer gesellschaftlichen Geisteshaltung, die Ayn Rand ihrer Zeit diagnostiziert, als auch ein Versuch, diese Geisteshaltung intellektuell zu überwinden und durch einen neuen *moral code* zu ersetzen. Es handelt sich also um eine Form der literarischen Auseinandersetzung darüber, welche hegemonialen Denkmuster sich in der politischen Kultur einer freiheitlichen Gesellschaft durchsetzen müssen, um die freiheitliche Gesellschaft zu erhalten. Frappierenderweise jedoch schlägt Ayn Rands Eintreten für den Liberalismus in ihrem antitotalitären, individualistischen Impetus selbst in totalitäre Denkmuster um.

Um dies auszuführen, soll in einem ersten Schritt (2.) eine knappe Inhaltsangabe des Textes erfolgen. Im nächsten Schritt (3.) soll die zugrundeliegende Theorie entfaltet und untersucht werden. Dabei soll nachgewiesen werden, dass es Rand auf eine sehr bemerkenswerte Weise gelingt, scheinbar unvereinbare Prinzipien zu vereinen: eine quasi-marxistische geschichtsdeterministische Sichtweise mit einer Theorie der Ungleichheit, wie sie von Denkern wie Nietzsche oder Machiavelli vertreten wird. Am Schluss der Ausführungen (4.) wird die Frage nach der Stellung eines solchen Narrativs im liberalen System aufgeworfen.

2   „Who is John Galt?" – Von *prime movers* und *second handers*. Die dualistische Weltordnung in *Atlas Shrugged*

Die Handlung des Romans ist in den USA angesiedelt, die in der Fiktion von Verfallsprozessen gekennzeichnet sind: eine Vielzahl von Unfällen durch menschliches und materielles Versagen, das zunehmende Zusammenbrechen der Infrastruktur, wachsende Armut und Obdachlosigkeit, etc. *Atlas Shrugged* basiert dabei auf einem dualistischen Weltbild. Der Fortschritt und das Überleben der gesamten Menschheit hängen von der Existenz und der Wirkmächtigkeit von herausragenden Individuen ab, die gewissermaßen als Motoren menschlicher Entwicklung fungieren. Ihnen gegenüber stehen die Vertreter einer Gleichheitsideologie, die manchmal als marxistisch, manchmal als christlich geprägt charakterisiert wird. Die Kernthese des Textes ist es, dass die (marxistische) Gleichheitsideologie, sobald sie gesellschaftliche Hegemonie entwickelt, zum gesellschaftlichen Niedergang, ja, zu einer kollektiven Selbstvernichtung führen muss. Das Wirken der herausragenden Individuen kann diesen Prozess nicht stoppen, sondern nur retardieren: Das Erkennen dieses Zusammenhangs kommt dem überlebensgroß gezeichneten John Galt zu, einem Ingenieur, der den Prototypen eines Motors geschaffen hat, der alle Energieprobleme der Menschheit lösen könnte. Galt ist damit die fleischgewordene Metapher für den „Übermenschen" als Motor der Geschichte. Die Einsicht in den bevorstehenden Sieg der Gleichheitsideologie, die zur Herrschaft von Inkompetenz und Schwäche, schließlich in den Untergang führen muss, führt Galt zu der Entscheidung, die „persons of ability" zu identifizieren, sie zu einem Rückzug aus der Welt zu bewegen und in Streik treten zu lassen: Atlas Shrugged – die Riesen, die die Welt auf ihren Schultern tragen, zucken mit den Achseln und ziehen sich mit gleichgesinnten herausragenden, freiheitsliebenden und schaffenden Individuen, die als die letzten Bollwerke gegen den kollektiven Verfall stehen, in ein verborgenes Tal („Galt's Gulch", AS, S. 643–746) in den Rocky Mountains zurück, um den Verfallsprozess zu beschleunigen. Ähnlich wie in der marxistischen Theorie läuft die Geschichte also automatisch auf einen totalen Zusammenbruch hinaus, der jedoch nötig ist, um auf den Trümmern der alten Gesellschaft eine neue und bessere unter der Ägide der herausragenden Individuen zu errichten.

Der Übermensch, John Galt, ist zwar von Anfang an präsent – nämlich in der Phrase „Who is John Galt?", die als Slangausdruck von verschiedenen Personen verwendet wird, um die achselzuckende Resignation mit dem zunehmenden Verfall von Infrastruktur und Gesellschaft zum Ausdruck zu bringen – tatsächlich in Erscheinung tritt er als Figur jedoch erst im letzten Drittel des Romans (AS, S. 644). Vorher wird ein großer Teil der Handlung aus der Perspektive der beiden anderen Protagonisten, Dagny Taggart und Henry „Hank" Rearden, vermittelt, die beide durch ihre Exzeptionalität im Vergleich zum Rest der handelnden Personen hervorstechen. Gekennzeichnet sind sie durch Risikobereitschaft, Tatkraft, Entscheidungsfreudigkeit, natürliche Autorität, Urteilsfähigkeit – Charaktereigenschaften, die sich auch in der Schilderung ihrer Physis niederschlagen (z. B. AS, S. 20, 34).

Dagny Taggart hat mit ihrem Bruder James („Jim") das Eisenbahnimperium, das von ihrem Urahnen gegründet wurde, geerbt und ist als Frau und studierte Ingenieurin für das operative Geschäft zuständig, während ihr Bruder als Präsident des Imperiums fungiert. Jim Taggart wird von Anfang an als Antagonist zu Dagny inszeniert:[5] Er ist Anhänger der Gleichheitsideologie, verachtet es, in ökonomischen Kategorien zu denken, zeichnet sich durch die Unfähigkeit aus, Entscheidungen zu treffen, ist jedoch gleichzeitig gut politisch vernetzt, in einem Geflecht von korrupten Politikern und anderen Persönlichkeiten aus der Wirtschaft, die ähnlich inkompetent sind wie er.

Hank Rearden ist die Verkörperung des amerikanischen „self-made man". Er hat es durch harte Arbeit geschafft, sich ein Stahlimperium aufzubauen, dessen Werke in Philadelphia angesiedelt sind. Auch er hat im Roman einen Antagonisten innerhalb der Familie, nämlich seine Frau Lillian, die unterstützt wird von Hanks Bruder und seiner Mutter. Der hart arbeitende und Werte schaffende Rearden wird von seiner Familie in einem Zustand der Unterordnung und des schlechten Gewissens gehalten (z. B. AS, S. 38–48). Seine Frau gibt ihm zu verstehen, dass sie seine sexuellen Bedürfnisse als tierisch und primitiv empfindet (z. B. AS, S. 152 f.), während die ganze Familie ihm ohne Unterlass wegen seines Profitstrebens und seiner Freude an der Arbeit Vorhaltungen macht. Sie profitieren von seinem Reichtum und kritisieren ihn gleichzeitig, weil er es geschafft hat, sich diesen zu erarbeiten. Sie werfen ihm vor „[…] he holds us all in bondage" (AS, S. 48), während sie seitens der Textposition als die wahren Parasiten dargestellt werden, die ihren Wirt durch die Erzeugung eines schlechten Gewissens in ihrem Bann halten. Es bedarf einer leidenschaftlichen Liebesaffäre mit Dagny Taggart, um diese Bande zu sprengen und die für Rand natürliche Weltordnung wiederherzustellen, in der sich die Schaffenden vereinen. Zu einem späteren Zeitpunkt kommt es in der logischen Konsequenz dieser dualistischen Weltordnung auch zwischen Jim Taggart und der Frau von Hank Rearden zu einer sexuellen Begegnung:

> Afterward, it did not disappoint him (Jim Taggart, P.K.) that what he had possessed was an inanimate body without resistance or response. It was not a woman that he had wanted to possess. It was not an act in celebration of life that he had wanted to perform – but an act in celebration of the triumph of impotence (AS, S. 824).

Neben Dagny Taggart und Hank Rearden werden noch eine Reihe weiterer Protagonisten eingeführt, die hier zumindest Erwähnung finden sollten. Popkulturell überspitzt formuliert handelt es sich um eine *League of Extraordinary Gentlemen*: Zu nennen ist der Philosoph Ragnar Danneskjöld, ein enger Freund von Galt, der zum gefürchteten Piraten geworden ist. Er hat für sich die logische Konsequenz aus dem Vorherrschen der Gleichheitsideologie gezogen, dass eine Gesellschaft, die vom Raub (durch Steuern und Auflagen) an den starken Individuen lebt, es

---

[5] Ein ähnlicher Antagonismus zwischen Charakteren, die Rand als *prime mover* und *second-hander* bezeichnet, wird in dem Roman *The Fountainhead* verhandelt. *Atlas Shrugged* greift diese Opposition auf und setzt sie in einen größeren sozialen Kontext.

auch nicht anders verdient hat, als selbst ausgeraubt zu werden: Gewalt erzeugt Gegengewalt. Ferner ist der als Playboy verschriene Francisco D'Anconia zu erwähnen, ebenfalls ein Freund von Galt und Erbe eines Milliardenimperiums von Kupferminen. D'Anconia war der erste Geliebte von Dagny Taggart – ein Mann von großer Fähigkeit und Talent, der allerdings auf den falschen Weg gekommen zu sein scheint und sein Imperium zugrunde richtet. Im Laufe der Handlung stellt sich jedoch heraus, dass dies mit dem Ziel geschah, die vorhandenen Ressourcen zu vernichten, von denen sich die Gleichheitsgesellschaft langfristig parasitär ernähren könnte. Eine Reihe weiterer herausragender Persönlichkeiten aus Wirtschaft, Wissenschaft, Recht, Kunst, etc. hat sich in „Galt's Gulch" eine eigene perfekte Welt geschaffen. Die Handlung entwickelt sich durch das geschäftlich bedingte Zusammentreffen von Rearden und Dagny Taggart, die eine hochgradig sexualisierte Liebesaffäre beginnen. Auf einer gemeinsamen Fahrt (AS, S. 261–273) durch einen Landstrich, der bereits durch die Folgen der Gleichheitsideologie auf das Niveau eines Drittweltstaates heruntergewirtschaftet wurde, stoßen sie auf ein Modell eines Motors, der die Lösung für sämtliche Energieprobleme der Welt bedeuten würde. Auf der Suche nach dem Schöpfer dieses Motors gelangt Dagny Taggart schließlich zu der Erkenntnis, dass es irgendwo einen Zerstörer geben müsse, der bewusst den Zusammenbruch betreibt: Grund ist, dass rund um sie alle Personen von individueller Befähigung und Tauglichkeit verschwinden, auf die sie jedoch angewiesen wäre, um ihr Eisenbahnimperium zu retten. Der Zerfall der Gesellschaft schreitet währenddessen in großer Geschwindigkeit voran, unterstützt durch die politischen Entscheidungen von Jim Taggart und seinen Freunden, die die USA auf den Weg in eine Zentralverwaltungswirtschaft führen und einen guten Teil des amerikanischen Reichtums an „people's states" in ärmeren Teilen der Welt verschwenden – alles im Sinne der Gleichheit und der von ihnen hochgehaltenen Mitmenschlichkeit. Schließlich findet Dagny Taggart den „Zerstörer" in seinem versteckten Tal in den Rockies: John Galt. Sie verliebt sich in Galt, kann jedoch noch nicht von der Welt lassen und versucht, nach ihrer Rückkehr nach New York, weiterhin ihren Eisenbahnkonzern zu retten. Der Roman erreicht einen Höhepunkt mit der berühmten Rede John Galts, die über alle Radiokanäle in den USA ausgestrahlt wird. Hier wird im Kern noch einmal die Ideologie des Romans auf gut sechzig Seiten (AS, S. 923–979) komprimiert vorgetragen. Das öffentliche Erscheinen Galts führt zu allgemeiner Panik und Verzweiflung in der Bevölkerung und nach dem populären Ruf, die Regierung solle die starken Individuen zum Ende ihres Streiks bewegen. Schließlich führt Dagny Taggart ihren Bruder und seine Schergen versehentlich zu dem national gesuchten Galt.

In einer direkten Auseinandersetzung mit Jim Taggart und seinem ehemaligen Lehrer, Dr. Robert Stadler, bleibt Galt aber als Sieger zurück. Taggart lässt Galt zwar foltern, um ihn zur Kooperation zu zwingen, aber sowohl er als auch Stadler enden in geistiger Umnachtung, da Galt sie dazu zwingt ihr wahres, nihilistisches Wesen zu erkennen. Galt behält am Ende recht mit seiner These, dass die Kollektivisten eigentlich nach dem Tod strebten, ohne dies zu erkennen. Kein Mensch könne jedoch noch leben, wenn er erkannt habe, dass er eigentlich den Tod wolle. Folglich erklärt Galt auch nach seiner Befreiung durch seine übermenschlichen Freunde, diese sollten sich nicht mehr um die Verfolgung seiner Feinde kümmern: „[...] you'll find that there's nothing left of them to kill." (AS, S. 1057).

Am Ende des Romans ist der Untergang Amerikas, wenn nicht der ganzen Welt, besiegelt. Dieses Ende der Tage wird nicht näher beschrieben, außer mit dem Hinweis auf die darauf folgende Zerstörung und die Dunkelheit des Landes:

> They could not see the world beyond the mountains, there was only a void of darkness and rock, but the darkness was hiding the ruins of a continent: the roofless homes, the rusting tractors, the lightless streets, the abandoned rail. (AS, S. 1069)

Letztlich muss eine Selbstzerfleischung der Gesellschaft angenommen werden, die im Roman allerdings nur angedeutet wird. Die starken Individuen verbringen diese Übergangsphase unbehelligt von der Außenwelt in ihrem Versteck in den Rockies. Dort nehmen sie sich Zeit, die Verfassung neu zu schreiben und einen wichtigen Zusatz aufzunehmen und ihre vermeintlichen Widersprüche zu beseitigen: „Congress shall make no law abridging the freedom of production and trade." Der Roman endet mit der Rückkehr der *prime movers* in die Welt, um auf den Trümmern der alten Zivilisation eine neue Weltordnung zu errichten:

> ‚The road is cleared,' said Galt. ‚We are going back to the world.' He raised his hand and over the desolate earth he traced in space the sign of the dollar. (AS, S. 1069)

3 „Durch das Tal der Tränen zu einer besseren Zukunft" – Totalitäre Elemente in Ayn Rands Weltentwurf

Versucht man Rands Denken mit einem Label zu versehen, so wird häufig auf den Begriff „Libertinismus" oder „libertarian" zurückgegriffen. Sicherlich ist das auch in vielerlei Hinsicht zutreffend, denn sie strebt tatsächlich eine Gesellschaft als Ideal an, in der es so gut wie keine Grenzen für das individuelle Streben gibt. Kulturell soll es keine einhegenden Normen mehr geben, die dem Individuum und seinen Präferenzen Schranken auferlegen – in dieser Hinsicht sind beispielsweise ihre

Kritik an der christlichen Moral und ihr Eintreten für die freie Liebe zu verstehen. Das Christentum erscheint ihr als eine sinnes- und damit lebensfeindliche Religion der Schwäche. Doch auch und besonders im Bereich der Ökonomie setzt sie auf die Kraft der unbegrenzten Habgier – eine gute Regierung ist eine, die für Sicherheit sorgt und sich ansonsten nicht ins Leben der Bürger einmischt. Die Habgier und das Gewinnstreben erledigen den Rest von selbst: Sie sorgen für Wirtschaftswachstum und die Möglichkeit für alle, durch harte Arbeit und Gewinnstreben gesellschaftlich aufzusteigen. So treibt die Habgier den Fortschritt der Menschheit voran – denn im Wettbewerb mit den anderen setzen sich neue bessere Ideen durch. Im Kern ist Rands radikaler Liberalismus also mit Friedrich August von Hayeks Ansatz (Falk 2012, S. 91–96) vergleichbar.

Es erscheint zunächst widersprüchlich, wenn man angesichts einer derart freiheitsorientierten Ideologie, den Begriff des Totalitarismus in den Raum stellt. Rands eigene Erfahrung im kollektivistischen Russland der 1920er Jahre, die sie in dem autobiographischen Roman *We The Living* von 1936 (Rand 2011b) eindrucksvoll bearbeitet, zeugt vielmehr von einer antitotalitären Grundhaltung, die sie für ihre politische und ethische Theorie des *objectivism* (z. B. Rand 1961) auch immer in Anspruch genommen hat. Liest man ihre Aussagen, so erinnern diese in vielerlei Hinsicht an Positionen des klassischen Liberalismus, wie sie zum Beispiel im Werk von John Locke oder Adam Smith zu finden sind (z. B. Rand 1961, S. 30–36, 1966, S. 33).

Nun kommt es jedoch nicht selten vor, dass der subjektive Anspruch eines Autors und der objektive Sinn, der sich aus seinen eigenen Prämissen ergibt, auseinanderfallen (Zehnpfennig 2002, S. 33). In ihrer Ablehnung der marxistischen Ideologie schlägt Rands Verständnis des klassischen Liberalismus in etwas um, das sehr nahe an Grundelementen der Ideologie liegt, die Hitler in *Mein Kampf* entwickelt. Frappierenderweise greift die in *Atlas Shrugged* entwickelte Theorie jedoch gleichzeitig auch einige Elemente des Marxismus auf, die im folgenden Abschnitt näher betrachtet werden sollen.

3.1 Anthropologie der Ungleichheit als Kritik am Gleichheitsdenken

Rand geht von einer fundamentalen Ungleichheit zwischen den Menschen aus und steht damit Denkern wie dem platonischen Kallikles, Machiavelli, Nietzsche oder eben Hitler sehr nahe.[6] Für sie wird die Geschichte der Menschheit von den starken Individuen – Rand bezeichnet sie wohl in Anlehnung an Aristoteles' Überlegungen zum unbewegten Beweger als *prime movers* – geprägt, die durch ihren Willen

---

[6] Zum Vergleich der ähnlichen Denkstrukturen vgl. Zehnpfennig (2008).

und ihre Risikobereitschaft ihre eigenen Ziele definieren und diese gegen jeglichen Widerstand durchsetzen. Der Wille, die Welt nach ihrem Bilde zu verändern, ist es also, der die starken Individuen antreibt. Ganz plastisch wird diese quasi-göttliche Schaffenskraft im Roman *The Fountainhead* (zit. TF) von 1943 in der Figur des Protagonisten Howard Roark, einem Architekten, zum Ausdruck gebracht:

> He [Roark, P.K.] looked at the granite. To be cut, he thought, and made into walls. He looked at a tree. To be split and made into rafters. He looked at a streak of rust on the stone and thought of iron ore under the ground. To be melted and to emerge as girders against the sky.
> These rocks, he thought, are her for me; waiting for the drill, the dynamite and my voice; waiting to be split, ripped, pounded, reborn; waiting for the shape my hands will give them. (TF, S. 16)

Rand greift damit ein zentrales Motiv der westlichen Moderne auf, nämlich den Glauben an die Autonomie des Subjekts. Eine goldene Ära, in der diese Schaffenskraft wirken konnte, sieht Rand in der Jugend der amerikanischen Republik (TF, S. 683; AS, S. 972). Das ist die Zeit, in der der Urahn von Dagny Taggart ein Eisenbahnimperium errichten konnte, das noch zur Zeit der Handlung des Romans die USA wie Blutbahnen („like blood vessels") versorgt (AS, S. 15).

Die fundamentale Ungleichheit äußert sich insbesondere in der natürlichen Hierarchie, die Rand im Roman entstehen lässt und die zunächst zwischen den Schaffenden (Galt, D'Anconia, Rearden) und den Zehrern (z. B. Jim Taggart) besteht. Doch selbst zwischen den exzeptionellen Charakteren gibt es eine Hierarchie. John Galt ist seinen Mitstreitern überlegen und übernimmt eine Führerrolle – aufgrund seiner natürlichen Autorität. Besonders deutlich wird dies durch die Entwicklung der Paarbeziehungen Dagny Taggarts: Ist diese zunächst mit Hank Rearden liiert, führt das Zusammentreffen mit Galt dazu, dass sie diese Beziehung beendet, da sie in Galt den noch besseren Mann erkennt. Interessanterweise nimmt Rearden diese Zurückweisung auch hin, ohne um sie zu kämpfen: Er ordnet sich automatisch dem Besseren unter.

Die Idee der Gleichheit und die damit verbundene Mittelmäßigkeit jedoch wirken nach Rand wie Gift auf die Gesellschaft. Sie untergraben Eigeninitiative, schaffen ein Klima, in dem die Bürger meinen, sie hätten einen Anspruch auf Transferleistungen durch die Gesellschaft und schränken die Spielräume der Schaffenden ein. Die moralische Grundlage ziehen die Kollektivisten oder *second handers*, wie Rand sie nennt, aus dem christlichen Gebot der Nächstenliebe. Das Mitleid mit den Ärmeren oder weniger vom Leben Begünstigten wird einerseits als Entschuldigung für individuelles Versagen bei der Gestaltung des eigenen Lebens, andererseits als Waffe gegenüber den schaffenden Individuen gebraucht. Hank Rearden ist in *Atlas*

Shrugged das Beispiel dafür, wie ein Starker durch eine Moral gebunden wird, die er selbst zwar nicht nachvollziehen kann, die ihm aber von seiner Umwelt aufgezwungen wird: Die Folge ist sein schlechtes Gewissen, weil er diese Form des Mitleidens mit anderen nicht kennt und sich im Vergleich zur Mehrheit der anderen also unnormal und minderwertig fühlt.

Die geistige Nähe zu einer Argumentation wie sie Nietzsche beispielsweise in *Zur Genealogie der Moral* oder auch im *Anti-Christ* entwickelt, ist erkennbar. Und man findet ganz ähnliche Gedanken in Kap. 11 von *Mein Kampf*, in dem Hitler (1936, S. 318–323) die Menschen in kulturbegründende (Arier), kulturtragende (z. B. Japaner) und kulturzerstörende Rassen (Juden) unterteilt. Eine analoge Dreiteilung ist auch im Roman auf der Ebene von Individuen erkennbar, da es eine Reihe von Personen gibt, die nicht mit den Kollektivisten (also den Kulturzerstörern) kooperieren (so z. B. Dagnys Jugendfreund Eddie Willers, der am Schluss jedoch auch zugrunde geht), aber auch nicht die Chance ergreifen, selbst exzeptionell zu sein. Sie folgen den Schaffenden, erreichen jedoch nie deren Höhe.

Es ist wichtig festzuhalten, dass an dieser Stelle nur auf Ähnlichkeiten zu Hitlers Denken hingewiesen wird, womit keinesfalls die Behauptung verbunden ist, die beiden Ideologien seien gleichzusetzen. Es bedeutet darüber hinaus nicht, dass Rand von Hitler beeinflusst war oder gar dessen Ideen goutiert hat. An verschiedenen Stellen grenzt sie sich klar vom Nationalsozialismus ab (Rand 1965, S. 14, 1966, S. 32 f.), den sie als kollektivistische und damit menschenfeindliche Idee verdammt. Die Ähnlichkeit in der Struktur des Denkens ist jedoch schwer zu übersehen und leitet sich notwendigerweise aus den gleichen Prämissen in Bezug auf die Ungleichheit der menschlichen Natur her. Selbstverständlich argumentiert Rand dabei auf der Ebene von Individuen und nicht von Völkern – die Idee, dass es klassifizierbare Typen von Menschen (Schaffende, Erhaltende, Zerstörer) gibt, ist jedoch vollkommen vergleichbar. Festzuhalten ist in diesem Zusammenhang auch, dass bei Rand keine bestimmte Gruppe als Träger der Gleichheitsideologie identifiziert wird. Für Hitler sind es die Juden, die den Marxismus als Ideologie der Gleichheit erfunden haben, um selbst herrschen zu können (Zehnpfennig 2002, S. 141–143, 293–299). Bei Rand ist die Gleichheitsideologie einfach irgendwann in der Welt – es gibt also niemanden, den man als „Erzfeind" verantwortlich machen würde.[7] Am Ende läuft jedoch auch Rands Denken auf eine Freund-Feind-Unterscheidung heraus, wie sie sich in totalitären Ideologien äußert – es wird lediglich darauf verzichtet, eine be-

---

[7] Diese Aussage trifft nur für *Atlas Shrugged* zu. In *The Fountainhead* wird die Gleichheitsideologie gewollt und bewusst als Machtmittel von dem – interessanterweise als körperlich minderwertig beschriebenen – Ellsworth Toohey verwendet und verbreitet. Er ist freilich auch nicht deren Erfinder, sondern wendet sie nur umfassend an.

stimmte Gruppe von Menschen als Erzfeind (Juden, Kapitalisten oder Ungläubige) zu definieren, zu deren Vernichtung man selbst berufen ist.

3.2 Freund-Feind-Denken, vorgezeichneter Geschichtsprozess und der Tod von Millionen

Wenn der Fortschritt der Menschheit durch die starken Individuen betrieben wird und der Rest der Gesellschaft sich parasitär von diesen Individuen ernährt, sie sogar mittels sozialpolitischer Umverteilungsmaßnahmen ihrer Freiheit und ihres Eigentums beraubt, so wird die Gesellschaft selbst zum Feind, den man auch nicht zu schonen braucht. Vielmehr erscheint es als eine weltgeschichtliche Aufgabe, sich von dem Feind und seiner Ideologie zu befreien – denn siegt der Feind, so bedeutet dies den Untergang der Menschheit. Diese relativ simple Form der Freund-Feind-Unterscheidung folgt logisch aus Rands Theorie – mit erschreckenden Folgen, zumindest in der literarischen Fiktion.

Rand verzichtet jedoch darauf, zu einer offenen Revolution und zum gewalttätigen Widerstand gegen die „Kollektivisten" aufzurufen. In *Atlas Shrugged* findet sie eine wesentlich elegantere Lösung, um die Vernichtung des Feindes darzustellen. Sie greift dabei ironischerweise auf einen geschichtstheoretischen Ansatz zurück, der in ähnlicher Form auch in der Theorie des Marxismus, des Nationalsozialismus und des radikalen Islamismus zu erkennen ist.[8] Ausgehend von einem guten Urzustand (die jungen USA) kommt es zu einem Verfallsprozess, der im Untergang der Menschheit münden muss. Die *prime movers* verzögern diesen Prozess nur, da ihr Wirken ihm diametral entgegensteht. Langfristig können sie aber nicht gegen diese Ideologie der Gleichheit bestehen. Ein Wiederaufstieg ist jedoch möglich: In der marxistischen Ideologie folgt der Phase der Revolution und des rohen Kommunismus (Marx 2005, S. 84–86) ein automatischer gradueller Aufstieg in eine noch bessere Zukunft. Auch der Nationalsozialismus und der radikale Islamismus vertreten ein Modell des „Auferstanden aus Ruinen". Nur ist es hier der Wille derjenigen, die als gut und überlebenswert (Arier, wahre Gläubige) charakterisiert werden, welche die Errettung durch die bewusste und gewollte Vernichtung des Feindes erzwingen. In der marxistisch-leninistischen Praxis musste selbstverständlich auch irgendjemand aktiv die Ausrottung der Klassenfeinde betreiben, aber zumindest in

---

[8] Für den folgenden Gedankengang und einen ausführlichen Vergleich von NS-Ideologie und Kommunismus sowie dessen Übertragung auf den radikalen Islamismus, vgl. Zehnpfennig (2002, S. 276–290; S. 299 f.).; Hansen und Kainz (2007, S. 55–76).

der Theorie von Marx ist das etwas, das „einfach so" zu passieren scheint – eine zwangsläufige Folge des Geschichtsprozesses.

Rand mischt diese Prinzipien nun auf eine ganz eigene Weise. Indem die starken Individuen sich bewusst und gewollt aus der Welt zurückziehen, beschleunigen sie selbst den Verfall der feindlichen Gesellschaft: Es ist also der bewusste Willensakt, der den ansonsten linearen Verlauf der Geschichte verändern kann (AS, S. 924 f.). Der Untergang der gesamten menschlichen Zivilisation ist nicht zwangsläufig hinzunehmen, wenn es gelingt, den besseren Teil der Zivilisation, der das wahrhaft Menschliche repräsentiert, aus den Mechanismen der egalitären Gesellschaft zu befreien. Ähnlich wie in den schon genannten totalitären Ideologien ist jedoch der Weg durch ein „Tal der Tränen" eine notwendige Voraussetzung des Wiederaufstiegs zum Guten oder gar zum Besseren. Nur: In Rands Denken muss sich keines der starken Individuen selbst die Finger schmutzig machen, indem es den feindlichen Teil der Menschheit aktiv bekämpft oder zu vernichten versucht. Die egalitäre Gesellschaft nimmt ihre Selbstvernichtung schließlich automatisch in die eigenen Hände, denn mit dem Ausscheiden der Schaffenden aus der Welt nimmt der Geschichtsprozess auf beschleunigte Weise seinen natürlichen Lauf, an dessen Ende die Feinde sich selbst zerstört haben und die starken Individuen eine neue Herrenrasse begründen können. Das klingt nun stark zugespitzt – aber im Kern läuft es darauf hinaus: die Neubesiedlung eines Kontinents durch die von Natur aus Besseren, nachdem alles Schwache und Minderwertige ausgemerzt worden ist. Rand selbst zelebriert diese Selbstvernichtung der „Kollektivisten" in Form einer literarischen Hinrichtung an einer Stelle in *Atlas Shrugged* – und offenbart dabei eine erschreckende Gewalttätigkeit. An dieser zentralen Stelle wird der Tod eines ganzen Zuges voller Menschen beschrieben, der durch Inkompetenz verursacht wird. Man lässt einen Zug mit einer Dampflok durch einen Eisenbahntunnel fahren, was zum Erstickungstod der Insassen führt. Die Stelle ist im Text gut zwei Seiten lang und kann auszugsweise zitiert werden:

> The man in Bedroom A, Car No. 1, was a professor of sociology who taught that individual ability is of no consequence, that individual effort is futile [...] and that it's the masses that count, not men. [...]
> The woman in Roomette 10, Car No. 3, was an elderly school teacher who had spent her life turning class after class of helpless children into miserable cowards, by teaching them that the will of the majority is the only standard of good and evil [...].
> The man in Bedroom A, Car 14, was a professor of philosophy who taught that there is no mind [...].
> These passengers were awake; there was not a man aboard the train who did not share one or more of their ideas. As the train went into the tunnel, the flame of Wyatt's Torch (eine brennende Ölquelle, P.K.) was the last thing they saw on earth (AS, S. 585–560).

Die Stelle ist entlarvend, denn sie offenbart, mit welchem Hass und mit welch einem Vernichtungswillen Ayn Rand hier einen Teil der Menschheit als „lebensunwertes" Leben identifiziert. Wie anderen Ideologen geht es ihr um die Rettung der Menschheit – der Maßstab dafür jedoch, was als menschlich und damit als bewahrens- und schützenswert betrachtet werden darf, wird durch die Ideologin selbst vorgegeben. Individuelle Rechte, Menschenrechte gelten nur für diejenigen, die zu den Schaffenden gehören und die dazu in der Lage sind, mit anderen Menschen in einer auf radikalem Egoismus basierenden Vertragsgemeinschaft zusammenzuleben.

3.3   Der Mensch als Schöpfer seiner selbst – Ayn Rand als moderne Gnostikerin

Diese Gedanken leiten über zu einer letzten Betrachtung, ehe eine Gesamtbewertung in Hinblick auf die Bedeutung eines solchen Romans für die politische Kultur einer liberalen Gesellschaft vorgenommen werden soll. Rands Denken lässt sich anhand des von Voegelin (1999, S. 57–90, 105–128) entwickelten Konzepts der modernen Gnosis als im Kern gnostisch verstehen. Für Voegelin ist die Gnosis durch den Glauben gekennzeichnet, der Mensch könne an die Stelle Gottes treten und die Welt nach seinem Willen formen. So erklärt er auch die Totalitarismen des 20. Jahrhunderts als eine Form des gnostischen Willens, den Menschen zu vergotten, was nur funktionieren kann, wenn vorher der alte Gott „ermordet" wird. Wenngleich die historische Traditionslinie der Gnosis, die er von der Antike bis in die Gegenwart nachzeichnet, in dieser Hinsicht nicht ganz unproblematisch ist, so eignet sich Voegelins Konzept als Analysefolie durchaus. Auch Ayn Rand lehnt jegliche Form von Religion als irrationale Einbildung (*mysticism*) ab. Das Christentum ist für sie darüber hinaus noch eine Religion der Schwäche, die der Fesselung der Starken dient. Die Alternative, die sie in ihrer Weltordnung entfaltet, setzt an die Stelle Gottes den Menschen, der sich seine äußerlich vorgegebene, erkenn- und verstehbare Lebensumwelt nach seinem Bilde formt. Denn darin liegt ja für Rand das eigentlich menschliche Charakteristikum: Im Schaffen von Neuem, in der Entfaltung einer menschlichen Zivilisation, die zu immer neuen Höhen getrieben wird, angetrieben durch den Egoismus des Einzelnen. Unklar bleibt selbstverständlich, woher die objektive Natur kommt, denn Rand geht nicht so weit, zu behaupten, dass auch die Natur ein Produkt des Menschen ist.[9] Dies ist ein zentraler Gedanke

---

[9] Wenn es daran geht, die Herkunft des Menschen und der Natur zu bestimmen, antwortet Marx mit dem berühmten „Frageverbot", das Voegelin (1999, S. 69–73) sehr anschaulich herausgearbeitet hat.

ihrer Philosophie des „Objektivismus", mit dem sie sich gegen konstruktivistische Deutungen der Realität abzugrenzen versucht. Der Ablehnung einer transzendent orientierten Religion setzt Rand jedoch ein quasi-religiöses, weltimmanentes Symbolset gegenüber, das hier nur knapp aufgelistet wird und Analogien in totalitären Systemen findet:

- der Heilsbringer/Messias: John Galt (inklusive Martyrium auf der Folterbank);
- Renegaten: z. B. Galts ehemaliger Lehrer, der Physiker Dr. Robert Stadler
- das Zeichen der Gläubigen: das Dollarzeichen;
- das Glaubensbekenntnis: „I swear by my life and the love of it that I will never live for the sake of another man, nor ask another man to live for mine." (AS, S. 670 f.)
- die klösterliche Gemeinschaft: „Galt's Gulch";
- die Hölle: das Leben unter der Vorherrschaft der Kollektivisten;
- das gelobte Land: der amerikanische Kontinent;
- das Böse: die Idee der Gleichheit; et cetera.

4 Totalitäres Denken, Liberalismus und die Rolle von Narrativen im liberalen Staat

Ayn Rands Weltentwurf in *Atlas Shrugged* trägt totalitäre Züge und weist auch die für totalitäres Denken typischen pseudo-religiösen respektive gnostischen Merkmale auf.[10] Die Anthropologie von Rand gleicht in vielerlei Hinsicht dem Denken, das auch Hitlers *Mein Kampf* zugrunde liegt. Die dualistische Zeichnung der Weltordnung hat eine Trennung der Welt in gut und böse zufolge. Die Kräfte des Guten, verkörpert durch die *prime movers*, stehen für die absolute Avantgarde der Menschheit, die es um jeden Preis zu bewahren gilt. Dem Rest der Menschheit wird das Lebensrecht aberkannt, solange dieser es verweigert, gemäß Rands Ideal zu leben und stattdessen der alles nivellierenden Gleichheitsideologie anhängt.[11] Es ist folglich für die Schaffenden auch völlig legitim, sich zur Wehr zu setzen, indem sie

---

[10] Dass der Ayn Rand Kult in den USA in sich bereits totalitäre Züge trägt, kritisierte der amerikanische „Anarchokapitalist" Murray N. Rothbard (1972), dessen wirtschaftspolitische Vorstellungen denen von Rand eigentlich sehr ähnlich sind.

[11] Ein Einwand gegen diese Argumentation könnte darin bestehen, auf die fiktionale Qualität des Werkes zu verweisen: Ein Roman sei nun einmal kein politisches Traktat. Dem ist entgegenzusetzen, dass Rand die Ideen, die sie zunächst narrativ vermittelt, nach den Erfolgen von TF und AS auch in non-fiktionaler Form in diversen Aufsätzen und Vorträgen vertreten hat. Die Kerninhalte ihres Denkens sind jedoch in der zentralen Rede John Galts enthalten.

den vermeintlich automatischen Prozess der menschlichen Selbstvernichtung noch beschleunigen. Für Rand gilt das gleiche Prinzip der Notwehr, das auch Denker wie Marx, Hitler oder Sayyid Qutb für sich in Anspruch nehmen (Hansen und Kainz 2007, S. 65): Die Rettung der Menschheit als Ganzes bedarf einer radikalen Säuberung von den Elementen, die der Verwirklichung menschlicher Größe entgegenstehen.

Doch nicht nur in der ideologischen Grundlage ist Rands Denken totalitär, sondern auch dessen Ausprägungen in einer Gesellschaft, die diese Ideen umsetzen wollte, müssten totalitär sein. Dies ist besonders bizarr, da Rand eigentlich eine besonders radikale Variante des Liberalismus zu vertreten scheint. Doch denkt man den Roman, der – und auch dies ist ein Muster, das beispielsweise bei einem Ideologen wie Marx erkennbar ist – mit der Rückkehr der Schaffenden in die Welt und damit vor der (literarischen) Verwirklichung der angestrebten Utopie endet, konsequent weiter, so muss man sich eine Gesellschaft vorstellen, die in allen Lebensbereichen nur eine theoretische Grundlage kennen kann: das Ideal des absoluten Egoismus. Rand deutet es bereits in ihrer Schilderung von „Galt's Gulch" an: Die ideale Gesellschaft muss in *allen Lebensbereichen* auf der von Galt vertretenen Ideologie basieren. So werden auch das Recht (sprich: die Verfassung), die Musik, die Philosophie, die Wirtschaft, die Ethik – kurz: sämtliche denkbaren Lebensbereiche – durch das Primat des radikalen Eigennutzkalküls geprägt sein.

Die Frage ist nur: Was passiert mit den Andersdenkenden bzw. ist ein Andersdenken überhaupt noch möglich? In dem Moment, in dem ein Bürger anfangen würde, zu hinterfragen, ob eine solche Gesellschaft auch gerecht sei, müsste er entweder von seinem „Irrtum" überzeugt oder aber zum Schweigen gebracht werden, weil der Zweifel den Bestand des gesamten Systems infrage stellen würde. „Wer das Leben beleidigt ist dumm oder schlecht", so heißt es im *Lied der Partei* – und in Rands idealer Welt trifft diese Formel genauso zu.

Dabei übersieht Rand, dass die marxistische Gleichheitsideologie eine Reaktion auf den Liberalismus selbst ist – nämlich auf dessen Versprechen der individuellen Befreiung des Menschen aus autoritären oder kulturellen Herrschaftsstrukturen. Die marxistische Ideologie stellt dieses Ziel des Liberalismus überhaupt nicht in Frage, sie ist nur der Auffassung, dass lediglich ein Teil der Gesellschaft die Segnungen individueller Freiheit genießen kann, solange die Besitzverhältnisse ungleich sind. Die kommunistische Forderung nach radikaler Gleichheit ist insofern die Konsequenz aus dem Freiheitsversprechen des Liberalismus selbst.[12] Ayn Rands

---

[12] Ideengeschichtlich lässt sich dieser Umschwung bereits in der Kritik Rousseaus an Locke nachweisen. Rousseau argumentiert im *Diskurs über die Ungleichheit*, dass die ökonomische Ungleichheit des Eigentums zu einer politischen Ungleichheit der Bürger führen muss. Die

Abgleiten in eine Form totalitären Denkens verweist folglich auch auf ein Grundproblem des Liberalismus. Dieser setzt das Reziprozitätsprinzip voraus – in der Gegenseitigkeit liegt die wesentliche Prämisse für ein Funktionieren des Systems. Dies wird sehr deutlich bei einem Denker wie John Locke, der immer dann sehr radikal wird, wenn er über diejenigen spricht, die sich nicht an Verträge halten und damit den Naturzustand ins Ungleichgewicht bringen: Solche Individuen seien mit wilden Tieren vergleichbar, die es zum Schutz der anderen Menschen zu vernichten gelte (Locke 2003, S. 14, 64, 140, 9–10). Die Liberalität des Liberalismus endet also dort, wo dessen Grundlagen betroffen sind. Das Vertragsdenken hat ein Verständnis von Gesellschaft zur Folge, in dem sich diese durch die Struktur bilateraler Verträge konstituiert. Eine gerechte Gesellschaft ist eine, in der Verträge eingehalten werden. Die Kritik an einem solchen Gerechtigkeitsverständnis (z. B. von Rousseau oder Marx) ist jedoch nicht ganz von der Hand zu weisen: Denn Vertragsgerechtigkeit kann vor allem denjenigen zugutekommen, welche die Möglichkeit haben, die Spielregeln des Vertrages zu diktieren.

Dieser Zusammenhang zwischen Liberalismus und Marxismus hat Folgen für die geistige Freiheit, die von Rand als höchster Wert hochgehalten wird. Eine Gesellschaft, die Rands Konzeption umsetzen wollte, müsste verhindern, dass sich dieser Kreislauf der kritischen Reflexion der liberalen Prämissen wieder von vorne entwickelt – und das kann nur funktionieren, solange die Ideologie des radikalen Egoismus als umfassendes Prinzip in der Gesellschaft gelehrt und gelebt wird. Rand legt diese Erkenntnis ihren Protagonisten, Francisco D'Anconia und John Galt, in den Mund:

> Our age is the climax of centuries of evil. We must put an end to it, once and for all, or perish – we, the men of the mind. It was our own guilt. We produced the wealth of the world – *but we let our enemies write its moral code.* (D'Anconia, AS, S. 570; Hervorh, P.K.)
> A country's political system is based on its code of morality. We will rebuild America's political system on the moral premise which had been its foundation, but which you treated as a guilty underground [. . .]. (Galt, AS, S. 972)

Der hohe Wert der geistigen Freiheit kann für Rand folglich paradoxerweise nur erhalten werden, wenn man die geistige Freiheit selbst beschränkt, indem man den „moral code" neu schreibt und ihn gegebenenfalls auch gegen Kritiker verteidigt. Rands Eintreten für Freiheit gilt nur dann, wenn es die – aus ihrer Perspektive – richtige Freiheit ist.

Folgerung für den *Gesellschaftsvertrag* ist es, dass zunächst einmal die Eigentumsverhältnisse neu geordnet werden müssen, damit alle Bürger die Chance darauf haben können, frei zu sein (Kainz 2012, S. 195–207, 210–212).

Eine weitere Frage, die sich aufdrängt, ist, was mit Menschen in der idealen Gesellschaft geschehen wird, die nicht dazu in der Lage sind, Verträge mit anderen einzugehen, z. B. Behinderten oder Menschen, die die Kontrolle über ihr Leben verloren haben. Solidarität mit den Schwachen ist aufgrund von Rands Prämissen nicht zu erklären. Die einzige ethische Prämisse, die Rand akzeptiert, ist es, anderen Menschen keine Gewalt anzutun. Eine Verpflichtung, das Leben anderer zu erhalten, wenn damit kein eigener Nutzen verbunden ist, gibt es nicht. Nächstenliebe und Mitleid sind für Ayn Rand nicht nur nicht denkbar, sondern auch schädlich für die Gesellschaft; so gehört es zu den wesentlichen Charakteristik der Protagonisten in „Galt's Gulch", sich selbst gegen den Rückfall in „mitleidende" Verhaltensweisen zu immunisieren (z. B. AS, S. 738). Wer nicht Vertragspartner sein kann, der ist in Rands Welt kein Teil des Gesellschaftsvertrages – und hat folglich auch keinen Platz in einer solchen Gesellschaft. Die größte Gefahr, die aus dieser Radikalisierung des Vertragsdenkens bei Rand entspringen kann, ist die Hinwendung zu einem biopolitischen Programm, mit dem Ziel, genetische Fehlentwicklungen von Anfang an auszuschließen.

Abschließend bleibt die Überlegung anzustellen, wie die liberale Gesellschaft mit einem Narrativ umgehen sollte, welches das Ziel hat, die liberale Gesellschaft zu schützen und zu stützen und der gleichzeitig den Liberalismus selbst in einen illiberalen Totalitarismus zu führen droht. Rand kann mit ihrer erzählerischen Form der Vermittlung politischer Ideen an die wirkmächtigen gesellschaftlichen Narrative des „American Dream" und des sogenannten „Horatio Alger"-Mythos andocken, ferner enthält auch ihr Utopismus das quasi-religiöse Versprechen einer besseren und gerechteren Gesellschaft, die im Diesseits durch menschliches Zutun erreicht werden kann. Gerade ein amerikanisches Publikum kann über diese Elemente einen Zugang zu Rands Denken finden, was auch dadurch erleichtert wird, dass der Roman gut lesbar ist und die theoretischen Überlegungen Rands so auf eine sehr unmittelbare Weise übertragen werden können.

Rands Abgleiten in totalitäre Denkmuster ist besonders bedauerlich, denn ihre Beobachtungen zur Gefahr einer überhandnehmenden Gleichheitsideologie sind an vielen Stellen messerscharf, zutreffend und entlarvend. Die Vorstellung, der liberalen Gesellschaft ein Narrativ zur Verfügung zu stellen, in dem die Widersprüche ihrer kollektivistischen Gegner vorgeführt werden, ist zunächst – ausgehend von der Prämisse, dass eine freiheitliche Gesellschaft wünschenswert ist – als positiv zu bewerten. Normalerweise haben gerade die Gegner der liberalen Ordnung den Vorteil, auf Affekte bauen zu können, um die liberale Ordnung zu diskreditieren (z. B. im Zugang zu Jugendlichen über Musik und neue Medien – sowohl im Rechts- und Linksextremismus als auch im radikalen Islamismus). Doch Rand unterminiert den Liberalismus selbst, wenn erkennbar wird, dass ihr eigener Ansatz nicht weniger geistes- und menschenfeindlich ist als der ihrer Gegner. Es ist kein Zufall, dass ein Massenmörder wie Anders Breivik (2011, S. 373, 575, 1397), der sozialdemokratische Jugendliche ermordet hat, um die Gleichheitsideologie auf diese Weise zu vernichten, sich in seinem Manifest an mehreren Stellen auf Rand beruft und ihre Werke empfiehlt, um eine neue Gegenkultur zum „Kulturmarxismus" zu schaffen.

Atlas Shrugged ist kein Buch, das Liberale als lesenswert propagieren können, ohne ihre eigenen Überzeugungen aufzugeben. Insofern ist es hochproblematisch und geradezu naiv, wenn eine Zeitung wie die *Welt am Sonntag*, Auszüge aus der Neuübersetzung unkommentiert und unkritisiert nachdruckt (o. V. 2011). Der Roman ist eine Herausforderung für Liberale und er ist gesellschaftlich nicht ungefährlich. Es erschreckt, dass er in den USA mitunter als Schullektüre gelesen wird, nicht zuletzt unterstützt durch kostenlose Exemplare, die das *Ayn Rand Institute* an interessierte Lehrer vergibt. Dennoch handelt es sich um eine Schrift, mit der eine intellektuelle Auseinandersetzung stattfinden muss – nicht, um Anhänger eines bizarren John Galt-Kultes zu werden, sondern um zu einem besseren Verständnis des Liberalismus und seiner notwendigen kulturellen Voraussetzungen zu gelangen sowie gemeinschaftlich auf der Grundlage eines verfehlten Freiheitsverständnisses die Frage diskutieren zu können, was Freiheit sein kann und sollte.

Danksagungen Der Verfasser dankt Dominik Hammer, der ihn auf Ayn Rands Werk aufmerksam gemacht hat, und Michael Jungert für zahlreiche wertvolle Anmerkungen und Verbesserungsvorschläge

Literatur

Atlas Society. 2012. Paul Ryan and Ayn Rand's ideas: In the hot seat again, 30.4.2012. http://www.atlassociety.org/ele/blog/2012/04/30/paul-ryan-and-ayn-rands-ideas-hot-seat-again. Zugegriffen: 8. Okt. 2012.

Breivik, Anders. 2011. A European declaration of independence. http://unitednations.ispnw.org/archives/breivik-manifesto-2011.pdf. Zugegriffen: 20. März 2012.

Burns, Jennifer. 2009. *Goddess of the market. Ayn Rand and the American right*. Oxford: Oxford University Press.

Falk, Johanna. 2012. *Freiheit als politisches Ziel. Grundmodelle liberalen Denkens bei Kant, Hayek und Böckenförde*. Frankfurt a. M.: Campus.

Gladstein, Mimi Reisel 1999. The new Ayn Rand companion. Revised and expanded edition. Westport: Greenwood.

Hansen, Hendrik. 2008. *Politik und wirtschaftlicher Wettbewerb in der Globalisierung. Kritik der Paradigmendiskussion in der Internationalen Politischen Ökonomie*. Wiesbaden: VS Verlag für Sozialwissenschaften.

Hansen, Hendrik, und Peter Kainz 2007. Radical Islamism and totalitarian ideology: A comparison of Sayyid Qutb's Islamism with Marxism and National Socialism. *Totalitarian Movements and Political Religions* 82 (1): 55–76.

Heller, Anne. 2009. *Ayn Rand and the world she made.* New York: Nan A. Talese.

Hitler, Adolf. 1936. *Mein Kampf.* 172–173. Aufl. München: Eher.

Kainz, Peter. 2012. *Unbegrenzte Möglichkeiten? Probleme und Aporien des Individualismus.* Baden-Baden: Nomos.

Krah, Hans. 2006. *Einführung in die Literaturwissenschaft. Textanalyse.* Kiel: Ludwig.

Locke, John. 2003. *Über die Regierung (The Second Treatise of Government). In der Übersetzung von Dorothee Tidow mit einem Nachwort herausgegeben von Peter C. Mayer-Tasch.* Stuttgart: Reclam.

Marx, Karl. 2005. *Ökonomisch-philosophische Manuskripte. Mit einer Einleitung, Anmerkungen, Bibliographie und Register herausgegeben von Barbara Zehnpfennig.* Hamburg: Meiner.

o. V. 2011. Ich werde den Motor der Welt anhalten, In Welt am Sonntag. 10.4.2011. http://www.welt.de/print/wams/wirtschaft/article13127867/Ich-werde-den-Motor-der-Welt-anhalten.html. Zugegriffen: 8. Okt. 2012.

Platon. 2005. *Politeia. Der Staat.* Darmstadt: WBG (= Platon Werke in acht Bänden. Bd 4 hg. von Gunter Eigler).

Quack, Gregor 2012. Paul Ryan and Ayn Rand. Gefahr im Buch. In Frankfurter Allgemeine Zeitung, 19.8.2012. http://www.faz.net/aktuell/feuilleton/paul-ryan-und-ayn-rand-gefahr-im-buch-11860256.html.

Rand, Ayn 1961. The objectivist ethics. In *The virtue of selfishness, centennial edition,* Hrsg Rand, Ayn, 13–39. New York: Signet.

Rand, Ayn 1965. What is capitalism. In *Capitalism. The unknown ideal, centennial edition,* Hrsg Rand, Ayn, 1–29. New York: Signet.

Rand, Ayn, 1966. The roots of war. In *Capitalism. The unknown ideal, centennial edition,* Hrsg Rand, Ayn, 30–39. New York: Signet.

Rand, Ayn. 1996. *Atlas shrugged, 50th anniversary edition.* New York: Signet.

Rand, Ayn. 2011a. *The fountainhead. With an introduction by the author, centennial edition.* New York: Signet.

Rand, Ayn. 2011b. *We the living, centennial edition.* New York: Signet.

Rand, Ayn. 2012. *Der Streik.* München: Kai M. John.

Rothbard, Murray N. 1972. The sociology of the Ayn Rand Cult. http://www.lewrockwell.com /rothbard/rothbard23.html. Zugegriffen: 9. Okt. 2012.

Strohmeier, Gerd 2005. Politik bei Benjamin Blümchen und Bibi Blocksberg. *Aus Politik und Zeitgeschichte* 41: 7–15.

Voegelin, Eric. 1999. *Der Gottesmord. Zur Genese und Gestalt der modernen politischen Gnosis, hg. und eingeleitet von Peter J. Opitz.* München: Fink.

Wallaschek, Stefan 2012. Von Ayn Rand zu Paul Ryan: Kapitalismus als Moral. *Blätter für deutsche und auswärtige Politik* 10: 9–13.

Zehnpfennig, Barbara. 2002. *Hitlers „Mein Kampf". Eine Interpretation.* 2. Aufl. München: Fink.

Zehnpfennig, Barbara. 2008. Kallikles und Hitler: Über die Aktualität des sokratischen Dialogs. In *Politischer Platonismus,* Hrsg. Andreas Eckl und Clemens Kauffmann, 103–113. Würzburg: Königshausen & Neumann.

Ziegler, Walther, und Ulrich Hegerl 2002. Der Werther-Effekt. Bedeutung – Mechanismen – Konsequenzen. *Der Nervenarzt* 73 (1): 41–49.

Teil III
Empirische Analysen von Narrativen

Vom „Söldner" zum „Samariter"? Die narrativen Grenzen strategischer Imagekonstruktion von privaten Sicherheitsdienstleistern

Andreas Kruck und Alexander Spencer

Zusammenfassung

Private Militär- und Sicherheitsfirmen (PMSF) haben einen schlechten Ruf und versuchen diesen mittels narrativer Imagekonstruktion gezielt zu verbessern. Einerseits untersucht der Beitrag diese strategische Imagekonstruktion auf den Webseiten von britischen und US-amerikanischen PMSF und zeigt vier dominante Selbstcharakterisierungen auf: PMSF als *technische und militärische Experten, professionelle Geschäftsleute, humanitäre Wohltäter* und *stolze Patrioten*. Andererseits rekonstruiert er, wie die Imagekonstruktionen der PMSF nur sehr begrenzt von den Medien aufgegriffen werden: Medial werden die PMSF vielmehr als *unfähige Cowboys, skrupellose Kriegsgewinnler, unkontrollierte Rechtsbrecher* und/oder *schmutzige Söldner* charakterisiert. Der Beitrag erschließt das politikwissenschaftliche Potential der Narrativanalyse, um die Grenzen der strategischen Imagekonstruktion durch Narrative deutlich zu machen.

A. Kruck (✉) · A. Spencer
Geschwister-Scholl-Institut für Politikwissenschaft, Ludwig-Maximilians-Universität
München, Oettingenstraße 67, 80538 München, Deutschland
E-Mail: Andreas.Kruck@gsi.uni-muenchen.de

A. Spencer
E-Mail: Alexander.Spencer@gsi.uni-muenchen.de

W. Hofmann et al. (Hrsg.), *Narrative Formen der Politik*,
DOI 10.1007/978-3-658-02744-5_9, © Springer Fachmedien Wiesbaden 2014

1 Private Militär- und Sicherheitsfirmen als Gegenstand narratologischer Forschung

Private Militär- und Sicherheitsfirmen (PMSF) haben ein massives Imageproblem – dies gilt umso mehr seit einer Reihe gewaltsamer und skandalträchtiger Zwischenfälle im Irak nach dem Einmarsch der US-geführten Koalitionstruppen (2003).[1] PMSF reagieren auf die gestiegene Aufmerksamkeit für ihre Tätigkeiten und ihr schlechtes Image mit erheblichen Bemühungen, die in der breiteren Öffentlichkeit vorherrschenden Bilder und Verständnisse von PMSF in ihrem Sinne zu beeinflussen. Solche Versuche der gezielten narrativen Imagekonstruktion und -verbesserung äußern sich unter anderem in der Beauftragung hochrangiger *Public Relations*-Unternehmen und Berater, der Veröffentlichung von Anzeigen in Zeitschriften, zahlreichen Interviews von PMSF-Vertretern im Fernsehen und in Zeitungen, der Gründung und Unterstützung von Wohltätigkeitsorganisationen, dem Verkauf von *Merchandising*-Produkten wie zum Beispiel Firmen-T-Shirts und -tassen, sowie nicht zuletzt der Selbstdarstellung der Firmen in ihren Online-Auftritten. Auf diesen Wegen schaffen und kommunizieren PMSF gezielt bestimmte Erzählungen über sich selbst. Demzufolge verstehen wir unter narrativer Imagekonstruktion den strategischen Versuch von PMSF, durch die Erzählung von bestimmten Geschichten über die Welt, in der sie operieren (Setting), über die Gründe für ihr Handeln (narrative Modellierung) sowie über ihre (Charakter-)Eigenschaften (Charakterisierung), sich selbst in ein positiveres Licht zu rücken und negativen Assoziationen entgegenzuwirken. Der vorliegende Beitrag rekonstruiert zum einen, welche positiven Selbstbilder in der narrativen Darstellung von PMSF vorherrschend sind. Zum anderen wird durch die Analyse von Mediennarrativen über PMSF untersucht, inwiefern die Versuche der Imagekonstruktion durch PMSF erfolgreich sind und ihre Selbstcharakterisierungen mediale Resonanz und Akzeptanz finden.

Während die Ursachen und Folgen staatlicher Nutzung von PMSF (Avant 2005; Deitelhoff und Geis 2010; Krahmann 2008, 2010; Kruck 2014; Leander 2005a) sowie Probleme und Defizite bei ihrer Regulierung (Chesterman und Lehnhardt 2007; Leander 2010) seit einiger Zeit Gegenstand politikwissenschaftlicher Forschung sind, widmen sich jüngere Studien über PMSF zunehmend auch der (Selbst-) Konstruktion unterschiedlicher Identitäten sowie deren möglichen Implikationen insbesondere für die Legitimität von PMSF (Berndtsson 2012; Higate 2012; Joachim und Schneiker 2012; Krahmann 2012; Schneiker und Joachim 2012). Unsere Analy-

---

[1] Wir möchten uns sehr bei Tobias Müller für seine wertvolle Hilfe bei der Fertigstellung dieses Beitrags bedanken.

se knüpft an diese Untersuchungen an und leistet einen theoretisch-methodischen und empirischen Beitrag. Die vorgeschlagene narratologische Perspektive bietet einen neuen fruchtbaren Zugang für die Rekonstruktion und das Verständnis der Versuche von PMSF, ein bestimmtes Selbstbild zu erzeugen und zu verbreiten. Noch wichtiger als diese theoretisch-methodische Innovation für die PMSF-Forschung erscheint es uns, empirisch zu untersuchen, wie erfolgreich die Versuche von PMSF sind, bestimmte positive Selbstbilder zu schaffen und in gesellschaftlichen Diskursen zu verankern. Zu diesem Zweck analysieren wir Narrative über PMSF in den Medien. Letztere spiegeln einerseits gesellschaftliche Verständnisse von PMSF wider, zugleich formen sie diese auch (mit). Daher sind Mediennarrative ein guter Indikator dafür, wie PMSF in einer breiteren interessierten Öffentlichkeit wahrgenommen werden. Die (offene) Frage, inwiefern PMSF in der Lage sind, die Wahrnehmung ihrer Branche in den Medien und in der breiteren Öffentlichkeit zu beeinflussen und so zu einer gesellschaftlichen Legitimierung privater Sicherheit(sdienstleister) beizutragen, berührt direkt die diskursive (Konstruktions-)Macht, die PMSF häufig – explizit oder implizit – zugeschrieben wird (Leander 2005b), wobei bis dato empirisch unklar blieb, wie diskursmächtig PMSF und ihre narrativen Konstruktionen tatsächlich sind.

Unser Kernargument ist, dass die Versuche von PMSF, mittels bestimmter Narrative ein positives Bild von sich aufzubauen und zu verbreiten, weitgehend scheitern. Dies zeigt sich daran, dass die Selbstbilder von PMSF kaum in den Medien ankommen; vielmehr herrschen dort negative Narrative über PMSF vor, die in fast diametralem Gegensatz zu den Selbstbildern der PMSF stehen. Allgemeiner formuliert unterstreicht unsere Analyse die Grenzen der narrativen *agency* und der Diskursmacht politischer Akteure bei Versuchen der strategischen Imagekonstruktion mit narrativen Mitteln. Im Folgenden erörtern wir zunächst unser Verständnis von Narrativen und ihre Relevanz für die Politikwissenschaft und erläutern unser methodisches Vorgehen. Gestützt auf eine Analyse der Webseiten von 55 britischen und US-amerikanischen PMSF rekonstruieren wir dann dominante Selbstnarrative über PMSF und vergleichen sie mit vorherrschenden Narrativen über PMSF in britischen und US-amerikanischen Qualitätszeitungen. Der Beitrag zeigt, dass die vier prominentesten Selbstbilder von PMSF als *technische und militärische Experten, professionelle Geschäftsleute, humanitäre Wohltäter* und *stolze Patrioten* kaum Eingang in die Mediennarrative über PMSF finden, wo PMSF stattdessen ganz überwiegend als *unfähige Cowboys, skrupellose Kriegsgewinnler, unkontrollierte Rechtsbrecher* und/oder *schmutzige Söldner* charakterisiert werden. Allerdings finden sich Selbstbilder von technischen und militärischen Experten oder professionellen Geschäftsleuten eher in den Mediennarrativen wieder als hochgradig romantisierende Charakterisierungen von PMSF als humanitäre Wohltäter oder stolze

Patrioten. Insgesamt sind der strategischen Imagekonstruktion von PMSF jedoch enge narrative Grenzen gesetzt. In unserem Fazit verweisen wir schließlich auf für zukünftige Untersuchungen fruchtbare narratologische Erklärungsansätze für diesen Befund.

2   Narrativanalyse als Methode in der Politikwissenschaft

2.1   Narrative und ihre politikwissenschaftliche Relevanz

Narrative finden sich überall dort, wo jemand uns von etwas erzählt. Narrative treten in ganz unterschiedlichen schriftlichen, mündlichen und visuellen Formen von Texten auf – von literarischen Erzeugnissen wie Romanen und Gedichten bis hin zu Filmen, Fernsehdokumentationen, Zeitungsartikeln, Lehrbüchern, Webseiten und Unterhaltungen im täglichen Leben (Fludernik 2009, S. 1). Während einige Autoren den definitorischen Kern von Narrativen darauf beschränken, dass eine Person jemand anderem erzählt, dass etwas geschehen ist (so etwa Herrnstein Smith 1981, S. 228; Kreiswirth 2000, S. 294), betonen andere zusätzlich den zeit- und zweckgebundenen Charakter dieses Erzählens (Phelan 2005, S. 18). Eine zentrale Eigenschaft eines Narrativs ist jedenfalls die erzählerische Repräsentation eines Ereignisses oder einer Folge von Ereignissen (Genette 1982, S. 127), genauer: einer Abfolge von nicht zufällig miteinander verbundenen Ereignissen (Toolan 2001, S. 6). Eine Liste von chronologischen Begebenheiten stellt jedoch (noch) kein Narrativ dar. Vielmehr beinhaltet ein Narrativ einen gewissen Bruch mit dem Normalen und Erwartbaren, welcher eine Folge von Ereignissen bedeutsam und erzählenswert erscheinen lässt (Patterson und Renwick Monroe 1998, S. 320–321). Neben einem Ereignis, das für das Publikum in irgendeiner Form von Interesse sein muss, beinhalten Narrative einen oder mehrere Protagonisten, d. h. Menschen oder menschen-ähnliche Akteure wie PMSF oder ihre Mitarbeiter, die im Zentrum der erzählten Ereignisse stehen und (meist) zielgerichtete Handlungen vollziehen (Fludernik 2009, S. 6; Herman 2009). Zusammenfassend lassen sich Narrative also als zu einem bestimmten Anlass und/oder Zweck erfolgende Repräsentationen einer Abfolge von nicht zufällig miteinander verbundenen Ereignissen verstehen, die bedeutungsvoll, „unnormal" bzw. unerwartet und daher „erzählenswert" sind und Menschen bzw. menschen-ähnliche Akteure als handelnde Protagonisten aufweisen (ähnlich Toolan 2001, S. 8).

Inwiefern ist die Analyse von Narrativen, traditionell die Domäne der Literaturwissenschaft, nun eine geeignete und fruchtbare Methode für die Politikwissenschaft? Zwei Argumentationslinien sind hier zentral, die einer kognitiven bzw. kulturellen Perspektive auf Narrative entsprechen. Die kognitive Perspektive betont, dass Narrative ein wesentliches Element menschlicher Kognition darstellen (Kreiswirth 2000, S. 305; Patterson und Renwick Monroe 1998). Viele komplexe Beziehungen werden kognitiv in Form von narrativen Strukturen erfasst und verarbeitet (Fludernik 2009, S. 1). Ähnlich wie Metaphern und Analogien (Lakoff und Johnson 1980; Spencer 2011) geben Narrative der Welt Sinn. So versteht Mark Turner (2011, S. 4–5) Narration in seinem Buch *The Literary Mind* als fundamentales, für menschliche Kognition und Sinngebung geradezu unverzichtbares Instrument. Die kulturelle Perspektive versteht Narrative in erster Linie als kulturell eingebettete Phänomene, die Bestandteil einer jeden Gesellschaft sind. Mythen und Erzählungen der Vergangenheit, wie etwa Erzählungen über Söldner, tragen zur Erzeugung und Stabilisierung einer kollektiven Identität von Gemeinschaften, Nationen und Staaten bei. Das kulturelle Gedächtnis von Gemeinschaften ist geprägt von zahlreichen Narrativen, die helfen, der verwirrenden Vielfalt von Ereignissen Sinn zuzuschreiben und kulturell geteilte Erklärungsmuster zu produzieren (Fludernik 2009, S. 2).

Sowohl Individuen als auch Gemeinschaften schreiben also sich selbst und ihrer sozialen Umwelt durch Narrative, welche ihre eigenen Identitäten und ihr Verständnis von anderen Akteuren konstituieren, Sinn zu. Aus dieser Sicht sind PMSF sowohl (Mit-)Autoren und Subjekte identitätskonstituierender Selbstnarrative als auch Gegenstand von Mediennarrativen, die ein bestimmtes gesellschaftliches Verständnis von PMSF aufgreifen, verbreiten und (mit)formen. Eine Analyse der Selbstnarrative von PMSF und insbesondere ihrer medialen Rezeption ermöglicht uns daher Einsichten in gesellschaftliche Wahrnehmungen von und Einstellungen gegenüber diesen politischen Akteuren. Durch die – nicht notwendigerweise bewusste – (Selbst-)Verortung von Akteuren wie PMSF in bestimmten Narrativen wirken diese identitätskonstituierend und damit handlungsleitend (Somers 1994, S. 606–607). Hinsichtlich der Möglichkeiten und Grenzen diskursiver *agency* ist die Analyse von Narrativen von besonderer politikwissenschaftlicher Relevanz. Eine Analyse des Erfolgs bzw. des Scheiterns der narrativen Vermittlung und Etablierung bestimmter Verständnisse politischer Realität und bestimmter Einstellungen gegenüber politischen Akteuren wie PMSF trägt zu einem besseren Verständnis der Verteilung und Wirkung diskursiver Macht bei.

2.2 Narrative Imagekonstruktion und ihre Analyse

Die Analyse von Narrativen in der Literaturwissenschaft bietet eine Reihe von Kategorien, die die Erforschung von narrativer Imagekonstruktion – durch politische

Akteure im Allgemeinen und durch PMSF im Speziellen – anleiten können. Dazu zählen das *Setting* der Geschichte, die Verknüpfung von Ereignissen (*Modellierung*) und insbesondere der handelnde *Charakter* bzw. dessen *Charakterisierung* (Fludernik 2009, S. 40; Toolan 2001). Diese drei Schlüsseldimensionen von Narrativen sind jeweils nicht immer gleich wichtig; sie können jedoch alle als strukturierende Anhaltspunkte für eine detaillierte und systematische empirische Narrativanalyse dienen.

Das *Setting* ist ein wesentlicher Bestandteil narrativer Imagekonstruktion, da es einen Eindruck über den Kontext gibt, in dem PMSF operieren, und somit Bewertungsmaßstäbe und Assoziationen über angebrachtes bzw. nicht angebrachtes Verhalten in dieser Situation schafft. Ähnlich wie bei einem Theaterstück oder einem Film ist der Hintergrund, vor dem sich die Handlung abspielt, wichtig für das Verständnis des gesamten Narrativs und für das Bild, das wir uns von den handelnden Akteuren machen (Toolan 2001, S. 91). Durch die Platzierung in ein bestimmtes Setting lassen sich positive Merkmale von PMSF hervorheben und Verhalten legitimieren. Zum Beispiel beschreiben PMSF das Setting, in dem sie operieren, häufig als technologisch oder operativ komplex, um ihren Expertenstatus zu unterstreichen, während der Verweis auf eine gefährliche und unübersichtliche Umgebung aggressiven Selbstschutz nötig und angebracht erscheinen lassen mag.

Auch die Verknüpfung von Ereignissen oder *Modellierung* eines Narrativs ist essentiell für narrative Imagekonstruktion, da sie – mehr oder weniger plausibel – erklärt und damit einhergehend häufig auch rechtfertigt, warum PMSF so handeln, wie sie es (vorgeblich) tun. Temporale und kausale Verknüpfungen heben bestimmte Ereignisse hervor (und blenden andere aus), zeigen, wie Ereignisse miteinander verbunden sind, verleihen den einzelnen Handlungen der Charaktere narrative Bedeutung und schreiben den Handelnden bestimmte Motive zu (Baker 2010, S. 353). Sie bringen so eine Reihe von Aussagen über Akteure wie PMSF in eine verständliche Folge, über die wir uns eine Meinung bilden können. Eine schlüssig erscheinende narrative Modellierung untermauert die Plausibilität von Behauptungen über Eigenschaften und Verhaltensweisen der Charaktere. PMSF mögen zum Beispiel argumentieren, dass sie nicht wegen eigener Fehler, sondern aufgrund der Taktiken von Terroristen und Kriminellen sowie des Umstandes, dass sie im Setting einer gefährlichen und unsicheren Umwelt operierten, Gewalt anwenden müssten, die dann wiederum zu ungewollten, aber „unvermeidlichen" Kollateralschäden führten.

Unsere empirische Analyse von Selbst- und Mediennarrativen über PMSF nimmt zwar Bezug auf das Setting und die narrative Modellierung, konzentriert sich aber auf den dritten für ein Narrativ wesentlichen Bestandteil: den Akteur und dessen *Charakterisierung*. Die (Selbst-)Charakterisierung von PMSF ist das wichtigste Element narrativer Imagekonstruktion, da durch die (Selbst-)Charakterisierung ein bestimmtes Bild von PMSF gezeichnet wird. Neben der direkten Benennung der Eigenschaften und Wesenszüge des Akteurs lassen auch kleine kontinuierlich eingestreute Adjektive und Adverbien, welche im Laufe eines Texts verwendet werden, ein Bild von einem Charakter entstehen (Fludernik 2009, S. 46; Toolan 2001, S. 41). Wie beim Setting und bei der narrativen Modellierung werden die Charaktere jedoch nur teilweise durch den Text selbst konstituiert. Die Beschreibung des Charakters ist zum einen stets unvollständig in dem Sinne, dass es dem Leser überlassen bleibt, im Text nicht ausdrücklich beschriebene Lücken auszufüllen; zum anderen hängt auch die Bedeutung, die wir bestimmten Zeichen wie z. B. einem Tattoo oder einer Sonnenbrille zuschreiben, zumindest teilweise von unseren vorherigen Erfahrungen sowie von anderen kulturell verankerten Narrativen ab. Wenn wir einer Erzählung begegnen, besitzen wir stets bereits ein breites Wissen von anderen Narrativen, das wir auf diese „neue" Erzählung beziehen und anwenden. Gleichzeitig verändert oder bestätigt die aktuelle Erzählung Narrative, die in der Vergangenheit gelesen, gehört oder gesehen wurden, und beeinflusst die Interpretation zukünftiger Narrative (Toolan 2001, S. 87).

Die Charakterisierung eines Akteurs kann auf verschiedenen Wegen erfolgen. Das einfachste Mittel ist, dem Akteur einen aussagekräftigen Namen oder eine bestimmte Bezeichnung, ein *label*, zu geben. Wird etwa ein Mitarbeiter einer PMSF als ehemaliger *Marine*-Soldat oder als Cowboy bezeichnet, weckt dies beim Leser unterschiedliche Assoziationen wie z. B. erstklassige Ausbildung bzw. Schießwütigkeit. Zweitens wird ein Akteur charakterisiert, indem er in Beziehung zu anderen Akteuren gesetzt wird. Dies können hierarchische Beziehungen sein wie in der Familie (Mutter-Kind) oder in der Gesellschaft (Beschützer-Beschützter, Täter-Opfer), aber auch stärker gleichberechtigte Beziehungen zwischen Geschäftspartnern (Fludernik 2009, S. 44–45). Ein drittes Mittel der Charakterisierung bietet die Beschreibung des äußeren Erscheinungsbilds und der physischen Eigenschaften eines Akteurs wie z. B. des Gesichtsausdrucks, der Kleidung oder der Waffen von PMSF. Weil wir davon ausgehen, dass diese Merkmale zumindest zum Teil der freien Wahl und Kontrolle des Akteurs unterliegen, schließen wir von ihnen auf den Charakter des Akteurs. Eine vierte Möglichkeit einen Akteur zu charakterisieren, besteht in der Wiedergabe seiner Gedankengänge oder Äußerungen. Was der Charakter denkt oder sagt, beeinflusst erheblich unsere Wahrnehmung davon, mit was für einem Akteur wir es tun haben und wie seine Weltanschauungen und Ideologien beschaffen sind. Auch *wer* etwas zur Charakterisierung einer Person sagt, und ob direkte oder indirekte Rede verwendet wird, ist für die Interpretation des Gesagten wesentlich. Wie wir unten zeigen, werden viele eher positive Charakterisierungen von PMSF als Helden und Patrioten durch die direkte Rede von Mitarbeitern der

PMSF selbst übermittelt, was eine gewisse Vorsicht gegenüber diesen Charakterisierungen nahe legt, da es nicht der/die vermeintlich objektivere Journalist/in ist, die/der den PMSF-Mitarbeiter positiv charakterisiert (Herman und Vervaeck 2007, S. 227). Neben der Nennung von Namen und typisierenden Bezeichnungen, der In-Beziehung-Setzung zu anderen Akteuren, der Beschreibung des äußeren Erscheinungsbilds und der Wiedergabe von Äußerungen ist ein letzter sehr wichtiger impliziter Aspekt der Charakterisierung eines Akteurs die Art und Weise, in welcher der Akteur handelt. Denn das Verhalten hat erhebliche Auswirkungen darauf, wie wir den Charakter, z. B. die PMSF-Mitarbeiter wahrnehmen (gut trainiert, patriotisch, rücksichtslos, skrupellos etc.).

Die drei für ein Narrativ wesentlichen Elemente des Settings, der Modellierung und vor allem der Charakterisierung sowie die narratologische Auseinandersetzung mit ihnen bieten uns somit wertvolle Anhaltspunkte für die empirische Analyse der Image konstituierenden Selbst- und Mediennarrative über PMSF, denen wir uns im Folgenden widmen.

3 Selbst- und Mediennarrative über PMSF

Auf der Grundlage der Webseiten von 55 großen, transnational und in Konfliktregionen agierenden britischen und US-amerikanischen PMSF[2] sowie Artikeln über PMSF in britischen und US-amerikanischen Qualitätszeitungen (*The Daily Telegraph, The Guardian, The New York Times* und *The Washington Post*) rekonstruieren wir dominante Selbstcharakterisierungen von PMSF und untersuchen,

---

[2] Zu den untersuchten PMSF zählen die britischen Firmen Aegis Defence Services, AKE Group, Armor Group, Assured Risks, Ayr Group, Centurion Risk Assessment Services Ltd., Control Risk Group, Edinburgh International, Erinys International, Global Strategies Group, Gurkha Security Guards, Hart Security Limited, MineTech International, Olive Group, Pilgrim Elite, Saladin Group, Sandline International, TOR International und Track24. Die folgenden US-amerikanischen PMSF wurden analysiert: 3D Global Solutions, Academi (ehemals Blackwater bzw. XE), Aecom, Airscan Inc., AlliedBarton Security Services, American Security Group, Blue Hackle, CACI International Inc., Cubic Defense Applications, DynCorp, EOD Technology, GardaWorld, General Dynamics Information Technology, GlobalEnforce Inc., Global Security Services, Golan Group, Gryphon Group, H3 LLC, HSS-International, ICI of Oregon, KBR, Kroll Inc., L-3 Communications, Military Professional Resources (MPRI), Mission Essential Personnel, MVM Inc., Northrop Grumman, Overseas Security & Strategies, Inc. (OSSI), Pax Mondial, Reed, Ronco, SCG International Risk, Spartan Consulting Group, Special Operations Consulting Security Management Group (SOC-SMG), Steele Foundation und Triple Canopy.

inwiefern sich diese auch in Mediennarrativen über PMSF wiederfinden lassen bzw. welche alternativen Charakterisierungen dort vorherrschend sind. Um die untersuchungsrelevanten Artikel zu erheben, nutzten wir die Datenbank *Lexis Nexis* und führten eine Schlagwortsuche für den Zeitraum zwischen 2004 und 2011 und die Suchbegriffe „private military (company)", „private security (company)" und „security contractors" durch. Das resultierende Artikelsample enthält 191 Artikel. Unsere Analyse zeigt, dass die Selbstnarrative der PMSF vor allem vier Charakterisierungen herausstellen: *technische und militärische Experten, professionelle Geschäftsleute, humanitäre Wohltäter* und *stolze Patrioten*. Diese Selbstbilder stehen in starkem Kontrast zu den Narrativen in den US-amerikanischen und britischen Zeitungen, die PMSF vielmehr als *unfähige Cowboys, skrupellose Kriegsgewinnler, unkontrollierte Rechtsbrecher* und/oder *schmutzige Söldner* charakterisieren.

3.1 „Technische und militärische Experten" vs. „unfähige Cowboys"

Eine der dominantesten Selbstcharakterisierungen der PMSF ist die als *technische und militärische Experten*. PMSF konstruieren sich selbst als technische Experten, indem sie sich als „eine internationale technologiegestützte Aufklärungs- und Informationsmanagementfirma"[3] präsentieren, die „die fortschrittlichsten auf dem Markt verfügbaren Technologien für Sicherheitslösungen"[4] sowie „verlässliche Informationen und passgenaue technologische Lösungen" anbietet, um „Firmen, Investoren und Regierungen zu helfen", in einem Setting von „ökonomischen und rechtlichen Risiken"[5] erfolgreich zu sein. PMSF betonen ihre „Fähigkeit, Know-How und Technologie schnell und effektiv zu verbinden, um genau die Lösungen zu entwerfen, die [ihre] Kunden benötigen"[6] im Setting einer sich „rasant verändernden Welt der Technologie."[7] Sie stellen „innovative"[8] Lösungen „von Weltrang"[9]

---

[3] Kroll, http://www.kroll.com/about/history/ [15.03.2012].

[4] Golan Group, http://www.golangroup.com/company.shtml [17.03.2012].

[5] Alle Zitate von Kroll, http://www.kroll.com/about/ [15.03.2012].

[6] L-3 Communications, http://www.l-3com.com/about-l-3/message-from-the-ceo.html [18.03.2012].

[7] Cubic Corporation, http://www.cubic.com/Solutions [15.03.2012].

[8] Northrop Grumman, http://www.northropgrumman.com/capabilities/index.html [15.03. 2012].

[9] L-3 Communications, http://www.l-3com.com/business-segments/amm.html [18.03. 2012].

für gegenwärtige und zukünftige Sicherheitsrisiken bereit. Dazu nutzen PMSF „technische Expertise und eine Vielzahl von Ressourcen"[10], „den neusten Stand in Forschung und Entwicklung"[11] sowie „erfahrene und vorausschauend denkende Experten auf den Gebieten Recherche, Technologie und Sicherheit."[12] Die Kunden können auf Grund dieser Expertise „versichert sein", so die Modellierung des Expertennarrativs, „dass ihre völlige Sicherheit in den sachkundigen Händen der weltweit erfahrensten Sicherheitstechniker gut aufgehoben ist."[13]

Eine stärker militärisch konnotierte Variante dieses Expertennarrativs charakterisiert die PMSF als Elitestreitkräfte. PMSF werden dann dargestellt als Firmen, die sich „im Besitz von Veteranen"[14] befinden, von „pensionierten [. . .] Militäroffizieren"[15] gegründet wurden, und deren Mitarbeiter sich aus „ehemaligem militärischem Personal"[16] und „Ex-Mitgliedern der Streitkräfte"[17] rekrutieren. Die Mitarbeiter verfügen folglich über umfangreiche „militärische Qualifikationen"[18], breite „militärische Erfahrung"[19] und zahlreiche „militärische Auszeichnungen."[20] Häufig finden sich Hinweise auf langjährige Dienste in Spezialeinheiten wie „Delta", „SEALs", „Force Recon"[21], „SAS"[22], „Royal Marine Commandos"[23] oder „dem weltweit besten Marineregiment – dem Special Boat Service des Vereinigten

---

[10] L-3 Communications, http://www.l-3com.com/business-segments/government-services.html [18.03.2012].

[11] Cubic Corporation, http://www.cubic.com/About-Us/History [15.03.2012].

[12] Kroll, http://www.kroll.com/about/careers/ [15.03.2012].

[13] Ebd.

[14] Assured Risks Ltd, www.assuredrisks.com/index.php [14.03.2012].

[15] Airscan, http://www.airscan.com/about.php [15.03.2012].

[16] AEGIS Defence Services, http://www.aegisworld.com/index.php/about-us-2 [14.03.2012].

[17] Saladin Security, http://www.saladin-security.com/about-us.php [14.03.2012].

[18] Centurion Risk Assessment Services, http://www.centurionsafety.net/About.html [14.03.2012].

[19] 3D Global Solutions Inc., http://3dglobalsolutions.net.p2.hostingprod.com/ [15.03.2012].

[20] Control Risks Group, http://www.controlrisks.com/aboutUs/SitePages/Our%20People.aspx [14.03.2012].

[21] Alle Zitate von HSS-International, http://www.hssinternational.com/company.php [15.03.2012].

[22] TOR International, http://torinternational.com/about/ [14.03.2012].

[23] Centurion Risk Assessment Services, http://www.centurionsafety.net/About.html [14.03.2012].

Königreichs."[24] Die Mitarbeiter werden als „handverlesene"[25], „hochqualifizierte, hochgradig kompetente"[26] ehemalige Mitglieder von „Spezialeinheiten"[27], kurz: als „Sicherheitselite"[28] dargestellt: „Es gibt keine besseren."[29]

Einige dieser Selbstcharakterisierungen als technische und militärische Experten finden sich in den US-amerikanischen und britischen Mediennarrativen über PMSF wieder. So gibt es durchaus Artikel, die auf die technische und militärische Expertise von PMSF Bezug nehmen und PMSF-Mitarbeiter als ehemalige Militärs, „sehr gut ausgebildetes Personal"[30], „Experten"[31], „Veteranen"[32], „Spezial- oder Eliteeinheiten"[33] oder „Elite-Kommandos"[34] beschreiben. Die Grenzen des Erfolgs der Imagekonstruktion von PMSF zeigen sich jedoch darin, dass PMSF in den Zeitungsartikeln deutlich häufiger als unfähige „Cowboys"[35] charakterisiert werden, die im Setting der „gesetzlosen Weiten des Irak auf Gold gestoßen sind."[36] Statt als Elite-Soldaten oder Helden werden PMSF-Mitarbeiter als Cowboys charakterisiert, „die nur auf den nächsten Zahltag aus sind."[37] Sie werden dargestellt als „arrogante und schießwütige"[38], „außer Kontrolle geratene"[39] Akteure, die „Cowboy-Taktiken"[40] anwenden und sich „rücksichtslos"[41], „skrupellos"[42] und „achtlos gegenüber dem

---

[24] Neptune Maritime Security, http://www.neptunemaritimesecurity.com/Neptune%20 Maritime%20Security%20In%20Summary.pdf [15.03.2012].

[25] Pilgrims Group, http://www.pilgrimsgroup.com/about.php [18.03.2012].

[26] Reed, http://www.reedinc.com/web/page/587/interior.html [15.03.2012].

[27] Olive Group, http://www.olivegroup.com/about.htm [14.03.2012].

[28] Pilgrims Group, http://www.pilgrimsgroup.com/about.php [18.03.2012].

[29] SCG International Risk, http://www.scginternational.com/services.html [15.03.2012].

[30] The Washington Post, 11.12.2009, A02.

[31] The Washington Post, 24.08.2007, D01.

[32] The Washington Post, 16.06.2004, E01.

[33] The Daily Telegraph, 04.05.2007, 12.

[34] The Washington Post, 08.04.2004, A01.

[35] The Washington Post, 28.05.2008, A03.

[36] The New York Times, 04.04.2004, 5

[37] The Washington Post, 23.05.2010, B06.

[38] The Guardian, 21.08.2009, 23.

[39] The New York Times, 03.10.2007, 25.

[40] The New York Times, 18.08.2010, 10.

[41] The New York Times, 21.01.2011, 4.

[42] The Guardian, 21.08.2009, 23.

Leben von Irakern"[43] zeigen. Sie übernehmen Aufträge, die „zu stumpfsinnig oder
zu schmutzig für die regulären Streitkräfte sind"[44], und hinterlassen dann ein
„blutiges Chaos."[45] Sie haben eine „Cowboy-Kultur"[46] geschaffen, zu der es gehört, „aggressiv und schnell mit der Waffe"[47] zu sein. PMSF-Mitarbeiter werden
dementsprechend beschrieben als „Kopftuch tragende, muskulöse"[48] und „grim-
mig dreinblickende Männer in Kampfanzügen, [die] ihre M4s und Glocks ölen",
während „keine der Waffen gesichert" ist.[49] Ihre „Rücksichtslosigkeit"[50] und Bereit-
schaft, wahllos Gewalt anzuwenden, sind Ausdruck eines „aggressiven Machismo",
„tyrannischen Gehabes" und „der Prahlerei von Muskelprotzen".[51]

PMSF stützten sich bei der Personalrekrutierung auf fragwürdige Auswahlme-
thoden und –verfahren: „CACI heuerte Personal zur Vernehmung von Gefangenen
per Telefon an, ohne die Bewerber jemals getroffen zu haben."[52] Im Ergebnis, so
legt die Modellierung des Cowboynarrativs nahe, wird unqualifiziertes und inkom-
petentes Personal angeworben und eine Branche geschaffen, „in der es leichter ist,
ein bewaffneter Sicherheitswachmann im Ausland zu werden, als ein Türsteher
in London."[53] Im Gegensatz zum Experten(selbst)narrativ beschreibt das mediale Cowboynarrativ PMSF-Mitarbeiter als schlecht ausgebildete „Analphabeten"[54],
„labile"[55] „Außenseiter"[56] und „dysfunktionale Charaktere, die es weder im Militär
mit seinen hohen Anforderungen an emotionale Stabilität und Disziplin noch in
der zivilen Welt geschafft haben."[57]

---

[43] The Washington Post, 27.07.2008, B06.
[44] The Daily Telegraph, 04.05.2007, p. 12.
[45] The Washington Post, 07.10.2007, B01.
[46] The New Yoke Times, 11.11.2009, 1.
[47] The New York Times, 27.09.2007, 1.
[48] The Guardian, 21.08.2009, 23.
[49] Beide Zitate aus: The Guardian, 15.05.2004, 4.
[50] The Washington Post, 03.10.2007, A18.
[51] Alle Zitate aus: The New York Times, 23.09.2007, 1.
[52] The Guardian, 15.05.2004, 4.
[53] The Daily Telegraph, 10.12. 2004, 36.
[54] The Washington Post, 21.12.2008, BW04.
[55] The New York Times, 17.11.2006, 16.
[56] The Washington Post, 21.12.2008, BW04.
[57] Ebd.

3.2 „Professionelle Geschäftsleute" vs. „skrupellose Kriegsgewinnler"

Eine zweite vorherrschende Selbstcharakterisierung von PMSF stellt deren Mitarbeiter als *professionelle Geschäftsleute* dar. Eine große Zahl von PMSF betont ein ziviles Selbstbild als normale, hochgradig professionelle Unternehmen, die jeglichen militärischen und militaristischen Jargon vermeiden und sich deutlich vom Bild der Söldnerfirma zu distanzieren suchen. Sie bieten schlicht „effektive und effiziente"[58], „zielgerichtete Dienstleistungen"[59] an, die die „Effektivität [ihrer] Kunden steigern – und zwar jederzeit und an jedem Ort"[60], was zudem eine Selbstpositionierung in einem anspruchsvollen globalen *Business*-Setting beinhaltet.

Solche PMSF charakterisieren sich als kompetente und zuverlässige Partner, die mit ihren Dienstleistungen stets „die Erwartungen der Kunden erfüllen oder übertreffen."[61] Sie kümmern sich um die Bedürfnisse ihrer Kunden und helfen ihnen, schnell und effizient „ihre Ziele zu erreichen – ganz gleich wie groß oder klein das Projekt ist."[62] PMSF bieten „herausragenden Kundenservice"[63] und betonen ihre Flexibilität und Kosteneffizienz. Die Auslagerung von Militärdienstleistungen wird als „globale Realität [und] finanziell vernünftige Alternative"[64] dargestellt. Um „Produkte und Dienstleistungen mit optimalem Preis-Leistungsverhältnis"[65] anzubieten und den „Kundennutzen [zu] gewährleisten"[66], so die narrative Modellierung, stützen sich PMSF auf „Profis", starke „Führungskräfte"[67] und „hochqualifiziertes Management-Personal".[68]

---

[58] Reed, http://www.reedinc.com/web/page/554/interior.html [17.03.2012].

[59] GardaWorld, http://www.garda-world.com/whatwedo/services/ [15.03.2012].

[60] EOD Technology, http://www.eodt.com/AboutUs/ [17.03.2012].

[61] GDIT, http://www.gdit.com/about/aboutus.aspx?id=3458 [16.03.2012].

[62] KBR, http://www.kbr.com/About/Business-Units/International-Government-Defence-and-Support-Services/ [16.03.2012].

[63] Global Security Services, http://globalsecurityservices.com/component/option, com_frontpage/Itemid,1/ [15.03.2012].

[64] H3, http://www.grouph3.com/index.php?option=com_content&view=article&id=140& Itemid=262 [15.03.2012].

[65] GDIT, http://www.gdit.com/contact_us/contactus.aspx?ekfrm=3460 [15.03.2012].

[66] GardaWorld, http://www.garda-world.com/whoweare/about/ [15.03.2012].

[67] Beide Zitate von: GDIT, http://www.gdit.com/about/aboutus.aspx?id=2746 [16.03.2012].

[68] Reed, http://www.reedinc.com/web/page/554/interior.html [17.03.2012].

Einige dieser Selbstcharakterisierungen finden Eingang in Mediennarrative. So werden PMSF medial vereinzelt als „professionelle", „Kosten sparende" „Unternehmen" charakterisiert, die „ein wesentlicher Bestandteil amerikanischer Kriegsführung"[69] seien, welche dieser narrativen Modellierung zufolge „ohne Söldner nicht aufrechterhalten werden könnte."[70] Doch selbst in dieser Behauptung einer Unverzichtbarkeit zeigt sich, dass die Imagekonstruktion als normaler professioneller Geschäftszweig in den Mediennarrativen ganz überwiegend nicht akzeptiert wird und daher scheitert. Vielmehr werden PMSF als skrupellose „Kriegsgewinnler"[71] dargestellt, die „großzügige Zahlungen"[72] aus „lukrativen Kriegsverträgen" erhalten haben.[73] PMSF seien „gutbezahlte Söldner"[74], „deren Antrieb Geld ist"[75] und die vom Setting eines „rasant wachsenden Markt[es]" profitieren.[76] Die „höchst lukrative kommerzielle Sicherheitsbranche"[77] hat den „Geldregen"[78], der mit den gewaltsamen Konflikten in Irak und Afghanistan einherging, skrupellos ausgenutzt. PMSF haben „das Chaos genutzt, um sich die Taschen voll zu machen"[79] und ihre „Profite in die Höhe zu treiben."[80] Das dieser narrativen Modellierung zugrunde liegende Handlungsmotiv der Profitmaximierung von PMSF, „deren Loyalität in erster Linie den Anteilseignern gilt"[81] und die ein „inhärentes Interesse an der Fortdauer von Konflikten"[82] haben, wird kritisiert und als „kontraproduktiv"[83] für die sicherheitspolitischen Bestrebungen der zahlenden Regierungen bewertet.

Viele Artikel äußern sich auch kritisch über die Kosteneffizienz der PMSF. So wird beklagt, dass „Ineffizienz"[84], „Verschwendung und Betrug"[85] der PMSF

---

[69] Alle Zitate aus: The New York Times, 02.04.2004, 19.

[70] The Washington Post, 01.12.2008, C01.

[71] The Washington Post, 13.10.2007, A01.

[72] The New York Times, 03.10.2007, 24.

[73] The Guardian, 01.08.2007, 4.

[74] The Daily Telegraph, 08.04.2011, 24.

[75] The Washington Post, 23.04.2005, A01.

[76] The Daily Telegraph, 31.05.2007, 4.

[77] The Guardian, 08.03.2011, 25.

[78] The Washington Post, 01.07.2004, A01.

[79] The Daily Telegraph, 31.05.2007, 4.

[80] The Washington Post, 04.11.2006, A12.

[81] The Guardian, 01.08.2007, 4.

[82] .The Guardian, 30.10.2006, 14.

[83] The New York Times, 27.09.2007, 1.

[84] The New York Times, 15.06.2004, 23.

[85] The Washington Post, 04.11.2006, A12.

letztlich „vom britischen Steuerzahler finanziert"[86] werden. Den PMSF wird vorgeworfen, ihre Angestellten kosteten „weit mehr als jeder Soldat"[87], so dass die betreffenden Aufgaben „von der Regierung oder vom Militär zu wesentlich geringeren Kosten erledigt werden könnten."[88] „Statt Musterbeispiele für Geschwindigkeit und Effizienz zu sein, sehen die Firmen eher aus wie überteuerte, unterdurchschnittlich erfolgreiche und schwerfällige Monster, die sich kaum bewegen können vor lauter Angst vor dem Hass, den sie miterzeugt haben."[89] PMSF hätten „die US-Regierung um dutzende Millionen Dollar betrogen"[90], „zu hohe Rechnungen ausgestellt"[91] und beträchtliche Mengen finanzieller Ressourcen „abgeschöpft."[92] Insbesondere nach dem Irakkrieg hätten sie illegitimer Weise Geld abgegriffen, „das dann für Krankenhäuser, Wasseraufbereitungsanlagen und Telefonverbindungen gefehlt hat."[93] In dieser narrativen Modellierung wird also eine kausale Verknüpfung zwischen der Nutzung von teuren PMSF und Defiziten beim zivilen Wiederaufbau in Postkonfliktregionen hergestellt. PMSF erhielten „große Geldbeträge, die Großbritannien und die USA ihrer ursprünglichen Bestimmung für humanitäre und Wiederaufbaumaßnahmen vorenthalten mussten"[94], und profitierten üppig vom „milliardenschweren Raubzug"[95] im Irak.

3.3 „Humanitäre Wohltäter" vs. „unkontrollierte Rechtsbrecher"

Eine dritte Selbstcharakterisierung stellt PMSF und ihre Mitarbeiter als *humanitäre Wohltäter* dar (Joachim und Schneiker 2012), die in einem von menschlichem Leid geprägten (Post-)Konfliktsetting „Individuen helfen, Verantwortung für ihre Zukunft zu übernehmen"[96] und „die Welt zu einem besseren Ort zu machen."[97]

---

[86] The Guardian, 21.06.2009, 20.

[87] The Guardian, 17.04.2004, 13.

[88] The Washington Post, 03.10.2007, A18.

[89] The Guardian, 26.06.2004, 22.

[90] The Washington Post, 23.04.2005, E01.

[91] The New York Times, 15.06.2004, 23.

[92] The Daily Telegraph, 04.05.2007, 12.

[93] The Guardian, 26.06.2004, 22.

[94] The Guardian, 02.04.2007, 5.

[95] The Guardian, 26.06.2004, 22.

[96] Alle Zitate von MPRI, http://www.mpri.com/web/ [15.03.2012].

[97] DynCorp, http://www.dyn-intl.com/index.aspx [17.03.2012].

Solche PMSF charakterisieren sich selbst als „Kräfte für das Gute"[98], deren „übergeordnetes Ziel es ist, Menschen und Institutionen zu helfen, sichere, stabile und produktive Gesellschaften aufzubauen."[99] Sie versprechen nichts weniger als „heute Dienst zu leisten für ein besseres Morgen."[100]

Folglich bezeichnen PMSF die „Unterstützung" von und den „Respekt vor den Menschenrechten"[101] als „grundlegende Prinzipien"[102] ihrer Arbeit. Sie heben ihre Teilnahme an Menschenrechtsinitiativen wie den *Voluntary Principles on Security and Human Rights*[103] oder dem *International Code of Conduct for Private Security Service Providers* (ICoC)[104] hervor. Solche Firmen betonen, dass sie sich „niemals Menschenrechtsverletzungen mitschuldig machen werden"[105] und sich „strikt an staatliche Gesetze, Branchenkodizes und das Völkerrecht halten."[106] Darüber hinaus hätten sie seit ihrer Gründung „dazu beigetragen, mit [ihrem] strengen Training und anspruchsvollen ethischen Leitlinien Standards in der Branche zu setzen."[107] Viele PMSF präsentieren firmeneigene Kodizes für ethisch einwandfreies Verhalten[108] und verpflichten sich auf „höchste Standards für moralisch, ethisch und sozial verantwortliches Verhalten"[109] sowie einen „ethischen Ansatz"[110] und „einen moralischen Kompass"[111] in ihrem gesamten Geschäftsgebaren. Konkret wird auf die Existenz von Ethiktrainings für Mitarbeiter[112] und eine „Ethik-Hotline"[113] verwie-

---

[98] Edinburgh International, http://www.edinburghint.com/about-us/csr/ [14.03.2012].

[99] Pax Mondial, http://www.paxmondial.com/ [15.03.2012].

[100] DynCorp, http://www.dyn-intl.com/ [17.03.2012].

[101] AEGIS Defence Services, http://www.aegisworld.com/index.php/our-approach-ethos-2 [14.03.2012].

[102] Edinburgh International, http://www.edinburghint.com/about-us/csr/ [14.03.2012].

[103] Hart Security Limited, http://www.hartsecurity.com [14.03.2012].

[104] Saladin Security Ltd, http://www.saladin-security.com/corporate-social-responsibility. php [14.03.2012].

[105] Hart Security Limited, http://www.hartsecurity.com/aboutus_codeofconduct.asp [14.03. 2012].

[106] Triple Canopy, http://www.triplecanopy.com/company [15.03.2012].

[107] Triple Canopy, http://www.triplecanopy.com/company [15.03.2012].

[108] DynCorp, http://www.dyn-intl.com/about-us/values-code-of-conduct.aspx [17.03.2012].

[109] Pax Mondial, http://www.paxmondial.com/how-we-operate/ [15.03.2012].

[110] Control Risks Group, http://www.controlrisks.com/aboutUs/SitePages/Ethical%20 And%20Independent.aspx [14.03.2012].

[111] MEP, http://www.missionep.com/company/vision [15.03.2012].

[112] Pax Mondial, http://www.paxmondial.com/how-we-operate/ [15.03.2012].

[113] DynCorp, http://www.dyn-intl.com/about-us/values-code-of-conduct.aspx [17.03.2012].

sen, die gemäß dieser Modellierung des Narrativs von der ethisch einwandfreien PMSF sicherstellen sollen, dass „die Arbeitspraktiken und die Verantwortlichkeit [der Mitarbeiter] stets tadellos" sind.[114] Auch der Verweis auf Kunden und Partner aus dem Kreis der „Menschenrechts-"[115] und „humanitären" Organisationen[116] wie z. B. Oxfam, Ärzte ohne Grenzen, das Rote Kreuz,[117] USAID und die Vereinten Nationen[118] dienen der Untermauerung des Bildes vom humanitären Wohltäter. Des Weiteren wird diese Selbstcharakterisierung durch die Unterstützung von „wohltätigen Organisationen"[119] unterstrichen – insbesondere solchen, die im Bereich der „Bildung, Ausbildung und Betreuung [...] in Entwicklungsländern"[120] tätig sind. PMSF modellieren ihre Tätigkeiten somit als konstruktives Engagement in einem von humanitären und Entwicklungsproblemen geprägten Setting. So betonen sie etwa, „den Bau einer neuen Schule im Sudan"[121] zu unterstützen und sich durch „Freiwilligendienste, Spenden und Sachleistungen" „besonders stark für Organisationen zu engagieren, die sich der Bildung, medizinischen Versorgung und der Deckung menschlicher Grundbedürfnisse widmen."[122]

Interessanterweise findet sich diese Charakterisierung als humanitäre Wohltäter fast überhaupt nicht in den Mediennarrativen über PMSF. Der Versuch der PMSF, sich ein Image als respektable oder gar wohltätige Akteure zu konstruieren, wird explizit als ein „großangelegtes Manöver zur [PR-]Schadensbegrenzung"[123] und „Versuch, ihren schlechten Ruf zumindest teilweise loszuwerden", zurückgewiesen und kritisiert. In den Mediennarrativen erscheinen PMSF stattdessen als *unkontrollierte Rechtsbrecher*, die im Setting einer rechtlichen „Grauzone"[124] agieren und in illegale oder rechtlich fragwürdige Aktivitäten verwickelt sind, ohne einer an-

---

[114] Control Risks Group, http://www.controlrisks.com/aboutUs/SitePages/Our%20Reputation. aspx [14.03.2012].

[115] Centurion Risk Assessment Services, http://www.centurionsafety.net/About.html [14.03.2012].

[116] Hart Security Limited, http://www.hartsecurity.com [14.03.2012].

[117] Alle Verweise von AYR Group, http://www.ayrgroup.co.uk/ [16.03.2012].

[118] TOR International, http://torinternational.com/about/ [18.03.2012].

[119] Olive Group, http://www.olivegroup.com/about.htm [14.03.2012].

[120] Edinburgh International, http://www.edinburghint.com/about-us/csr/ [14.03.2012].

[121] Saladin Security Ltd, http://www.saladin-security.com/corporate-social-responsibility. php [14.03.2012].

[122] Cubic Corporation, http://www.cubic.com/About-Us/Corporate-Responsibility [15.03. 2012].

[123] The Guardian, 02.01. 2010, 6.

[124] The Guardian, 17.04.2004, 13.

gemessenen Kontrolle zu unterliegen. PMSF verhielten sich wie „Gesetzlose"[125], „Desperados"[126] oder „Gangster"[127], die „kriminellen"[128] Tätigkeiten nachgingen und „schmutzige Arbeiten"[129] für ihre Auftraggeber erledigten. Sie legten „gesetzeswidriges Verhalten"[130] an den Tag wie „Bestechung"[131], „Waffenschmuggel" und verdeckte Operationen, welche die „Grenze der Legalität überschritten."[132]

Viele Artikel betonen „Missbrauchsvorwürfe"[133], „Vergehen"[134], „Menschenrechtsverletzungen"[135] und „Beschwerden über das Verhalten von Blackwater und anderen Firmen."[136] Das Auslagern militärischer Aufgaben wird kritisiert, indem in der narrativen Modellierung ein kausaler Zusammenhang mit dem Auftreten „schwere[r] Menschenrechtsverletzungen"[137] hergestellt wird. Der „Mangel an Verantwortlichkeit"[138] und die „nicht vorhandene Kontrolle"[139] der „unregulierten privaten Militär- und Sicherheitsunternehmen"[140] sind weitere zentrale Elemente des Mediennarrativs vom unkontrollierten Rechtsbrecher.

3.4 „Stolze Patrioten" vs. „schmutzige Söldner"

Eine letzte wichtige Selbstcharakterisierung von PMSF besteht in der Identifizierung als *stolze Patrioten*. Einige PMSF betonen explizit ihre Loyalität gegenüber ihrem Heimatland. Sie versprechen, „die Verfolgung der vitalen Interessen des

---

[125] The Washington Post, 21.12.2008, BW04.

[126] The New York Times, 03.10.2007, 25.

[127] The Washington Post, 21.12.2008, BW04.

[128] The Washington Post, 12.10.2007, A01.

[129] The Daily Telegraph, 08.04.2011, 24.

[130] The Washington Post, 11.12.2009, A02.

[131] The Washington Post, 04.11.2006, A12.

[132] Beide Zitate aus: The New York Times, 11.11.2009, 1.

[133] The Guardian, 15.05.2004, 4.

[134] The Washington Post, 04.11.2006, A12.

[135] The Guardian, 18.02.2008, 9.

[136] The Guardian, 01.08.2007, 4.

[137] The New York Times, 28.05.2006, 9.

[138] The Washington Post, 12.10.2007, A01.

[139] The Washington Post, 24.12.2007.

[140] The Guardian, 31.10.2006.

Landes zu unterstützen"[141] und „dauerhaft ausgezeichnete Dienste für [die britische] Krone und Vaterland"[142] zu leisten. Diese PMSF sehen sich verpflichtet, „herausragende Leistungen für die US-Regierung und ihre Verbündeten"[143] zu erbringen und bekunden ihren Stolz, zur „Sicherheit und Freiheit [der] Nation"[144] beizutragen. So betont CACI: „Amerikas Missionen sind unsere Missionen. Seit mehr als 45 Jahren sehen wir uns als Firma verpflichtet, [...] als eine verlässliche nationale Ressource zu dienen."[145] Neben der Anerkennung der Leistungen der Streitkräfte und dem Versprechen, diese zu „unterstützen"[146] und „Leben von [...] Soldaten zu retten"[147], dient die Unterstützung von Wohltätigkeitsprogrammen für Veteranen wie das „Wounded Warriors Project", die „Silver Eagle Group"[148] oder „Operation IMPACT (Injured Military Pursuing Assisted Career Transition)"[149] PMSF dazu, ihren Patriotismus und ihre Selbstpositionierung in einem militär- und veteranenfreundlichen Setting auszudrücken.

Der Versuch der Verbreitung eines patriotischen Images scheitert jedoch weitgehend. Dies äußert sich bereits darin, dass in den Mediennarrativen das Bild vom stolzen Patrioten fast ausschließlich in der direkten Rede von PMSF-Mitarbeitern vorkommt, wie z. B. im Zitat: „Sie sind alle Amerikaner, arbeiten für Amerikaner, beschützen Amerikaner."[150] Weitaus dominanter ist die Charakterisierung von PMSF als *schmutzige Söldner*. PMSF werden als „kommerzielle Soldaten"[151] und „bewaffnete"[152], „schießfreudige"[153] oder „rücksichtslose" „Söldner"[154] bezeichnet. Der Name der PMSF-Branchenvereinigung, *International Peace Operations*

---

[141] CACI International Inc, http://www.caci.com/about/mission_lv.shtml [15.03.2012].

[142] Gurkha Security Services, http://www.gurkhasecurityservices.co.uk/index.php?option= com_content&view=article&id=1&Itemid=2 [14.03.2012].

[143] L-3 Communications, http://www.l-3com.com/about-l-3 [15.03.2012].

[144] Northrop Grumman, http://www.northropgrumman.com/corporate-responsibility/ ethics/our-vision-values-and-behaviors.html [15.03.2012].

[145] CACI International Inc, http://www.caci.com/about/mission_lv.shtml [15.03.2012].

[146] H3, http://www.grouph3.com/ [15.03.2012].

[147] Gryphon, http://www.gryphonsecurity.com/index_2.htm [18.03.2012].

[148] Beide Zitate von: MVM Inc, http://www.mvminc.com/in-the-community/ [15.03.2012].

[149] Northrop Grumman, http://careers.northropgrumman.com/operation_impact.html [15.03.2012].

[150] Erik Prince, in: The Washington Post, 03.07.2007, A18.

[151] The Daily Telegraph, 04.05.2007, 12.

[152] The New York Times, 05.11.2007, 24.

[153] The Washington Post, 17.08.2010, A01.

[154] Beide Zitate aus: The New York Times, 11.01.2010, 16.

Association, wird als „Orwell'sche Bezeichnung für eine Söldnerhandelsgruppe"[155] gebrandmarkt. Denn auch wenn PMSF „es nicht gefällt, Söldner genannt werden"[156], „für dich und mich [bleiben sie] Söldner."[157] PMSF mögen „diese Bezeichnung ablehnen, aber sie passt."[158] Der Begriff „private Sicherheitsfirma" sei „unser zeitgenössischer Euphemismus für Söldner."[159] Versuche der PMSF, „durch eine großangelegte Marketing-Kampagne ihr Image als Söldner abzustreifen"[160], werden verurteilt; ihre Nutzung durch westliche Regierungen wird als Beitrag zur „Legitimierung einer der schmutzigsten Berufe der Welt"[161] interpretiert (so die narrative Modellierung) und kritisiert.

Die Dominanz des Söldnernarrativs zeigt sich auch in einem Vergleich der Berichterstattung über zwei Vorfälle im Irak: die Tötung von Blackwater-Mitarbeitern durch Aufständische in Falludscha (31. März 2004), die eine narrative Charakterisierung von Blackwater als Opfer erwarten lässt; sowie die Tötung von 17 Zivilisten durch Blackwater-Mitarbeiter (16. September 2007) in Bagdad, wo Blackwater höchstwahrscheinlich als Täter dargestellt wird. Wir analysierten die Berichterstattung aller großen US-Zeitungen in der Datenbank *Lexis Nexis.* Für den Zeitraum von einem Monat ab dem jeweiligen Vorfall suchten wir nach den Begriffen „Iraq UND Blackwater" und „Iraq UND Blackwater UND mercenary". Abbildung 1 und 2 zeigen, dass die Anteile der Artikel, die die Begriffe „Söldner" *und* „Blackwater" enthalten, sehr ähnlich hoch ausfallen (19 % in 2007; 17 % in 2004), egal ob PMSF (in den Narrativen über den Falludscha-Vorfall) „Opfer" oder (beim Bagdad-Zwischenfall) „Täter" waren. Die Opferrolle ändert nichts an der Charakterisierung als Söldner: „[I]hre Familien [haben] einen Verlust erlitten, die Gesellschaft jedoch nicht."[162]

---

[155] The Guardian, 01.08.2007, 4.
[156] The Guardian, 17.05.2004.
[157] The Daily Telegraph, 08.04.2011, 24.
[158] The Washington Post, 09.12.2008, A19.
[159] The Washington Post, 21.12.2008, BW04.
[160] The New York Times, 28.03.2006, 9.
[161] The Guardian, 01.08.2007, 4.
[162] The Washington Post, 21.12.2008, BW04.

Abb. 1 Artikel über die Tötung
von Zivilisten durch
Blackwater-Mitarbeiter.
(September 2007)

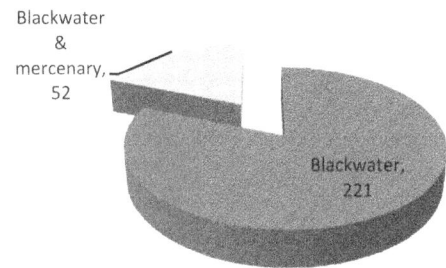

Abb. 2 Artikel über die Tötung
von Blackwater-Mitarbeitern.
(März 2004)

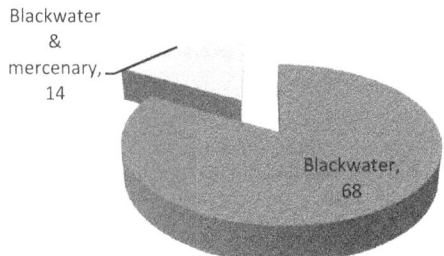

4   Zusammenfassende Interpretation und Ausblick

Wie bereits in Abschn. 3 betont, interpretieren wir den deutlichen Kontrast zwischen dominanten Selbstbildern von PMSF – als *technische und militärische Experten, professionelle Geschäftsleute, humanitäre Wohltäter* und/oder *stolze Patrioten* – und vorherrschenden medialen Charakterisierungen als *unfähige Cowboys, skrupellose Kriegsgewinnler, unkontrollierte Rechtsbrecher* und/oder *schmutzige Söldner* als starkes Indiz, dass der strategischen Imagekonstruktion und -verbreitung durch Selbstnarrative enge Grenzen gesetzt sind. Die meisten Elemente der Selbstnarrative über PMSF werden medial nicht übernommen oder sogar explizit zurückgewiesen und durch gegensätzliche negative Narrative konterkariert, wenngleich die narrativen Charakterisierungen als *technische und militärische Experten* und *professionelle Geschäftsleute* eine gewisse mediale Resonanz fanden. Die Bemühungen von PMSF um narrative Imageverbesserung durch die Konstruktion und Projektion positiver Selbstnarrative scheitern weitgehend. Insgesamt legt unsere empirische Analyse nahe, dass die PMSF zukommende Diskursmacht bei der Konstruktion des eigenen Images in einer breiteren Öffentlichkeit und bei der narrativen Legitimierung des privaten Sicherheitsgewerbes begrenzt bleibt.

Unser Beitrag zeigt auch, dass die von uns gewählte narratologische Heran-gehensweise hilfreiche Kategorien und mit der Narrativanalyse ein fruchtbares methodisches Instrumentarium für die Untersuchung von politischen Imagekon-struktionsversuchen (von PMSF und anderen politischen Akteuren) sowie von deren strukturellen Grenzen bietet. Darüber hinaus verspricht die Narratologie Ge-winn bringende Einsichten in die Gründe für narrativen Erfolg und Misserfolg von PMSF und anderen auf Selbstlegitimation bedachten politischen Akteuren. Ein sol-cher in zukünftiger Forschung zu verfolgender erklärender Ansatz könnte sich auf drei narrative Schlüsseldimensionen konzentrieren: die Eigenschaften des *Erzäh-lers* (Ressourcenausstattung, PR-Expertise, Glaubwürdigkeit), die Merkmale der *Geschichten* selbst (Kohärenz, Konsistenz, Realismus der Selbstnarrative) und die auf kulturell eingebetteten Narrativen beruhenden Verständnisse des *Publikums* über PMSF. Insbesondere die Frage der intertextuellen Erzählbarkeit von neuen Narrativen, d. h. ihre Anschlussfähigkeit an etablierte Narrative, könnte ein Schlüs-sel zum Verständnis des Erfolgs bzw. Misserfolgs narrativer Imagekonstruktion sein (Spencer i.E.).

Literatur

Avant, Deborah. 2005. *The market for force: The consequences of privatizing security*. Cambridge: Cambridge University Press.

Baker, Mona. 2010. Narratives of terrorism and security: Accurate translations, suspicious frames. *Critical Studies on Terrorism* 3 (3): 347–364.

Berndtsson, Joakim. 2012. Security professionals for hire: Exploring the many faces of private security expertise. *Millennium* 40 (2): 303–320.

Chesterman, Simon, Chia Lehnhardt, Hrsg. 2007. *From mercenaries to market: The rise and regulation of private military companies*. Cambridge: Cambridge Univeristy Press.

Deitelhoff, Nicole, und Anna Geis, 2010. Entkernt sich der Leviathan? Die organisato-rische und funktionelle Umrüstung der Militär- und Verteidigungspolitik westlicher Demokratien. *Leviathan* 38 (3): 389–410.

Fludernik, Monika. 2009. *An introduction to narratology*. London: Routledge.

Genette, Gérard. 1982. *Figures of literary discourse*. New York: Columbia Univ. Press.

Herman, David. 2009. Narrative Ways of Worldmaking. In *Narratology in the age of cross-disciplinary narrative research*, Hrsg. Sandra Heinen und Sommer Roy, 71–87. Berlin: De Gruyter.

Herman, Luc, und Bart Vervaeck. 2007. Ideology. In *The Cambridge companion to narrative*, Hrsg. David Herman, 217–230. Cambridge: Cambridge Univ. Press.

Herrnstein Smith, Barbara. 1981. Narrative version, and narrative theories. *Critical Inquiry* 7 (1): 213–236.

Higate, Paul. 2012. ‚Cowboys and professionals': The politics of identity work in the private and military security company. *Millennium* 40 (2): 321–341.

Joachim, Jutta, und Andrea Schneiker. 2012. New humanitarians? Frame appropriation through private military and security companies. *Millennium* 40 (2): 365–388.

Krahmann, Elke, 2008. Security: Collective good or commodity? In *European Journal of International Relations* 14 (3): 379–404.

Krahmann, Elke. 2010. *States, citizens and the privatization of security*. Cambridge: Cambridge University Press.

Krahmann, Elke. 2012. From ‚mercenaries' to ‚private security contractors': The (re)construction of armed security providers in international legal discourses. *Millennium* 40 (2): 343–363.

Kreiswirth, Martin. 2000. Merely telling stories? Narrative and knowledge in the human sciences. *Poetics Today* 21 (2): 293–318.

Kruck, Andreas. 2013. Theorising the use of private military and security companies: A synthetic perspective. *Journal of International Relations and Development* 17 (1): 112–141.

Lakoff, George, und Mark Johnson. 1980. *Metaphors we live by*. Chicago: University of Chicago Press.

Leander, Anna. 2005a. The market for force and public security: The destabilizing consequences of private military companies. *Journal of Peace Research* 42 (5): 605–622.

Leander, Anna. 2005b. The power to construct international security: On the significance of private military companies. *Millennium* 33 (3): 803–826.

Leander, Anna. 2010. The paradoxical impunity of private military companies: Authority and the limits to legal accountability. *Security dialogue* 41 (5): 467–490.

Patterson, Molly, und Kristen Renwick Monroe. 1998. Narrative in political science. *Annual Review of Political Science* 1: 315–331.

Phelan, James. 2005. *Living to tell about it: A rhetoric and ethics of character narration*. Ithaca: Cornell University Press.

Schneiker, Andrea, und Jutta Joachim. 2012. Private Militär- und Sicherheitsfirmen: Ein Chamäleon der internationalen Politik. *Zeitschrift für Friedens- und Konfliktforschung* 1 (1): 44–71.

Somers, Margaret. 1994. The narrative constitution of identity: A relational and network approach. *Theory and Society* 23 (5): 605–649.

Spencer, Alexander. 2011. Bild Dir Deine Meinung: Die metaphorische Konstruktion des Terrorismus in den Medien. *Zeitschrift für Internationale Beziehungen* 18 (1): 47–76.

Spencer, Alexander. i.E., 2015. *Romantic narratives in international relations: Rebels, pirates and heroes*. Manchester: Manchester University Press.

Toolan, Michael. 2001. *Narrative: A critical linguistic introduction*. London: Routledge.

.

Diachrone Untersuchung narrativer Praktiken der letzten 75 Jahre in Spanien

Nadine Seneca Hernández Sánchez

Zusammenfassung

Narrative und Narrationen fixieren und tradieren Sinnhorizonte, die dem Individuum in einem bestimmten sozialen Raum Identifikations- und Handlungsfähigkeit verleihen. Es handelt sich um sensible Kompositionen von sprachlichen und symbolischen Mitteln, nach denen sich das Bewusstsein ganzer Gruppen formt. Im politischen Raum lassen sich verschiedene Szenarien zur Konsolidierung eines Narrativs denken: Sie können sich einseitig-autoritär, an Ereignisse rückgekoppelt dominant, rezessiv oder konkurrierend und schließlich in wechselseitiger Aushandlung etablieren. Anhand von vier ausgewählten historischen Phasen zwischen frühem Franquismus und aktuellen Debatten um die spanische Erinnerungskultur werden narrativ vermittelte politische Strategien und Ordnungsmuster erfasst und die Gründe ihrer Dominanz ausgelotet.

1 Zum Begriff des Narrativs/der Narration

Erfahrungen und Wissen konditionieren den Menschen hinsichtlich seiner Identifikations- und Handlungsfähigkeit in einem bestimmten sozialen Raum. Diese werden in Narrationen fixiert und tradiert. Die dieserart kommunizier-

N. S. H. Sánchez (✉)
Universidad de Alcalá Madrid, Pza. San Diego s/n,
28801 Alcalá de Henares (Madrid), Spanien
E-Mail: nadine.hernandez@gmx.eu

W. Hofmann et al. (Hrsg.), *Narrative Formen der Politik*,
DOI 10.1007/978-3-658-02744-5_10, © Springer Fachmedien Wiesbaden 2014

ten Sinnhorizonte nennt man Kultur; Kultur ist die Basis jedes gesellschaftlichen Zusammenlebens und in der Folge des politischen Handelns.

> Kultur ist deshalb öffentlich, weil Bedeutung etwas Öffentliches ist. Man kann nicht zwinkern (oder jemanden parodieren) ohne zu wissen, was man unter Zwinkern versteht. (Geertz 2008, S. 464)

Narration ist die auf stilisiertem Zeichengebrauch basierende Vermittlung von Ereigniszusammenhängen. Äußerungen werden kontextualisiert und durch rhetorische oder symbolische Mittel verdichtet. Die Wahl von Erzählinstrumenten und sinnbildlichen Praktiken beeinflusst die Wahrnehmung in erheblichem Maße. Narration wird hier als Konvolut etablierter sinnstiftender Elemente verstanden, die ihre Wirkung entfaltet haben und zum Zwecke der Vermittlung historisch-kultureller Kohärenz repetitiv reproduziert werden.[1] Narrative hingegen werden als die gegenwartsbezogene aktive bewusste Arbeit an der Darstellung eines bestimmten Sachverhalts interpretiert. Ziel von Narrativen ist die Manipulation der Perzeption außersprachlicher Wirklichkeit und schließlich auf Imagebildung ausgerichtet, jenes von Narration ist die Schaffung kollektiver Identität als Unterbau für die Rezeption von Narrativen. Im Allgemeinen werden die zugrunde liegenden Konzepte nicht explizit formuliert, sondern in viele kleine allegorische Einheiten übersetzt, die von den Empfängern decodiert und in Abgleich mit den ihnen geläufigen spezifischen linguistischen Strukturen und Erfahrungen ausgewertet werden. Die Durchsetzung eines bestimmten Narrativs lässt sich sowohl von Individuen wie auch in sozialen Einigungsprozessen realisieren, wobei insbesondere das Individualnarrativ stark mit der Frage um Macht korreliert. Seiner Natur gemäß wirkt es zunächst solide, hat jedoch wenig Chancen, über das Individuum hinaus Bestand zu haben. Das auf gesellschaftlichem Konsens basierende Narrativ indessen bedarf zu seiner Festigung einer längeren Zeitspanne, erweist sich dann ob seiner reziproken Heranbildung schließlich aber als stabiler und persistenter. So denn ein Narrativ ob seines Belangs und seiner Dominanz einen entsprechenden Wirkungsradius zu entfalten in der Lage ist, wird es ganze Gesellschaften für sich einnehmen und sich dem kollektiven Gedächtnis einverleiben können. Von besonderem Interesse und erheblicher Tragweite sind üblicherweise die politischen Narrative[2], deren Struktur wie jeder zwischenmenschliche sprachliche Austausch auf komplexen *signifié-signifiant*-Beziehungen basiert. Diese Relatio-

---

[1] Zur volkskundlichen Begrifflichkeit „gesunkenes Kulturgut" in diesem Zusammenhang vgl. Jakobson (2005, S. 80).

[2] Politische Narrative sind aus dem Grunde von großer Tragweite, weil sie auf ein verhältnismäßig stabiles Denkkollektiv wirken, wie es sich um organisierte soziale Gruppen zu bilden pflegt. Zum Konstrukt des Denkkollektivs vlg. Fleck (2008, S. 282–288).

nen komplizieren sich mit dem Umfang und der Vielschichtigkeit der Narrationen, die wiederum von unterschiedlich kanonisierten Geistern[3] verschieden gedeutet werden. Die unterschiedlich perspektivierten – wenn auch grob gezeichneten und simplifizierten – Betrachtungen ineinandergreifender Systeme auslegbarer Zeichen und die diskursiven Auseinandersetzungen einer Gesellschaft um die Kohärenz ihrer Narrationen lassen ihre Kultur, ihre Öffentlichkeit, ihre Politik beschreibbar und somit wissenschaftstheoretisch erfassbar werden.[4]

2 Erkenntnisinteresse und Vorgehensweise

Der vorliegende Beitrag interessiert sich für die Konzeption und Wirkungsweise von Narrativen im politischen Kontext. Anhand einer diachronen Untersuchung einzelner Aspekte der politischen erzählerischen und bildhaften Praktiken der letzten 75 Jahre in Spanien versucht er, eine mögliche Perspektive auf einige der vielen Fragen um „Narrative Formen der Politik" zu bieten. Konkret soll das Fallbeispiel Spanien dazu dienen, in kurzen historisch-deskriptiven Schlaglichtern zu beleuchten, aufgrund welcher politischen Strategien und Praktiken und mithilfe welcher Ordnungsmuster sich bestimmte Narrative mit politisch dominantem Potenzial konstituieren. Zudem soll untersucht werden, wie Narrative dieses Potenzials beschaffen sind bzw. welche Umstände sie zur Entfaltung bringen. Anhand von vier ausgewählten historischen Phasen wird gezeigt werden, wie sich Narrative an Ereignisse und Praktiken rückgekoppelt einseitig-autoritär, dominant, rezessiv oder konkurrierend und sich wechselseitig aushandelnd im politischen Raum inszenieren lassen.

Die erste der vier Phasen nahm mit der Machtergreifung General Francisco Francos und seinem rein autoritären Ordnungsmuster am Ende des Spanischen Bürgerkriegs (1936–1939) ihren Anfang. Der militärischen Zucht und strikten Zensur liefen seit den 50er Jahren des Diktators Bestrebungen nach internationaler Anerkennung zuwider und sein Narrativ erhielt einen stark liberalen Impetus, der sich vorrangig auf wirtschaftlichem Terrain zu einer Lockerung des zuvor ausschließlich francozentrierten Narrativs auswuchs. In der Folge gewann sein patriarchalisches Narrativ an sinnstiftender Überzeugungskraft und läutete die

---

[3] Kanon wirkt als eine Identität schaffende kohärente Gesellschaftsgeschichte. Er fungiert als ein Filter für neue Entdeckungen und als Automatismus zur Verarbeitung wiederholt auftretender Ereignisse.

[4] Zur Beschreibbarkeit von Kultur vgl. Geertz (2008, S. 466).

zweite, tolerantere Phase seiner Herrschaft ein, die nicht mehr zwanghaft autoritär und individualistisch, sondern wirkungsvoll dominant den politischen Raum strukturierte. In diesem Richtungswechsel ist einer der Hauptgründe für die wenig aufreibende Transition und ausbleibende öffentliche Auseinandersetzung mit der jüngeren Geschichte nach Francos Tod 1975 zu suchen, die politisch mit der Verabschiedung des Amnestiegesetzes, der *Ley 46*, von 1977 (Carlos 1977, S. 22765 f.) untermauert wurden. Erst mit Ende der 90er Jahre/Anfang des neuen Jahrtausends wurde das Thema der Vergangenheitsbewältigung im Zuge von plötzlich aufkeimendem zivilgesellschaftlichen Engagement wieder aufgenommen und der rezessive Umgang mit dem politischen Erbe trat in eine aktive, reziproke Aufarbeitung der Bürgerkriegserinnerungen ein. Als Ausgangspunkt gilt Emilio Silvas Suche nach den sterblichen Überresten seines im Bürgerkrieg verschollenen Großvaters. Seine zur Mithilfe auffordernden Publikationen in einer Lokalzeitung lösten einen tiefgreifenden öffentlichen Diskurs aus, der politisch in der Verabschiedung der *Ley de memoria histórica* (Ley 52 von 2007) seinen äußersten Ausdruck fand.

Seit Kriegsende ist den spanischen Bürgerkriegserinnerungen eine konfliktreiche Handhabung von Repression über Ignoranz hin zum politisch-gesellschaftlichen Aushandlungsprozess widerfahren, dessen Konsolidierung bis heute nicht abgeschlossen ist und daher nach wie vor von größtem Interesse bleibt. Demgemäß wird der Beitrag vor allem die wechselvolle Geschichte der Erinnerungsnarrative im politischen Raum fokussieren. Es werden dazu empirisch Beispiele allegorischer Einheiten im Sinne politischer rhetorischer und symbolischer Instrumente aufgegriffen, mittels derer größere Narrativgefüge identifiziert und ihre Relevanz für eine denkbare narrationspraktische Fixation ausgelotet werden können.

Der Beitrag gliedert sich im Hauptteil in vier Abschnitte gemäß den vier genannten Phasen spanischer Nachkriegsgeschichte. Die ersten zwei Kapitel beschäftigen sich mit zwei ganz unterschiedlichen Narrativen der franquistischen Diktatur, die zwei Folgekapitel mit zwei Weiterentwicklungen des Erinnerungsnarrativs im demokratisierten Spanien.

Konkludierend ist festzustellen, dass auch in derart disparaten politischen Systemen Narrative stark mit den Lebenswelten der betroffenen Bevölkerung und politisch-ökonomischen Bedingungen korrelieren. Ein erstaunlicher Befund ist in diesem Kontext die Persistenz, die das franquistische als Individualnarrativ gegenüber dem der gesellschaftlichen Aushandlung hinsichtlich der Erinnerungskultur noch über des Diktators Tod hinaus bewirken konnte. Der bis heute schwerfällige Umgang mit den Bürgerkriegserinnerungen beweist jedoch, dass sich weder das einseitig-autoritäre noch das dominante oder rezessive Narrativ durch Dauerhaftigkeit auszeichnen und erst das aus einer sozialen kommunikativen Auseinandersetzung resultierende Narrativ konsistent in ein kollektives Gedächtnis überzutreten vermag.

3 Franquismus – Ein einseitig-autoritäres Narrativ

Obgleich das politische Narrativ Francisco Francos deutlich vor Ende[5] des Spanischen Bürgerkriegs am 01. April 1939 Einfluss zu nehmen begann, soll die in Schlaglichtern intendierte Betrachtung im Mai 1939 einsetzen. Am 19. Mai 1939 marschierten 120.000 Soldaten vor Franco in Madrid auf, während dieser mit der höchsten militärischen Auszeichnung, dem großen lorbeerbekränzten Kreuz des Heiligen Fernando, geehrt wurde. Am nächsten Tag schloss sich eine religiöse Zeremonie an, bei der Franco unter einem Baldachin die Kirche Santa Bárbara betrat; ein Privileg, das dem Heiligen Sakrament und Königen vorbehalten ist. Der Höhepunkt der Veranstaltung war der Siegesschlag vor dem *Cristo de Lepanto*, der einzig aus Anlass der Lobpreisung Francos aus Barcelona gebracht worden war. Wie Javier Tusell (2010, S. 11) in seiner Monografie *Dictadura franquista y democracia. 1939–2004* schreibt, war dieses Spektakel aus heutiger Perspektive eine jedem Missverständnis trotzende Vorausschau auf das Kommende – ein sich jeglichen Grundsätzen der Trennung von Militär, Kirche und Staat widersetzendes mittelalterliches politisches System. In seinen frühen Notizen erklärte Franco Militär, Politik und Wirtschaft zu seinem Verantwortungsbereich und die Beseitigung der Ursachen der spanischen Dekadenz, d. h. der untereinander zu keiner Einigkeit findenden Parteien, des Freimaurertums und des Kommunismus zu seiner originären Aufgabe (Suárez Fernández 1987, S. 41).

Mittels klarer einfacher Vorstellungen modellierte Franco ein Bild von der spanischen Gesellschaft und seiner Person als herrschendem Mittelpunkt. Zentrale Merkmale des damaligen politischen Regimes waren die Konzentration aller Macht in den Händen Francos, der, von Gott berufen[6], Spanien aus seiner Misere erretten sollte und dessen Staatscredo, der *nacional-catolicismo*, auf die vollkommene Repression jeglicher Opposition und Ideologie abzielte; die Beschränkung der Versammlungsfreiheit und das Parteienverbot (einzig zugelassene Partei des Regimes war die *Falange Española Tradicionalista y de las JONS*); das Verbot von Gewerkschaften und Streiks, während das einzig erlaubte Syndikat der Regierung unterstellt war. Breite Unterstützung erfuhr das Regime durch das Militär, die Kirche und die

---

[5] Bereits zu Beginn seiner Karriere auf dem spanischen Festland im Oktober 1936 macht er von sich als *Generalísimo de los ejércitos de tierra, mar y aire* reden.

[6] *Caudillo de España por la gracia de Dios.*

Monarchen, während Kommunisten, Sozialisten und Republikaner als Opposition unterdrückt wurden. Franco kontrollierte mit Hilfe seiner Propaganda die öffentliche Meinung und betrieb ein breit angelegtes Informationsmanagement, welches keinerlei Kritik am System oder den die franquistischen Doktrinen nährenden Werte erlaubte.[7] Unmittelbar nach Bürgerkriegsende begann Franco mit der *damnatio historiae*, der Eliminierung jedweder historischen Erinnerung, die sich nicht in die Tradition des Aufstandes vom 17./18. Juli 1936 einreihen ließ (Bernecker 2009, S. 155 f.). Sein Narrativ zielte auf die Durchdringung und Überfrachtung des öffentlichen Raums mit faschistisch-franquistischer Symbolik. Seine Siegessymbolik manifestierte sich in Raum und Zeit gleichermaßen. So bezog man sich in öffentlichen Stellungnahmen und offiziellen Schriften beispielsweise hinsichtlich des Jahres des Bürgerkriegsauftakts stets auf das „Erste Triumphjahr" (*Primer Año Triunfal*), Bezug nehmend auf das Jahr des Kriegsendes auf das „Siegesjahr" (*Año de la Victoria*). Topographisch wurde die Machtergreifung in der Umbenennung von Orten, Straßen und Gebäuden visualisiert; Hauptstraßen hießen fortan *Avenida del Generalísimo* oder *Avenida de José Antonio Primo de Rivera*. Briefmarken und Münzen zierte das Porträt des *Caudillo*, auf letzteren gerahmt von den hehren Worten *Francisco Franco Caudillo de España por la G. de Dios*. Auf Straßen und Plätzen wurden Statuen[8] des *Caudillo* aufgestellt, sein Porträt sowie die Insignien seiner Herrschaft in Reliefs auf Gebäuden[9] verewigt.

Konsequent ergriff Franco Besitz vom öffentlichen Raum und inszenierte sich wie der *Duce* in Italien und *der Führer* in Deutschland als *Caudillo de España*. Seine erklärte Absicht war nicht nur die politische Machtübernahme, sondern die vollkommene und restlose Durchdringung des Volksbewusstseins, welches er radikal und rücksichtslos monopolisierte.

Propaganda musste laut dem *Caudillo* und seiner Partei kontinuierlich auf allen Ebenen betrieben werden; sie wäre so unerlässlich wie Gewehre und stehende Heere, hieß es in einer Erklärung.[10] Von besonderer Relevanz bei der Beeinflussung

---

[7] O.V., o. J.: España durante el franquismo, in: KAIRO http://recursostic.educacion.es/kairos/web/ensenanzas/eso/actual/franquismo_01_00.html [10.10.2012].

[8] Große Bekanntheit erlangte zum Beispiel die Reiterstatue des Führers auf der *Plaza de San Juan de la Cruz de Madrid*.

[9] Reliefs sind beispielsweise in Salamanca mit dem Porträt Francos auf dem zentralen Stützpfeiler zweier Säulen des Königlichen Pavillons auf der *Plaza Mayor* mit der Aufschrift *Franco Caudillo de España*, mit dem Wappen der Falange auf den Gebäuden der Post und der *Banco de España* zu finden.

[10] Radio Nacional. Revista semanal de radiodifusión, Jg. 1939, H. 58, 1.

des kollektiven Bewusstseins (in historischen Dokumenten *psicología colectiva*[11]) sind für Franco zweifelsohne Zeitung[12], Radio[13] und Kino, die in großem Stil manipuliert werden müssten, um der schadhaften früheren Propaganda von Russen und Kommunisten[14] Herr zu werden. Zu diesem Zwecke wurde am 14. Januar 1937 das Amt für Presse und Propaganda eingerichtet. Unter seiner Federführung wurde die Ideologie des *nacional-catolicismo* auf allen Kanälen verbreitet, ohne seine Erlaubnis konnte kein Artikel gedruckt, kein Beitrag gesendet werden. Ein bemerkenswertes Phänomen ist in diesem Zusammenhang ein sich hinter dem Akronym *NO-DO* (*Noticiarios y Documentales*) verbergendes, äußerst effizientes Propaganda-Instrument, welches als Dekret am 29. September 1942 (Arias-Salgado 1942, S. 10444) verabschiedet wurde. Diesem Beschluss gemäß war jedem Film eine propagandistische, circa zehnminütige Sequenz voranzustellen (Arias-Salgado 1942, S. 10444), in der die Werte des *nacional-catolicismo* vermittelt und die Person des *Caudillo* gelobpreist wurden. Es wurden beispielsweise jüngst inhaftierte Häftlinge, der deutsche Einfall in Polen oder Rollenbilder (z. B. die Frau als Hausfrau

---

[11] Vgl. Radio Nacional. Revista semanal de radiodifusión, Jg. 1939, H. 58, 1.

[12] Von herausragender Bedeutung war das Tagesblatt ABC, welches stets tonalitätskonform an den Bürgerkrieg erinnerte, der das müde und pessimistische Spanien der 98er Generation und das orientierungslose Spanien der Zweiten Republik wegfegte und zu Einheit, patriotischer Würde, politischer Stabilität, öffentlicher Ordnung etc. führte. Vgl. zum Beispiel ABC, 18/07/1970, 1.

[13] „Der spanische Staat ist daher zu folgender Überzeugung gelangt: Dass der Rundfunkdienst von außerordentlicher Wichtigkeit ist [...] es gibt kein wirksameres Medium, um das politische Bewusstsein des Volks zu manipulieren, als das Radio." Übersetzung der Verfasserin, im Original:„El Estado espaol, ha adquirido, por consiguiente, esta convicción: Que la importancia de un servicio de radiodifusión es extraordinaria [...] ningún elemento como la radio para formar la conciencia política de un pueblo" (Radio Nacional. Revista semanal de radiodifusión, Jg. 1939, H. 16, 1).

[14] „[...] die moralische Vergiftung, der unsere Nation in den vergangenen Jahren durch die verderblichen Rundfunkkampagnen mit überholten Lehren ausgesetzt gewesen ist, derer die gefährlichste und schädlichste im Ausland von russischen Agenten im Dienste der kommunistischen Revolution durchgeführt wurde, raten die Reglementierung von Propagandamitteln und Durchdringung an, um das wahre Reich wiederherzustellen, und gleichzeitig den vom neuen Staat unternommenen großen nationalen Wiederaufbau bekannt zu machen." Übersetzung der Verfasserin, im Original: „[...] el envenenamiento moral a que había llegado nuestra Nación, causado por las perniciosas campañas difusoras de doctrinas disolventes, llevadas a cabo en los últimos años, y la más grave y dañosa que realizan en el extranjero agentes rusos al servicio de la revolución comunista, aconsejan reglamentar los medios de propaganda y difusión a fin de que se restablezca el imperio de la verdad, divulgando, al mismo tiempo, la gran obra de reconstrucción Nacional que el nuevo Estado ha emprendido" (Franco 1937).

und Mutter) bestärkende Handlungen gezeigt. Die Ausstrahlung von *NO-DO* war noch bis 1976 verpflichtend.

Das politische Narrativ des spanischen Diktators war in der ersten Phase seiner Herrschaft absolut autoritär, durch Zensur und Androhung von Haftstrafen erstickte er jegliches konkurrierende Narrativ im Keim und ließ seine Zensoren mit Willkür walten, damit auch nicht der Anflug einer oppositionellen Stimme sich erheben konnte. Das narrativ verfolgte dominante Ordnungsmuster des frühen Franquismus ließ sich durch die vollständige Vernichtung des Feindes sowie die uneingeschränkte Heroisierung der Ikone Franco realisieren. Konkurrierende Narrative konnten in ihrer Gänze unterbunden werden und gesellschaftliche Narrative hatten angesichts der zermürbenden Hungerjahre des frühen Franquismus keine Chance auf Entwicklung, die Bevölkerung war mit sich selbst und dem eigenen Überleben beschäftigt; ausländische Einflüsse waren aufgrund der durch die europäischen Geschehnisse der 30er und 40er Jahre in Atem gehaltenen Welt nicht zu erwarten. So waren die einseitig-autoritären Praktiken fest mit den Siegererinnerungen und den sie begleitenden symbolträchtigen Ereignissen, als deren Sinnbild Franco fungierte, verwoben, wärend die Verlierer sowie jegliche oppositionelle Strömung konsequent unterdrückt wurden.

4 Franquismus – Die narrative Wende

Grund für die Lockerung der Repressionen gegen Oppositionelle und der strengen Zensur Ende der 50er Jahre war der Ausgang Spaniens aus der totalitär-autarken Phase (1939–1959), bedingt durch die Erstarkung der Wirtschaft und die daraus resultierenden gesellschaftlichen Veränderungen. Eine Entwicklung, die aufzuhalten der Diktator nicht in der Lage war und zu deren Realisierung er die Zügel aus der Hand geben musste. Denn Mitte der 50er Jahre wurde nur allzu deutlich, dass Spanien in ökonomischer Hinsicht nicht weiter isoliert bleiben konnte. Der Staat war auf den Import von fossilen Brennstoffen und Investitionsgütern angewiesen, der zu einer negativen Außenhandelsbilanz führte, während die Inflation beständig stieg[15] und der Staatshaushalt sich nicht durch gleichzeitige Mehreinnahmen aus der Wirtschaft konsolidieren konnte. In der Konsequenz ersannen die spanischen Ministerien mit Hilfe der Vereinigten Staaten[16] und Internationalen Or-

---

[15] 1956 lag die Inflation bereits bei 15 % (Noceda 2009).

[16] Die Ursache für die Annäherung zwischen den USA und dem franquistischen Spanien lag in den politischen Umständen des Kalten Krieges begründet, aufgrund derer die Vereinigten

ganisationen einen Plan zur Liberalisierung der spanischen Wirtschaft (also zum schrittweisen Rückgang der Eingriffe des Staates in den Markt[17]). Dieser Plan wurde mit dem *Decreto Ley de Ordenación Económica* (Franco 1959), besser bekannt als *Plan de Estabilización*, am 21. Juli 1959 umgesetzt. Dieser sah folgende Schritte zur Konsolidierung der spanischen Wirtschaft vor: es sollte ein fester Wechselkurs zwischen der *peseta* und anderen Währungen etabliert werden, es sollten die öffentlichen Ausgaben gesenkt und die Gehaltsentwicklung von Beamten eingefroren werden, die kurz zuvor zur Beruhigung von Streiks die sprunghaft-irrationale Erhöhung von 40 bis 60 % der Arbeitergehälter erfahren hatte, Eingriffe des Staates in die Wirtschaft sollten reduziert, der Import-Export gestärkt und ausländische Investitionen (außer die Kriegs-, Dienstleistungs- und Informationsindustrie) gefördert werden. Dank der konsequenten Umsetzung dieser Maßnahmen war Spanien zwischen 1960 und 1973 nach einer kurzen Rezessionsphase von circa zwei Jahren ein Wirtschaftswachstum beschert, wie es später nur das japanische übertreffen sollte. Bekannt wurde dieser Aufschwung als das spanische Wirtschaftswunder (*el milagro económico español*).

Diese Planungen fanden seit 1956 ohne die beständige Präsenz des *Generalísimo* bei den Beratungen statt. Protagonisten wurden die Technokraten Alberto Ullastres und Mariano Navarro Rubio, die von Franco als Minister eingesetzt wurden, weil es unter Falangisten und Monarchen zunehmend zu Rangeleien kam. Ende 1958 war der Stabilitätsplan so weit gegoren, dass seiner Implementierung nur noch der *Caudillo* im Wege stand. Wie sehr seine Autorität bereits untergraben war, zeigt die Anekdote um die Überzeugungslist, die angewandt wurde, um den ‚einzigen existenten Wähler' Spaniens, wie Ullastres Franco in diesem Zusammenhang bezeichnete (Noceda 2009), von der Notwendigkeit des Vorhabens zu überzeugen: weil niemand dem Diktator den mit den Vereinigten Staaten abgestimmten Wechsel von 60 Peseten pro Dollar (eine für einen patriotisch geprägten Mann mehr als ungehörige Summe) als Vorschlag unterbreiten wollte, entschied sich Ullastres in Erinnerung einer bestimmten Einfalt des *Caudillo* dafür, ihm einen Wechsel von 59 Peseten pro Dollar zu nennen, woraufhin Franco gesagt haben soll, man möge doch 60 daraus machen, die Zahl sei runder (Noceda 2009).

Trotzdem sich Franco und viele seiner Minister gegen den Richtungswechsel sträubten und sogar die Rückkehr zu den Prinzipien der Autarkie vorschlugen, mus-

---

Staaten den antikommunistischen Duktus des Regimes ausnutzten, um sich mit militärischen Basen in günstiger geografischer Lage zu positionieren. Im Gegenzug ließen sie Spanien wirtschaftliche Hilfen und diplomatische Unterstützung zukommen.

[17] Laut der *Oficina de Coordinación y Programación Económica (OCPE)* gab es damals genau 999 Interventionsorgane in Spanien (Noceda 2009).

ste sich Franco dem Druck beugen und die Öffnung zulassen. Dieses Eingeständnis markierte die Wende und den Übergang in die nächste Phase der franquistischen Herrschaft, da es als Signal der Entspannung gedeutet werden konnte. Mit der Ausbreitung der Technokraten in den zentralen Ministerien rückte der ideologisch-politische Impetus des Franquismus zunehmend in den Hintergrund, führte jedoch nicht zu einer Öffnung oder Evolution hin zur Demokratie. Im Gegenteil, die wirtschaftlichen Erfolge wurden als Legitimierungsgrundlage für das autoritäre Regime benutzt.

Obgleich Franco an seinem Herrschaftssystem und dem *nacional-catolicismo* festhielt, konnte auch er die Veränderungen der späten 50er Jahre nicht ignorieren. Zu einem seiner intimen Weggefährten sagte er am 16. Januar 1960, das Regime werde noch in einer parlamentarischen Monarchie enden, in der die Spanier ihre Repräsentanten wählten und Mitspracherechte erhalten würden (Salgado-Araujo 1976, S. 277). Um der politischen Transition, die der wirtschaftlichen zu folgen drohte, vorzubeugen, begann Franco, entpolitisierende kapitalistisch positiv konnotierte Schlagwörter wie Wohlstand, Frieden, Arbeit und Prosperität in seine Reden einfließen zu lassen. Das autoritär-repressive Narrativ, welches den *Caudillo* und seine Wertvorstellungen während der totalitär-autarken Phase in das Zentrum spanischen Identitätsempfindens zu stellen intendierte, wich einem immer liberaleren Diskurs. Wenngleich sich Franco auch bemühte, diese Entwicklungen als Verdienst eines ideologiegetreuen Kurses zu interpretieren, vollzog sich in der spanischen Gesellschaft ein Sinneswandel, der erste konkurrierende Narrative aufkeimen ließ. So erlaubte es sich 1961 eine Gruppe systemkonformer prominenter Intellektueller, mit einer Petition an den Diktator heranzutreten, die um die Lockerung der Zensur ersuchte. Die strenge Zensur und die Willkür der Zensoren unterbinde die Entfaltung intellektueller Potenziale, die Spanien zu internationaler Anerkennung verhelfen würden, lautete die Argumentation. Eine respektable Stellung innerhalb der Staatengemeinschaft zu erringen, war als zentrales Anliegen von Francos politischem Narrativ geworden. Insofern lagen die Erfolgsaussichten der Eingabe der Intellektuellen gut. Zu ihrem Schaden jedoch tangierte ihr Antrag noch einen weiteren Erzählstrang, ein ewiger Dorn im Auge des Führers, der schließlich zur (erstaunlich konsequenzlosen) Ablehnung des Gesuchs führte: die katalonischen Unabhängigkeitsbestrebungen. Die Petitionsverfasser hatten in ihrem Schreiben explizit auf die besonders drückende Zensur in Katalonien verwiesen und das Dokument obendrein von 70 Katalanen unterschreiben lassen. Die Rechtfertigung der zurückweisenden Entscheidung fiel angesichts dieses Lapsus nicht schwer.[18] Erst 1966 sollte es zu der *Ley 14/1966, de 18 de marzo, de Pren-*

---

[18] Der Spiegel, Nr. 10, 01.03.1961, http://www.spiegel.de/spiegel/print/d-43159953.html [10.10.2012].

sa e Imprenta (Franco 1966, S. 3310–3315) kommen, die die Zensur abschaffte, regimekritische Texte aber nachträglich abstrafte.

Mit der wirtschaftlichen Entspannung transformierte sich die narrativ vermittelte politische Strategie des Regimes, mit der ökonomischen Lockerung und Öffnung ging auch ein Aufkeimen gesellschaftlichen Aufbegehrens gegen die ehemals keinerlei Abweichung duldende politische Strategie einher. Zwar erlangte das konkurrierende gesellschaftliche Narrativ keine Dominanz in politischen Fragen, doch konnte die vorherige Apathie überwunden und gesellschaftlicher Belang formuliert werden. Nichtsdestotrotz blieb die Notwendigkeit der historischen Erinnerungsarbeit unausgesprochen und sollte noch lange in rezessiver Starre verharren. Dagegen erlangte das franquistische Narrativ dank der wirtschaftlichen Regeneration sinnstiftende Überzeugungskraft und Dominanz und überlagerte konkurrierende Narrative weiterhin.

5   Transition – *Ley de amnistía*

Die franquistische Diktatur nahm ihr Ende mit dem Tode ihrer Ikone am 20. November 1975. Der Übergang zur Demokratie ging unverhältnismäßig sanft und reibungslos vonstatten, ein Prozess, wie er ohne die seit den späten 50er Jahren einsetzenden politischen und gesellschaftlichen Veränderungen nicht denkbar gewesen wäre. Eine Hauptursache dieser harmonischen Wende waren wirtschaftliche Aspekte, die in den späten 50er Jahren zu überraschenden Umbesetzungen in den Ministerien und damit zu neuen Impulsen in der Politik führten und die spanische Gesellschaft in den 60er Jahren sukzessive mit kapitalistischen und in der Folge auch mit demokratischen Werten vertraut machten. Diese Entwicklungen zeichneten den Weg in die Demokratie vor.

Mit dem Untergang eines (autoritären) Regimes und dem Eintritt in ein neues System befindet sich eine Gesellschaft in dem für ihre Identitätsbildung sensibelsten Moment; Zustand und Tauglichkeit der kollektiven Werteordnung, die sich im Abgleich mit dem kulturellen Erbe aus einem „Bündel bildhaft-narrativer Elemente" (Zeyringer 2000, S. 12) konstituiert, müssen angesichts der veränderten Gegenwart überprüft und neu ausgehandelt werden. In diskursiven Auseinandersetzungen werden die dominanten und auf kollektive Verbindlichkeit zielenden Deutungen politischer Ereignisse und Handlungen reproduziert und entsprechend der veränderten Wahrnehmung modifiziert (Capdeón 2007, S. 24). Es stellt sich die Frage nach dem Umgang mit dem Erbe und der kritischen Bewertung des Erbes des Vorangegangenen, um in der Gegenwart ankommen und sich auf den Weg in die

Zukunft machen zu können. Für die notwendige Aufarbeitung der traumatischen Erlebnisse der *Guerra Civil* und des *Franquismo*, die moralische und materielle Wiedergutmachung für das erlittene Unrecht jedoch blieb lange Zeit kein Raum (Brinkmann 2008, S. 110).

Auf politischer Ebene geführte Diskussionen um die Vergangenheitspolitik drehten sich zwar um die Vergangenheit, den Krieg, die Diktatur, die Unterdrückten; aber man sprach davon, diese Erinnerungen auszulöschen, zu beerdigen, zu überwinden (Juliá 2003, S. 516). Laut der *Ley 1/1977, de 4 de enero, para la Reforma Política* (Carlos 1977 S. 170 f.) konnte das Gros des administrativen und politischen franquistischen Staatsapparates bestehen bleiben. Auch die personelle Fluktuation war aufgrund von zuvor vereinbarten, konsensfähigen Übergangsregelungen gering. Die vergangenheitspolitischen Maßnahmen richteten sich daher auf den Bereich der Rechtsprechung, im postfranquistischen Spanien damit vor allem auf den Bereich der Amnestie (Macher 2002, S. 44). In diesem Feld liegt der zweite, wenngleich nicht vollkommen kritiklose Hauptgrund für die einmütig-friedliche Transition.

Im Zuge der Forderung nach einer umfassenden Amnestie trat mit ihrer Publikation im *Boletín Oficial del Estado* am 15. Oktober 1977 die *Ley 46/1977, de 15 de octubre, de amnistía* (Carlos 1977, S. 22765 f.) in Kraft. Mit der Formel „Pakt des Vergessens" (*pacto del olvido*) intendierte das Gesetz die Bewahrung des unverzichtbaren Friedens und die Versöhnung (*reconciliación*) der Spanier, um eine Lähmung der aufkeimenden Demokratie zu verhindern. Die „oberste Maxime der Politik war die Wiederversöhnung der ‚zwei Spanien' durch eine Politik des *consenso*" (Altmann et al. 2009, S. 8), um eine möglichst komplikationsfreie Transition ohne gegenseitige Schuldzuschreibungen gewährleisten zu können.

Der Historiker Santos Juliá (2002) schreibt, der „Pakt des Vergessens" und das Amnestiegesetz basierten nicht, wie oft behauptet, auf dem kompromisslosen Ausmerzen von Erinnerung, sondern auf der ausdrücklichen Erinnerung daran, was man vergessen will: „Sie [die Spanier] vergaßen sie [die Geschichte] nicht, nein; sondern sie entschieden sich, eben wegen ihrer Erinnerung, sie nicht zu wiederholen."[19] Das Gros der Bevölkerung fügte sich der so etablierten Ordnung. Diese Mehrheit akkumulierte sich in urbanen Gegenden, für die die sukzessive Entfremdung von Trägern der Verliererinnerungen vom ursprünglichen Erlebnisumfeld und damit eine Erleichterung der Vergangenheitsbewältigung unterstellt werden kann (Bernecker und Brinkmann 2008, S. 267). Vereinzelte Exhumierungen und Errichtungen individueller Denkmäler blieben von der Öffentlichkeit kaum wahrgenommene Randphänomene. Allerdings, wie Christian Schüle (2003) schreibt:

---

[19] Übersetzung der Verfasserin, im Original: „No la olvidaron, no; sino que, por recordarla, decidieron no repetirla."

Wo aber Täter und Opfer lokaler Kriegsgewalt konkrete Namen trugen und vielleicht sogar über Jahrzehnte in nachbarschaftlicher Nähe miteinander lebten, mußte das Erinnern für alle Beteiligten automatisch eine dauerhaft brisante Aktualität besitzen.

Auch José Antonio Martín Pallín (2011, S. 58) ist skeptisch gegenüber dem gesellschaftlichen Vergessen: „Vergessen kann nützlich, pragmatisch oder opportunistisch sein, niemals aber gerecht".[20] Insgesamt wird zwar die Relevanz und das Verdienst des Amnestiegesetzes für die erfolgreich verlaufende Transition selten in Zweifel gezogen, die Vergangenheitspolitik wird im Rückblick in ihrer Gänze jedoch oft moniert.

Führende Politiker hatten das Thema der Diskursivierung und Narration von präfranquistischer und franquistischer Vergangenheit für sich abgeschlossen und ad acta gelegt. Anlässlich des 50. Jahrestages des Bürgerkriegsausbruchs ließ Ministerpräsident Felipe González verlautbaren, der Krieg sei „nicht mehr lebendig und präsent in der Realität eines Landes, dessen moralisches Gewissen letztlich auf den Prinzipien der Freiheit und Toleranz basiert", er sei „endgültig Geschichte, Teil der Erinnerung und der kollektiven Erfahrung der Spanier" (zitiert nach Bernecker 2009, S. 158).

Trotzdem eine explizite Auseinandersetzung um Notwendigkeit oder Entbehrlichkeit einer Aufarbeitung von Bürgerkrieg und Diktatur sowie dem damit einhergegangenen Unrecht erfolgte, erwies sich das politisch verfolgte Ordnungsmuster hinsichtlich der Erinnerungskultur als stark rezessiv. Sowohl die politische Klasse als auch die Bevölkerung waren an einer schnellstmöglichen Transition interessiert, um den Anschluss an Europa, seine Wirtschaft und mondänen Lebensstil zu finden. Aktivitäten zum Gedenken an Bürgerkriegs- und Repressionsopfer blieben ob der allseits dominanten Aufbruchsstimmung allenfalls Randphänomene und von der Masse unbemerkt.

6 Erinnerungsnarrative – *Ley de Memoria histórica*

Im Rahmen des Gedenkens an den sechzigsten Jahrestag des Bürgerkriegsausbruches beschloss das zu der Zeit politisch linke Spanien am 26. Januar 1996 ganz unverhofft und „einmütig, den überlebenden Brigadisten in Anerkennung ihres Einsatzes die spanische Staatsbürgerschaft zu gewähren" (Bernecker und Brinkmann 2008, S. 283). Die Regierung löste mit ihrem Beschluss das Versprechen ein,

---

[20] Übersetzung der Verfasserin, im Original: „El olvido puede ser útil, pragmático u oportunista, pero nunca será justo."

das Juan Negrín als letzter Regierungschef der Zweiten Republik den freiwilligen internationalen Brigadisten, die im Bürgerkrieg „gegen Faschismus und Tyrannei" ihr Leben riskierten, 1938 gab. Die offizielle Ehrung wurde von einer „Rundfahrt zu den Schauplätzen der Vergangenheit" (Bernecker/Brinkmann 2008, S. 284) gerahmt, an deren einzelnen Stationen sich Tausende Spanier versammelten, um den ausländischen Gästen ihre Anerkennung zu erweisen. Eine nachhaltige Resonanz auf das historische Ereignis wurde allerdings durch die Parlamentswahlen und den folgenden Regierungswechsel desselben Jahres verhindert.

Erheblich tiefgreifenderen Einfluss sollte das zivilgesellschaftliche Engagement für die Öffnung von Bürgerkriegsgräbern haben.[21] Als Ausgangspunkt dessen gilt die Suche des Lokalpolitikers Emilio Silva nach den sterblichen Überresten seines im Bürgerkrieg verschollenen Großvaters im Jahr 2000. „Ein Artikel zu seinem Vorhaben, publiziert in einer Lokalzeitung, löste unerwartete Hilfsbereitschaft aus" (Bernecker/Brinkmann 2008, S. 292) und trat eine Welle von Exhumierungen los, in der auch Emilio Silva Gewissheit über das Schicksal seines Ahnen erlangte. Im Sinne Pierre Bourdieus wurde mit Silvas Innovation eine strukturelle Lücke gefüllt, die sich aus einem historisch gewandelten System ergab und einen „Raum der Möglichkeiten" (Jurt 1995, S. 94) öffnete. Obschon seiner Theorie nach die Veränderung des Feldes nicht von Extern erfolgt, zeigt sich doch, dass Wandel meist von einem Neuen und dessen Nonkonformität ausgeht (Jurt 1995, S. 94). Emilio Silvas persönlicher Einsatz lässt sich als Auftakt zu einem neuen Narrativ identifizieren und als Anstoß zu einer neuerlichen Überprüfung des gesellschaftlichen Umgangs mit den Bürgerkriegserinnerungen.

Die Geschichte des ganz individuellen Bemühens um Aufklärung rückte so die Problematik ins öffentliche Bewusstsein und motivierte die Gründung von Vereinen und Organisationen wie die *Asociación para la Recuperación de la Memoria Histórica* (ARMH), die *Izquierda Unida* wie das *Foro por la Memoria*, die „[...] neben anderen Aktivitäten vor allem mit dem Betrieb einer permanent aktualisierten Nachrichtenseite im Internet für die Bewegung insgesamt einen wertvollen Kommunikationsdienst" (Bernecker/Brinkmann 2008, S. 293) und mit ihrer zivilgesellschaftlichen Verpflichtung einen entscheidenden Beitrag zur Konstitution einer *memoria histórica* des Landes leisten.

---

[21] Ohne Rücksicht auf die Tatsache, dass demokratische Politik auf der Souveränität des Volkes beruht und somit seiner Schirmherrschaft unterliegen sollte, behauptet der Direktor des Instituto Cervantes in Berlin, Ignacio Olmos, in dem 2009 erschienenen Sammelwerk, „[...] es könne nichts auf politischem Wege gelöst werden, was nicht zuvor im Schoße des Volkes gelöst worden wäre". Übersetzung der Verfasserin, im Original: „[...] es que nada podrá resolverse por la vía política que no se haya resuelto previamente en el seno mismo de la sociedad" (Olmos/Keilholz-Rühle 2009, S. 11).

Doch entbehrten die Vereine einer notwendigen Ressource: des Geldes, das sie bei der Regierung einzufordern gedachten. Dank der ihnen zuteil gewordenen Öffentlichkeit für ihre Anliegen, sahen sich die Verantwortlichen aus Politik und Gesellschaft nach und nach zum Handeln gezwungen (Bernecker/Brinkmann 2008, S. 323). Das dieserart neu aufgelegte Erinnerungsnarrativ entfaltete somit auch im politischen Raum seine Wirkung und verleibte sich kraft Gesetzes dem kollektiven Gedächtnis der Spanier ein. Bis 2004 war die amtierende Regierung José Luis Rodríguez Zapatero bereit, sich des Themas anzunehmen und einen entsprechenden Gesetzentwurf auf den Weg zu bringen. Die Forderungen bestanden neben der Aufhebung der Desavouierung der Verliererinnerungen vor allem in der finanziellen Unterstützung und der Schaffung von Infrastruktur zur Realisierung der Exhumierungen und den lange überfälligen Entschädigungs- und Pensionszahlungen an die verschiedenen Opfergruppen (Bernecker und Brinkmann 2008, S. 340). Es bedurfte einer gesetzlichen Grundlage, die in einem langwierigen und von außerordentlich kontroversen Parlamentsdebatten begleiteten Prozess[22] mit der *Ley 52/2007* (Rodríguez Zapatero 2007), der so genannten *Ley de memoria histórica*, geschaffen wurde. Das Gesetz ist bis heute von umstrittener Effektivität wie Diego Iñiguez Hernández (2007, S. 102) abschließend zu seiner Studie zum Einigungsprozess um die *Ley 52/2007* bemerkt: „Vielleicht hat der Abgeordnete Torres Mora recht, wenn er behauptet, die spanische Gesellschaft wüsste, was passiert sei, ohne Indoktrination oder offizielle Wahrheiten"[23] und ohne sich Erinnerung von politischer Seite aufoktroyieren zu lassen. Zudem, wie Santos Julià (2006) konstatiert, führe die erzwungene Evokation von Erinnerung ohnehin ad absurdum:

> Was sie [das Gesetz] kann, ist, etwas zu kennen, was sie ignoriert hat, sie kann aber nicht etwas als Erinnerung zurückholen, was sie niemals erlebt und daher eben auch nicht verloren hat.[24]

Mit dem neuen Jahrtausend rückte die Problematik um die lange aufgeschobene Erinnerungsarbeit ins Bewusstwein der spanischen Bevölkerung. Emilio Silvas Initiative brach einen regelrechten Erinnerungsboom vom Zaun. Ambivalentkonkurrierende Erzählstränge ergriffen Besitz von der öffentlichen Diskussion und

---

[22] Zu dem detaillierten Hergang und den Positionen der unterschiedlichen Parteien der Parlamentsdebatten vgl. Iñiguez Hernández (2009, S. 71–104).

[23] Übersetzung der Verfasserin, im Original: „Quizá tenga razón el diputado Torres Mora cuando sostiene que la sociedad española sabe lo que ocurrió, sin adoctrinamiento ni verdades oficiales."

[24] Übersetzung der Verfasserin, im Original: „Lo que sí puede es conocer algo que ignoraba, pero no recuperar como memoria algo que nunca ha vivido ni, por tanto, perdido."

der bis dato übliche Umgang mit den vielen unausgesprochenen Erinnerungen wurde und wird kritischen Betrachtungen unterzogen. Der in Gang gebrachte wechselseitige Aushandlungsprozess hat sich bislang noch nicht verfestigt. Noch immer ist keine Narration um und über den spanischen Bürgerkrieg sprachlich und symbolisch verdichtet fixiert, es herrscht jedoch Konsens über die Unerlässlichkeit einer Suche nach einer kohärenten sinnstiftenden Narration, die sich als Basis zu kollektiver Selbstvergewisserung und Legitimation politischen Handelns eignet. Diese manifestiert sich unzweideutig in der *Ley de memoria histórica*.

7 Konklusion

Eingangs wurden Narrative als bewusste Arbeit an der Darstellung eines bestimmten Sachverhalts zur Manipulation der Perzeption außersprachlicher Wirklichkeit definiert. Die Untersuchung beschäftigte sich mit vier unterschiedlichen Phasen eines Konsolidierungsprozesses von Erinnerungskultur, aus denen beispielhaft allegorische Einheiten erzählerischer und symbolischer Praxis zum Umgang respektive Nicht-Umgang mit dem spanischen Bürgerkrieg aufgegriffen wurden. Ziel der schlaglichtartigen Betrachtung war es, Erkenntnisse um politische Strategien und Ordnungsmuster zur Konstituierung von Narrativen im politischen Kontext zu gewinnen.

So erwies sich das Narrativ während der totalitären Ära des Franquismus als einseitig-autoritär, d. h. der Umgang mit dem spanischen Bürgerkrieg war unilateral auf die Erinnerungen der Gewinner gerichtet. Die Siegessymbolik und der Personenkult des frühen Franquismus wurden bis aufs Äußerste mit sinnbildlichen Praktiken und Erzählungen verdichtet, sodass konkurrierenden Deutungen keinerlei Resonanzraum zur Verfügung stand.

In der Phase der wirtschaftlichen Erstarkung des Landes und seiner Öffnung gen Europa gewann Francos politisches Ordnungsmuster an legitimierender Glaubwürdigkeit, die sich gegenüber ersten oppositionellen Erhebungen nicht mehr nur durch Repression, sondern vielmehr durch sinnstiftende Überzeugungskraft behaupten konnte. Die ehemals rein autoritäre Strategie wich einem dominanten Narrativ, welches identitätsschaffend auf das spanische Volk zu wirken in der Lage war und die Problematik der einseitigen Erinnerungskultur hinter einem wirtschaftlichen Narrativ zurücktreten ließ.

Im Zuge dieser Entwicklungen begannen europäischen Werte wie Demokratie und Liberalismus in die spanische Gesellschaft vorzudringen. Mit ihrer Hilfe modernisierte sich das Volk und fand zu einem respektablen, für eine Diktatur eher unüblichen Selbstbewusstsein. Dies war einer der Umstände, der den erwarteten radikalen Bruch zum Zeitpunkt des Todes Francos mit dem Regime und seinen Leitbildern ausbleiben ließ. Zwar wurde der Umgang mit dem Bürgerkriegserbe zunächst politisch und gesellschaftlich diskutiert, eine ernsthafte und umfassende Auseinandersetzung fand jedoch zugunsten, wie man glaubte, einer friedvollen Transition nicht statt. Das Narrativ um die spanische Erinnerungskultur verhielt sich in dieser Phase stark rezessiv.

Da sich eine bestimmte Narration indessen erst in Rückkoppelung mit kollektivem Geschichtsbewusstsein und in Abgleich mit Erfahrungen und deren gemeinsamen Ausdeutung konsolidieren kann, war es nur eine Frage der Zeit, bis sich ein Aushandlungsprozess um das kollektive Gedächtnis in Bezug auf den Bürgerkrieg Bahn brechen würde. Insofern ist das seit über zehn Jahren in Gang befindliche Narrativ um valide Methoden zur Bürgerkriegs- und Repressionsbewältigung der für ein kollektives Gedächtnis denkbar stabilste und nachhaltigste Weg.

Politische Strategien und Praktiken konstituieren sich demnach über ein enges Geflecht von auf stilisiertem Zeichengebrauch basierenden Narrationen und finden darüber zu sinnstiftenden Narrativen, die in Abgleich mit den Narrationen zu soliden politischen Ordnungssystemen in Gegenwart und Zukunft gereichen. Anhand der in diesem Beitrag genannten Beispiele der sich zu Narrationsgefügen zusammenfindenden allegorischen Einheiten politischer Praxis zeigt sich, dass Narrative keinem starren Konstrukt unterworfen sind, sondern sich vielmehr an die sich beständig verändernden Lebenswelten und die politisch-ökonomischen Bedingungen ihrer Zielgruppe und deren Kultur anpassen müssen. Für die politikwissenschaftliche Theorie bedeutet dies, dass sich valide narrationstheoretische Betrachtungen erst im interdisziplinären Austausch und unter kontinuierlicher Beobachtung fruchtbar machen lassen.

Literatur

Arias-Salgado, Gabriel. 1942. Vicesecretaría de Educación Popular. Boletín Oficial del Estado, 22.12.1942, 10444.

Altmann, Werner, Walther L. Bernecker, und Ursula Vences. 2009. *Debates sobre la memoria histórica en España: Beiträge zu Geschichte, Literatur und Didaktik.* Berlin: Ed. tranvía, Verlag Frey.

Bernecker, Walther L. 2009. Vergangenheitsdiskurse in Spanien zwischen Verdrängung und Polarisierung. In *Vergeben und Vergessen? Vergangenheitsdiskurse nach Besatzung,*

Bürgerkrieg und Revolution, Hrsg. Reiner Marcowitz und Werner Paravicini, 153–174. München: Oldenburg.

Bernecker, Walther L., und Sören Brinkmann. 2008. *Kampf der Erinnerungen – Der spanische Bürgerkrieg in Politik und Gesellschaft*. Nettersheim: Graswurzelrevolution.

Brinkmann, Sören. 2008. Die Rückkehr der Vergangenheit: Bürgerkrieg und Diktatur im öffentlichen Meinungsstreit. In *Spanien heute. Politik – Wirtschaft – Kultur*, Hrsg. Walther L. Bernecker. 5. Aufl., 109–132. Frankfurt a. M.: Vervuert.

Capdeón, Ulrike. 2007. *Erinnerungsdiskurse im Widerstreit – Der öffentliche Umgang mit der Franco-Diktatur in Spanien*. Berlin: Lit.

Carlos, Juan. 1977a. Ley 1/1977, de 4 de enero, para la Reforma Política. Boletín Oficial del Estado, Nr. 4, 05.01.1977.

Carlos, Juan. 1977b. Ley 46/1977, de 15 de octubre, de Amnistía. Boletín Oficial del Estado, Nr. 248, 17.10.1977.

Fleck, Ludwig. 2008. Weitere Bemerkungen über das Denkkollektiv. In *Kulturwissenschaft. Eine Auswahl grundlegender Texte*, Hrsg. Uwe Wirth, 282–288. Frankfurt a. M.: Suhrkamp.

Franco, Francisco. 1937. Delegación para Prensa y Propaganda el 14 de enero de. Boletín Oficial del Estado, Nr. 180, 17.01.1937.

Franco, Francisco. 1959. Decreto/Ley 10/1959 de 21 de julio, de ordenación económica. Boletín Oficial del Estado, Nr. 174, 22.07.1959. http://www.boe.es/datos/pdfs/BOE/1959/174/A10005-10007.

Franco, Francisco. 1966. Ley 14/1966, de 18 de mayo, de Prensa e Imprenta. Boletín Oficial del Estado, Nr. 67, 19.03. 1966, 3310–3315.

Geertz, Clifford. 2008. Dichte Beschreibung. Bemerkungen zu einer deutenden Theorie von Kultur. In *Kulturwissenschaft*, Hrsg. Uwe Wirth, 453–487. Frankfurt a. M.: Suhrkam.

Iñiguez Hernández, Diego. 2009. La Ley 52/2007 y el debate sobre la memoria histórica en España. Altmann/Bernecker/Vences 2009, 71–104.

Jakobson, Roman. 2005. Was ist Poesie? [1934]. In *Ausgewählte Aufsätze 1921–1971*, Hrsg. Elmar Holenstein, Tarcisius Schelbert, und Roman Poetik Jakobson, 67–82. Frankfurt a. M.: Suhrkamp.

Julià, Santos. 2002. Echar al olvido. El País, 15.06.2002. http://elpais.com/diario/2002/06/15/espana/1024092029_850215.html. Zugegriffen: 10. Okt. 2012.

Julià, Santos. 2003. Edad Contemporánea. In *Historia de España*, 3. Aufl., Hrsg. Julio Valdeón, Joseph Pérez, und Julià Santos, 317–544. Madrid: Espasa.

Julià, Santos. 2006. Bajo el imperio de la memoria. *Revista de Occidente*, Jg. 2006, H. 302–303.

Jurt, Joseph. 1995. *Das literarische Feld. Das Konzept Pierre Bourdieus in Theorie und Praxis*. Darmstadt: Wissenschaftliche Buchgesellschaft.

Macher, Julia. 2002. *Verdrängung um der Versöhnung willen? Die geschichtspolitische Auseinandersetzung mit Bürgerkrieg und Franco-Diktatur in den ersten Jahren des friedlichen Übergangs von der Diktatur zur Demokratie in Spanien (1975–1978)*. Bonn: Friedrich-Ebert-Stiftung.

Noceda, Miguel Ángel. 2009. Los ‚brotes verdes' del 59. El País, 26.07.2009. http://elpais.com/diario/2009/07/26/negocio/1248612742_850215.html. Zugegriffen: 10. Okt. 2012.

Olmos, Ignacio, und Nikky Keilholz-Rühle. 2009. *La cultura de la memoria – La memoria histórica en España y Alemania*. Frankfurt a. M.: Vervuert.

Pallín, José Antonio Martín. 2011. Amnistía. In *Diccionario de memoria histórica. Conceptos contra el olvido*, Hrsg. Rafael Escudero Alday, 57–63. Madrid: Catarata.

Rodríguez Zapatero, José Luis. 2007. Ley 52/2007, de 26 de diciembre, por la que se reconocen y amplían derechos y se establecen medidas en favor de quienes padecieron persecución o violencia durante la guerra civil y la dictadura. http://noticias.juridicas.com/base_datos/Admin/l52-2007.html. Zugegriffen: 10. Okt. 2012.

Salgado-Araujo, Francisco Franco. 1976. *Mis conversaciones privadas con Franco*. Barcelona: Planeta.

Schüle, Christian. 2010. Die Toten kehren heim. Ein Tabu ist gebrochen: Spanien stellt sich seiner Geschichte. Zum ersten Mal wird überall im Land nach den verscharrten Opfern der Franco-Diktatur gesucht. Die Zeit online, 22.05.2003. http://www.zeit.de/2003/22/Spanien. Zugegriffen: 10. Okt. 2012.

Suárez Fernández, Luis. 1987. *Apuntes personales del Generalísimo sobre la República y la guerra civil*. Madrid: Fundación Nacional Francisco Franco.

Tusell, Javier. 2010. *Dictadura franquista y democracia. 1939–2004*. Barcelona: Crítica.

Zeyringer, Klaus. 2000. Ambivalenz des kulturellen Erbes: die großen und die kleinen Erzählungen. In *Ambivalenz des kulturellen Erbes. Vielfachkodierung des historischen Gedächtnisses*, Hrsg. Klaus Zeyringer und Moritz Csáky, 9–25. Innsbruck: Studien.

„All sorrows can be borne if you put them in a story". Funktionen der Narrativität für das politische Denken bei Hannah Arendt

Kathrin Morgenstern

> *Keine Lebensweisheit, keine Analyse, kein Resultat, kein noch so tiefsinniger Aphorismus kann es an Eindringlichkeit und Sinnfülle mit der recht erzählten Geschichte aufnehmen.*
> (Arendt 2012c: 34)

Zusammenfassung

„All sorrows can be borne if you put them in a story": Dieses Motto stellt Hannah Arendt dem Kernkapitel ihres handlungstheoretischen Hauptwerks *Vita activa* voran. Der Beitrag zeigt, dass eine solche Aussage an derart exponierter Stelle weniger verwunderlich ist, als es zunächst erscheint. *Geschichten* erzählen ist bei Arendt meist eng verknüpft mit *Geschichte* erzählen. Sie will vergangene Erfahrungen für die Gegenwart fruchtbar machen. Dabei wendet sie sich einer eigentümlichen, nicht-traditionellen Weise der Geschichtsschreibung zu. Diese soll nicht konservieren, sondern vielmehr neue Zusammenhänge aufzeigen und das Althergebrachte aufbrechen. So wird es möglich, die Vergangenheit mit neuen Augen zu betrachten und neue Kontexte aufzuwerfen, in denen sie uns bis heute noch etwas zu sagen hat. Erst ein derartiges narrativ geprägtes Verstehen kann zu einem tatsächlichen Neuanfang führen. Gerade bei Sachverhalten der zwischenmenschlichen Angelegenheiten, die sich einer rein rationalen Wissenschaftslogik entziehen, kann sich ein solches Vorgehen als angemessen erweisen.

K. Morgenstern (✉)
Institut für Politikwissenschaft, Universität Regensburg,
93040 Regensburg, Deutschland
E-Mail: Kathrin.Morgenstern@politik.uni-regensburg.de

W. Hofmann et al. (Hrsg.), *Narrative Formen der Politik*,
DOI 10.1007/978-3-658-02744-5_11, © Springer Fachmedien Wiesbaden 2014

1 Narrativität bei Hannah Arendt: Versuch einer theoretischen Verortung

„All sorrows can be borne if you put them in a story" (Arendt 2006a, S. 213): Dieses Zitat von Isak Dinesen stellt Hannah Arendt dem Kernkapitel ihres handlungstheoretischen Hauptwerks *Vita activa* voran. Eine derartige Aussage an so exponierter Stelle überrascht auf den ersten Blick. Schließlich wurde Arendt nicht in erster Linie als Geschichtenerzählerin bekannt, sondern als „politische Theoretikerin". Durch die verschiedenen Implikationen, die der Theoriebegriff mit sich bringt, ist jedoch selbst diese Einordnung mit Schwierigkeiten verbunden.[1] Daher werde ich in diesem Beitrag versuchen, Arendt stattdessen als politische Denkerin mit einem starken Hang zur narrativen Darstellungsweise zu charakterisieren.

Geschichten erzählen ist bei Arendt meist eng verknüpft mit *Geschichte* erzählen.[2] In diesem Spannungsfeld von *story* und *history* kann es je nach Kontext verschiedene Funktionen erfüllen: Arendts Handlungstheorie lebt von der narrativen Tradierung des Geschehenen (*2 Kontinuität des Politischen: Die tradierende Funktion*). Aber auch Ereignisse, die für Arendt keinesfalls affirmativ tradiert werden können, wie z. B. die Verbrechen des Nationalsozialismus, bedürfen einer narrativen Aufarbeitung. In einem solchen Fall wirkt Narration nicht tradierend, sondern destruierend (*3 Bewältigung des Traditionsbruchs: Die destruierende Funktion*). Grundsätzlich dient die Beschäftigung mit dem Vergangenen, egal, ob es tradiert oder destruiert werden soll, dem Verstehen der gegenwärtigen Lebenswelt (*4 „Ich will verstehen": Die hermeneutische Funktion*). Dieses Verstehen kann schließlich einen Beitrag zur kollektiven und individuellen Identitätsbildung leisten (*5 Hermeneutik und Identitätsbildung: „Das erzählte Selbst"*).

Narrativität ist somit in diesem Beitrag nicht literaturtheoretisch, sondern phänomenologisch und historiographisch aufzufassen. Wichtige Referenzautoren für dieses Verständnis sind Paul Ricœur und Hayden White.[3] Darüber hinaus wird im letzten Abschnitt gezeigt, dass Arendts Narrativitätsbegriff auch Aspekte enthält, die soziologisch und sozialpsychologisch von Interesse sind.

---

[1] Obwohl sich Arendt selbst am liebsten so bezeichnet hat, wenn sie eine Selbsteinordnung vornehmen sollte; so z. B. im Interview mit *Günter Gaus* und in einem Brief an *Karl Jaspers* (Arendt 2007, S. 46; Arendt und Jaspers 1985, S. 608). Generell stand sie derartigen Etikettierungen, gerade wenn es um ihre eigene Positionierung ging, jedoch mehr als skeptisch gegenüber (Arendt 2007, S. 109 f. und 124: „Moi, je me sers où je peux").

[2] Da bei der Verwendung des deutschen Wortes *Geschichte* nicht immer eindeutig zwischen den Bedeutungen „Erzählung" und „Historie" differenziert werden kann, werden in diesem Beitrag in Zweifelsfällen ergänzend die Begriffe *story* für „Erzählung" und *history* für „Historie" verwendet.

[3] Außerdem sei an dieser Stelle auf die einschlägigen Werke von *Wilhelm Schapp, Michel de Certeau, Paul Veyne, Arthur Danto, David Carr* und *Reinhard Koselleck* verwiesen.

2 Kontinuität des Politischen: Die tradierende Funktion

Die Ansicht, dass die Geschichte (*history*) damit befasst ist, Ereignisse und Erfahrungen aus der Vergangenheit in die Gegenwart zu transportieren, wird von vielen Historikern geteilt (Leuschner 1980, S. 20). Geschichte erzählt also nicht nur von längst Vergangenem, sie dient auch der „Orientierung der Gegenwart" (Leuschner 1980, S. 13). Der Historiker steht daher in einem ständigen Dialog mit Vergangenheit und Gegenwart:

> The historian is part of the present and the facts belong to the past. [. . .]. The historian without his facts is rootless and futile; the facts without the historian are dead and meaningless. My first answer therefore to the question, What is History?, is that it is a continuous process of interaction between the historian and his facts, an unending dialogue between the present and the past. (Carr 1961, S. 24)

Eine ähnliche Überzeugung lässt sich bei Arendt erkennen, wenn sie vom „rückwärts gekehrten Blick des Geschichtsschreibers" (Arendt 2006a, S. 240) spricht, der die „Resultate menschlichen Handelns" (Arendt 2006a, S. 240) für seine Mitmenschen verfügbar macht. Erst so kann das Handeln seiner ureigensten Funktion gerecht werden: dass es nämlich im Gegensatz zu Arbeiten und Herstellen als einzige Tätigkeitsform „die Bedingungen [schafft] für eine Kontinuität der Generationen, für Erinnerung und damit für Geschichte" (Arendt 2006a, S. 18). In diesem Zusammenhang ist es wichtig, bereits auf die eigentümliche Doppelstruktur des Handelns im Hinblick auf die Narrativität hinzuweisen: Narrativität kann sich in diesem Kontext nämlich auf zwei voneinander getrennte Prozesse beziehen. Das Handeln selbst ist einerseits narrativ verfasst – es besteht im Prinzip aus öffentlichen Erzählakten (Arendt 2006a, S. 213–222). Andererseits ist es jedoch auch auf die narrative Tradierung durch einen außenstehenden Erzähler angewiesen, da die Beteiligten der Geschichte (*story*) nicht zu Historikern ihres eigenen Handelns werden können. Zwar können sie Bericht erstatten über ihre eigenen Taten und Motivationen, nicht aber darüber, wie sich diese in das Gesamtgewebe einfügen oder was sie längerfristig bedeuten, „weil die eigentliche Signifikanz dieser Absichten, Ziele und Motive ja erst erscheint, wenn das Gesamtgewebe, in das sie schlugen, halbwegs bekannt ist" (Arendt 2006a, S. 240). Nur der unbeteiligte, distanzierte Beobachter kennt das Ergebnis und die volle Bedeutung des Handelns und kann sie für künftige Generationen konservieren (Arendt 2006a, S. 240 f.).[4]

---

[4] In erstaunlicher Übereinstimmung mit Arendt befindet sich in dieser Frage auch White, wenn er schreibt, dass „Historiker den in historischen Ereignissen implizit enthaltenen Sinn

Beide narrativen Dimensionen des Handelns werden in diesem Beitrag von Bedeutung sein: das Erzählen der *eigenen* Geschichte, um mit anderen im öffentlichen Raum interagieren zu können (im Folgenden: *die agonale Dimension*), und das Erzählen von *fremden* Geschichten, um eine bestimmte politische Erfahrung für künftig Handelnde zu bewahren (im Folgenden: *die historiographische Dimension*). In einem ersten Teilabschnitt soll auf das politische Handeln im Allgemeinen eingegangen werden. Daran anschließend wird ein von Arendt als besonders beeindruckend empfundenes Beispiel politischer Handlungserfahrung exemplarisch untersucht, nämlich die Gründungserfahrung der Amerikanischen Revolution.

2.1 Kontinuität des Handelns

Die angesprochene Doppelstruktur in der Relation der Handlung zur Geschichte (*story*) erkennt auch Hayden White in seiner Analyse Ricœurs[5]: Historische Ereignisse sind bereits von der Struktur her darauf angelegt, narrativ tradiert zu werden (White 1990b, S. 178). Ähnlich wie Arendt argumentiert er, dass „historische Ereignisse [...] geschaffen [...] wurden durch handelnde Menschen vergangener Zeiten, die durch ihre Handlungen Lebensläufe schufen, die es wert sind, daß über sie Geschichten erzählt werden" (White 1990b, S. 180).[6] Bevor also der Historiker erzählend zur Tat schreiten kann, muss bereits der Handelnde narrative Akte

explizit [machen]. Obgleich dieser Sinn in den Taten historischer Akteure vorgebildet ist, können ihn die Akteure selbst nicht vorhersehen, weil menschliche Handlungen Konsequenzen haben, die über den Horizont derer, die sie vollbringen, weit hinausreichen" (White 1990b, S. 181).

[5] Ricœur gilt mit seiner Verbindung von Narration und Geschichtstheorie als einer der führenden phänomenologischen Erzähltheoretiker des 20. Jahrhunderts (White 1990b, S. 176). Die Geschichtswissenschaft kann nicht in derselben Weise auf Kausalitäten bauen wie die Naturwissenschaften; vielmehr neigt sie dazu, Kontingenz anzuerkennen (Ricœur 1986, S. 11–36, 1988, S. 273–287). White setzt sich für die Verwendung von narrativen Diskursen in der Geschichtsschreibung ein und wendet sich so gegen eine rein deduktiv-analytische Vorgehensweise, wie sie z. B. von den Anhängern der Annales-Schule propagiert wird (White 1986, 1990a, 1991). Nach dem postmodernen Tod der „großen Erzählungen" (Lyotard 1982, S. 113) und der mit ihnen verbundenen Wahrheitsansprüche (Lyotard 1982, S. 71) fordert er eine Rückkehr zu den „kleinen", einzelnen Geschichten (White 1990a, S. 9; Lyotard 1982, S. 113).

[6] Vgl. hierzu auch *Hayden White*: „Das Schreiben einer historischen Erzählung ist [...] eine Handlung, die exakt derjenigen entspricht, durch die historische Ereignisse zustande kommen" (White 1990b, S. 191) und *Paul Ricœur*: „Sinngebung und [...] Handlung sind zu eng miteinander verquickt, als daß ein dauernder und tiefer Gegensatz sich zwischen ‚Theoria' und ‚Praxis' einnisten könnte" (Ricœur 1974, S. 33).

vollbracht haben: Diese *agonale Dimension* ist zwar auf den ersten Blick weniger sichtbar als das *historiographische* Werk des Erzählers, darf aber keinesfalls vernachlässigt werden.[7] Politisches Handeln besteht in Arendts Theorie grundsätzlich aus sprachlichen Interaktionen zwischen den beteiligten Individuen, in denen diese ihre individuelle Persönlichkeit enthüllen. Es ist als Antwort auf die Frage: „Wer bist du?" zu verstehen, die jedem Neuankömmling in einer Gemeinschaft gestellt wird und kann somit nicht komplett wortlos ausfallen (Arendt 2006a, S. 217 f.): Der Neuling kann nicht umhin, seine Geschichte zu erzählen. Da das Handeln immer eine Vielzahl von Personen und deren Geschichten involviert, entsteht in der Folge ein Netz aus sich berührenden und verbindenden Erzählungen:

> Da Menschen [...] in eine schon bestehende Menschenwelt geboren werden, geht das Bezugsgewebe menschlicher Angelegenheiten allem einzelnen Handeln und Sprechen voraus, so daß sowohl die Enthüllung des Neuankömmlings durch das Sprechen wie der Neuanfang, den das Handeln setzt, wie Fäden sind, die in ein bereits gewebtes Muster geschlagen werden und das Gewebe so verändern, wie sie ihrerseits alle Lebensfäden, mit denen sie innerhalb des Gewebes in Berührung kommen, auf einmalige Weise affizieren. Sind die Fäden erst zu Ende gesponnen, so ergeben sie wieder klar erkennbare Muster bzw. sind als Lebens*geschichten* erzählbar. (Arendt 2006a, S. 226)

Diese Vorstellung vom menschlichen Handeln bringt jedoch auch Schwierigkeiten mit sich: Insbesondere ist es stark durch Kontingenz und Unberechenbarkeit geprägt. Eine treffende Kurzformel zur Beschreibung dieses Sachverhalts stellt Arendt im Interview mit Roger Errera auf: „Action is a we and not an I" (Arendt 2007, S. 122). Handeln, das eine Pluralität von Akteuren involviert, kann nicht vorausgeplant werden. Die Folgen sind im Moment des Agierens noch nicht absehbar. Für diese Problematik erkennt Arendt ein im Handeln selbst begründetes narratives Heilmittel: das Versprechen. Darunter versteht sie einerseits Verträge bzw. ihnen

---

[7] Die Ergebnisse des narrativen Handelns auf der *agonalen Dimension* stellen schließlich den Gegenstand dar, mit dem sich der Erzähler auf der *historiographischen Dimension* befasst. Ohne diesen Input hätte er nichts, worüber er erzählen könnte: „Handeln, das in der Anonymität verbleibt [...] ist sinnlos und verfällt der Vergessenheit; es ist niemand da, von dem man die Geschichte erzählen könnte" (Arendt 2006a, S. 222). Besonders deutlich weist *Wolfgang Kraus* auf die agonal-narrative Dimension des Handelns hin: „Die narrative Psychologie geht davon aus, daß wir [...] unser ganzes Leben und unsere Beziehung zur Welt als Narrationen gestalten" (Kraus 2000, S. 170). Detaillierter wird auf Kraus, insbesondere auf sein Konzept der narrativen Identitätsbildung in Abschn. *5 Hermeneutik und Identitätsbildung: „Das erzählte Selbst"* eingegangen.

zugrundeliegende Narrative[8], die eine bestimmte politische Erfahrung aus der Vergangenheit zugänglich machen, andererseits Narrative über die Zukunft, die für ein gewisses Maß an Verbindlichkeit sorgen. Die Funktion solcher Erzählungen für das politische Handeln beschreibt sie folgendermaßen:

> Der große Vorteil aller Staatsformen, die ursprünglich auf einem Vertrag beruhen [...] beruht darauf, daß in ihnen Freiheit als ein positiver Modus des Handelns möglich ist. Wobei sie offenbar [...] das Risiko auf sich nehmen, die grundsätzliche Unabsehbarkeit menschlicher Angelegenheiten und die grundsätzliche Unzuverlässigkeit der Menschen als solche bestehen zu lassen, [...] indem sie sie gleichsam als das Medium benutzen, in das die Versprechen gewisse, genau abgegrenzte Inseln des Voraussagbaren werfen, [...]. Sobald Versprechen [...] dazu mißbraucht werden, den Boden der Zukunft abzustecken und einen Weg zu ebnen, der nach allen Seiten gesichert ist, verlieren sie ihre bindende Kraft und heben sich selbst auf. (Arendt 2006a, S. 312 f.)

Ohne die Zukunft auf eine einzige Option zu verengen, reduziert das Versprechen die Menge der prinzipiell vorstellbaren Handlungsoptionen und lenkt sie in eine Richtung. So schafft es unter den Bedingungen der Pluralität dennoch ein Mindestmaß an Planbarkeit. Auch Ricœur erkennt darin einen Vorzug der narrativen Vorgehensweise, allerdings im Hinblick auf die *historiographische Dimension* der Narrativität: „Eine bemerkenswerte Eigenschaft der narrativen Funktion besteht darin, dass sie die Kontingenz anerkennt und sogar [...] in Ehren hält" (Ricœur 1986, S. 11).

Die durch die *agonale Dimension* konstituierte Unberechenbarkeit des Handelns durch die Vielzahl der Beteiligten und deren Geschichten – „was sie getan haben, ohne zu wissen, was sie tun" (Arendt 2006a, S. 306) – kann so zumindest im Nachhinein durch die *historiographische Dimension* entschärft werden: Alle heterogenen Bestandteile, „zufällige und vorhergesehene Begegnungen [...], schließlich unbeabsichtigte Ergebnisse" (Ricœur 1986, S. 14) lassen sich vom Historiker, ohne sie einer Teleologie zu unterwerfen, doch in einen Sinnzusammenhang bringen. Um eine echte Kontinuität des Handelns bzw. der damit verbundenen Erfahrung zu gewährleisten, muss er die Geschichte (*story*) aufnehmen und der Nachwelt überliefern.[9]

---

[8] Auf die besondere Bedeutung von *Gründungsnarrativen* wird in Teilabschnitt *2.2 Kontinuität der Gründungserfahrung* ausführlicher eingegangen.

[9] Als gewisse Ausnahme von dieser Regel erkennt Arendt den griechischen Helden Achill: „Zwar hängt auch Achill noch von dem Erzähler der Geschichte seiner Tat ab, [...] ohne den seine Tat so vergänglich bliebe wie sein Leben; aber er ist der einzige ‚Held', bei dem es ist,

2.2 Kontinuität der Gründungserfahrung

Die Position des Geschichts- und Geschichtenerzähler scheint also zwischen verschiedenen Zeitdimensionen angesiedelt zu sein: Er kann einerseits unbelastet zurückschauen und die Bedeutung des Vergangenen beurteilen. Dies kann er andererseits nur aus der Perspektive seiner Gegenwart heraus tun, in der er fest verwurzelt ist. Straßenberger spricht in diesem Zusammenhang von der „interpretative[n] Aneignung [der Vergangenheit] im Lichte gegenwärtiger Anliegen" (Straßenberger 2005, S. 79). Fragen an die Vergangenheit sind somit immer vom gegenwärtigen Standpunkt her motiviert. Aus dieser Verbindung von Vergangenheit und Gegenwart erklärt Arendt „die enorme, alles andere in den Schatten stellende Bedeutung des *Gründungsakts*" (Arendt 2011, S. 191). Die darin enthaltene Erfahrung musste durch narrative Weitergabe lebendig gehalten werden. Dafür hätte gerade die Gründungserfahrung der Amerikanischen Revolution die besten Voraussetzungen mitgebracht: Schon von ihrer Struktur her barg sie in sich ein wichtiges Charakteristikum narrativer Darstellung, nämlich die *Aus-der-Zeit-Gerissenheit* der erzählten Geschichte (Ricœur 1986, S. 17). Arendt beschreibt dies folgendermaßen: „Was immer man neu anfängt, im Moment des Anfangens [...] ist es, als ob [...] man selbst aus der kontinuierlichen Zeitordnung herausgetreten sei" (Arendt 2011, S. 265). Und eben diese Aura des absoluten und deutlich zutage tretenden Neuen umwehte gerade die Amerikanische Revolution:

> Hier ereignete sich ein Gründungsakt zum erstenmal in der Gegenwart, unter den Augen der Zeitgenossen, bar aller Geheimnisse und außerhalb aller Gründungslegenden, mit denen die menschliche Einbildungskraft in die eigene Vergangenheit leuchtet. (Arendt 2011, S. 263)

Entsprechend ist auch der Antikerekurs der „„gründenden Väter""[10] (Arendt 2011, S. 165) alles andere als eine Unterordnung unter die Tradition oder eine bloße Reproduktion der Vergangenheit. In den Worten und Taten der Revolutionäre zeigte sich für Arendt immer wieder das spezifisch Neue ihrer Unternehmungen und die Betonung des eigenen Anfangs, den sie setzten (Arendt 2011, S. 166, 255):

---

als hätte er die volle Bedeutung des Gehandelten dem Erzähler selbst in die Hände gegeben" (Arendt 2006a, S. 243).

[10] So bezeichnet Arendt in *Über die Revolution* durchgängig die im Deutschen normalerweise als *Gründerväter* der USA bezeichneten Personen, wahrscheinlich, um eine direkte Entsprechung zum englischen *Founding Fathers* zu schaffen.

> Sie wandten sich an die Antike nicht aus Traditionsbewußtsein, sondern im Gegenteil, weil ihnen klar war, daß sie dort etwas entdecken würden, was die Tradition ihnen nicht überliefert hatte. Sie zogen aus, um für ihre ureigensten Erfahrungen Modelle und Vorbilder zu finden. (Arendt 2011, S. 254).

Dennoch verkümmert die von den Zeitgenossen emphatisch begrüßte amerikanische Gründungserfahrung Arendt zufolge: Anstatt die Geschichten des Handelns zu erzählen, das sich im Kontext der Verfassungsgründung abspielte, wurde durch die immense Betonung des juristischen Verfassungskorpus versucht, den Geist der Revolution durch einen nüchternen Sachtext zu tradieren (Arendt 2011, S. 297 f.). Darin liegt für Arendt der Geburtsfehler der meisten Verfassungen: Isoliert von den ursprünglichen Erfahrungen transportiert der resultierende Text keine tiefere Bedeutung mehr. Er ist nur noch ein „Fetzen Papier" (Arendt 2011, S. 160) ohne die „Aura der Ehrwürdigkeit" (Arendt 2011, S. 262), die ihn am Anfang umgeben hatte. Dieser Erfahrungsverlust erscheint Arendt politisch als selbstverständlich wahrgenommenen, informellen Organe, die die Revolution getragen hatten, „erstickten unter dem ungeheuren Gewicht der Verfassung [. . .] obwohl sie ursprünglich die Quelle für die gesamte politische Aktivität des Landes gebildet hatten" (Arendt 2011, S. 306).

Hier zeigt sich in aller Deutlichkeit, wie sehr das politische Handeln auf die narrative Tradierung angewiesen ist: Selbst ein im Moment der Ausführung in seiner *agonalen Dimension* erfolgreiches Handeln wie das der Revolutionäre kann keine längerfristigen Auswirkungen zeitigen, wenn sich kein Erzähler findet, der es *historiographisch* weiterträgt, nachdem es zu Ende gegangen ist.

3 Bewältigung des Traditionsbruchs: Die destruierende Funktion

Trotz der großen Bedeutung, die das *tradierende Geschichtenerzählen* für Arendt hat: Es gibt eine weitere, genauso wichtige, der tradierenden jedoch diametral entgegengesetzte Funktion: das *destruierende Geschichtenerzählen*. Diese Funktion wird dann bedeutsam, wenn das Tradieren unmöglich geworden ist, z. B. unter den Bedingungen der totalen Herrschaft: Wenn das „eiserne Band des Terrors" (Arendt 2009, S. 958) die Individuen aneinander fesselt, in einen einzigen „totalitären politischen Körper" (Arendt 2009, S. 958) zwingt und damit auf einen singulären Blickwinkel reduziert, stirbt die Erfahrung des politischen Handelns zwangsläufig ab (Arendt 2006a, S. 73). Sowohl die *agonale* als auch die *historio-*

graphische narrative Dimension des Handelns gehen verloren. Anstatt vor anderen in seiner Einzigartigkeit in Erscheinung zu treten, sich vor ihnen auszuzeichnen und mit ihnen um das Politische zu ringen (Arendt 2006a, S. 214–224), erfährt der Einzelne seine absolute Ersetzbarkeit. Spätestens hier kann der politische Historiograph nicht so weitermachen wie bisher: Arendt erkennt einen irreparablen *Bruch* (Arendt 2002, S. 300, 2006b, S. 207, 2012a, S. 7 ff.) der philosophischen Tradition. Ausgehend von René Chars Ausspruch „Notre histoire n'est précédé d'aucun testament" (Arendt 2012a, S. 7) macht sie deutlich, dass der historischen Bewertung sämtliche allgemeinen Maßstäbe abhandengekommen sind. Ohne Tradition, „die anzeigt, wo die Schätze sind" (Arendt 2012a, S. 9), bleibt es nun dem Individuum überlassen, einzelne Komponenten der Vergangenheit als besonders wertvoll und erzählenswert zu begreifen.

Dieser Bruch stellt die historiographische Herangehensweise vor ein methodologisches Dilemma: Traditionelle Historiographie ist Arendt zufolge notwendigerweise Bewahrung und oft genug auch Rechtfertigung des Geschehenen (Arendt 1953, S. 77). Im Falle des Totalitarismus mussten die Historiker aber die Geschichte eines Gegenstandes schreiben, den sie ganz sicher nicht erhalten, sondern vielmehr zerstören wollten. Destruktive Geschichtsschreibung sei daher ein Widerspruch in sich (Arendt 1953, S. 77). Folglich drängt sich die Frage auf: „How to write historically about something [...] which I did not want to conserve but on the contrary felt engaged to destroy" (Arendt 1953, S. 77). Die Lösung liegt für Arendt darin, dass ein nicht-traditionelles historisches *Erzählen* noch immer möglich und ebenso notwendig ist: Bestimmte vergangene Erfahrungen müssen weiterhin der Nachwelt überliefert werden. Die Zerstörung der *Tradition* bedeutet also nicht den Ruin der *Vergangenheit*: „Einer wird immer bleiben, um die Geschichte zu erzählen" (Arendt 2010, S. 346).

Im Hinblick auf eine Geschichtsschreibung des Totalitarismus ist es für Arendt unvermeidlich, neue Wege zu gehen. So ist dabei z. B. der wissenschaftliche Grundsatz *sine ira et studio* aufzugeben (Arendt 1953, S. 78). Eine völlig neutrale Betrachtung würde dem Kontext der totalitären Gräueltaten nicht gerecht. In diesem Ausnahmefall erscheint es ihr – obwohl sie grundsätzlich darauf besteht, private Emotionen und öffentliches politisches Handeln klar zu trennen (Arendt 2011, S. 100–114) – angebracht, moralischen und emotionalen Elementen Rechnung zu tragen. Entscheidend sei, das Phänomen Totalitarismus in seiner gesellschaftlichen Realität und nicht aus einer theoretischen Distanz heraus zu betrachten: „To describe the concentration camps *sine ira* is not to be ‚objective', but to condone them" (Arendt 1953, S. 79).[11] Aber schon die harmlos wirkende,

---

[11] Gerade für ein solches Vorgehen geben historiographische Erzähltheoretiker gute Gewährsleute ab. *Hayden White* beispielsweise äußert sich ganz ähnlich, wenn er sich mit der

von den meisten Historikern angestrebte strikte Aufrechterhaltung der Chronologie erscheint Arendt im Hinblick auf diesen Gegenstand verdächtig (Arendt 1953, S. 77) – könnte sie doch als Indiz für eine geschichtsdeterministische Kausalität der Abläufe gelesen werden.[12] Ein solches Geschichtsverständnis, das implizieren würde, dass sich der Totalitarismus zwangsläufig so ereignen musste, erscheint Arendt gefährlich. Entsprechend muss das Erzählen derartige vermeintliche Gewissheiten zerstören. Nach dem Tod der Metanarrationen darf keinesfalls versucht werden, einen Kausalzusammenhang zwischen den einzelnen Erzählungen zu etablieren. Vielmehr muss der Fokus auf der Kontingenz des Geschehenen liegen: Die Geschichte (*story*) präsentiert sich als „etwas, das ohne Vorhergehendes beginnt, etwas, das ohne Nachfolgendes endet" (Ricœur 1986, S. 17). Der Erzähler kann Anfangs- und Endpunkt frei wählen und unterliegt dabei keinerlei Restriktionen. Der narrative Geschichtsschreiber nimmt nicht *eine* fixe, unverrückbare Deutung der Historie vor, sondern beschreibt das Geschehene als eine Möglichkeit menschlichen Handelns unter anderen: „Geschichte ist Erinnerung dessen, was war, und zugleich Illustration dessen, was sein kann und was aus dem Menschen werden kann" (Leuschner 1980, S. 182).

Die „fragmentarische[] Geschichtsschreibung" (Benhabib 2006, S. 149), Arendts eigener Ausweg aus dem methodischen Dilemma, zielt in ebendiese Richtung. Wie Hayden Whites idealem Geschichtsforscher liegt es auch Arendt fern,

> grandiose ‚metahistorische' Theorien zu konstruieren, den Schlüssel zum Geheimnis des gesamten Geschichtsprozesses zu finden, die Zukunft vorauszusagen und vorzuschreiben, was für die Gegenwart sowohl das beste als auch das Notwendige sei. (White 1990c, S. 83)

Stattdessen geht es ihr ebenso um „die Ausgrabung der für begrenzte Vergangenheitsbereiche relevanten Fakten" (White 1990c, S. 83), d. h. darum, einzelne Geschichten zu erzählen. So kann sie Einheit und Chronologie des Geschehenen zerstören. Diesen Ansatz verfolgt sie bereits in *Elemente und Ursprünge totaler Herrschaft* in aller Konsequenz:

Herangehensweise der Historiographen an den Holocaust beschäftigt: „Es muß auf gewissenlose Weise pedantisch, indiskutabel polemisch und [...] geschmacklos erscheinen, sich mit methodischen Problemen zu befassen, wenn es um ein Geschehen geht, das so entsetzlich ist" (White 1990c, S. 102). Totale Objektivität fördere eher die Wiederholung der Geschichte als das gewünschte Gegenteil (White 1990c, S. 106).

[12] Um diesem Verdacht zu entgehen, betont Arendt, dass sie sich mit Elementen (*elements*), keinesfalls mit Ursachen (*causes*) des Totalitarismus auseinandersetzt (Hannah Arendt: *On the Nature of Totalitarianism. An Essay in Understanding.* Unveröffentlicher Nachlass, Library of Congress).

My way of solving this problem has given rise to the reproach that the book was lacking in unity. What I did . . . was to discover the chief elements of totalitarianism and to analyze them in historical terms, tracing these elements back in history as far as I deemed proper and necessary. (Arendt 1953, S. 77 f.)

Als paradigmatischen Vorreiter dieser nicht-traditionellen Art und Weise der Historiographie erkennt Arendt Walter Benjamin. Statt der Tradierbarkeit stellt dieser die Zitierbarkeit der Vergangenheit in den Mittelpunkt (Arendt 2012b, S. 244), d. h. nicht mehr die *Geschichte* im Ganzen, sondern die einzelnen, unverbundenen *Geschichten* bzw. „„Denkbruchstücke[]'" (Benjamin, zit. nach Arendt 2012b, S. 245). Sein Erzähler ist weniger ein Historiker im klassischen Sinne als ein Sammler: Er ordnet nicht systematisch oder chronologisch, sondern hebt die Einzigartigkeit der Geschehnisse hervor (Arendt 2012b, S. 250). Nach dem Traditionsbruch muss er sich nur noch bücken, um „seine kostbaren Bruchstücke aus dem Trümmerhaufen des Vergangenen herauszulesen" (Arendt 2012b, S. 251 f.). Diese Vorstellung Benjamins wird von Arendt geteilt – mit weitreichenden Konsequenzen für ihr Wissenschaftsverständnis:

[I]ch bin eindeutig denen beigetreten, die jetzt schon einige Zeit versuchen, die Metaphysik und die Philosophie mit allen ihren Kategorien, wie wir sie seit ihren Anfängen in Griechenland bis auf den heutigen Tag kennen, zu demontieren. Eine solche Demontage ist nur möglich, wenn man davon ausgeht, daß der Faden der Tradition gerissen sei und wir ihn nicht erneuern können. (Arendt 2006b, S. 207)

Obwohl Arendt die Technik der Zitatmontage nicht derart auf die Spitze treibt wie Benjamin: Ansätze einer kritisch-experimentellen Vergangenheitsinterpretation lassen sich bei ihr ebenfalls entdecken. Dabei geht es darum, „die wirklichen Ursprünge der traditionellen Begriffe zu entdecken, um aus ihnen ihren ursprünglichen Geist neu herauszudestillieren [. . .], der sich gerade aus den Schlüsselwörtern der politischen Sprache [. . .] so schmählich verflüchtigt [. . .] hat" (Arendt 2012a, S. 18).

In einem gewissen Maße verlangt Arendt diese Offenheit im Übrigen von ihren Lesern: Das Vergangene ist auch heutzutage nicht bedeutungslos geworden. Es ist umgeformt, überlagert, verwandelt, kaum wiederzuerkennen – aber ebenso aufgewertet und für uns noch wertvoll. Was bleibt ist eine „zerstückelte Vergangenheit, die ihre Bewertungsgewißheit verloren hat" (Arendt 2006b, S. 208). Wir müssen uns aktiv darum bemühen, die einzelnen Fragmente wiederzuentdecken und ihre potentielle Bedeutung für die heutige Situation zu erkennen.

4 „Ich will verstehen": Die hermeneutische Funktion

Der letzte Gedanke deutet bereits an, dass Arendts historiographisch-narratives Vorgehen auf eine *Dialektik von tradierender und destruierender Funktion* hinausläuft. Das Ende der großen Erzählungen fordert dazu auf, alte Gewissheiten zu hinterfragen und gegebenenfalls auch zu zerstören. Dennoch lebt Arendts Handlungstheorie davon, dass die Erfahrung vergangenen Handelns nicht in Vergessenheit gerät. Als Gewährsmann für „diese eigentümliche Doppelheit von Bewahren- und Destruierenwollen" (Arendt 2012b, S. 247) zieht sie Kafka heran: „Er wollte [...] bewahren, auch wenn es nicht Wahrheit war, [...] und er wußte andererseits, daß man die Tradition nicht wirksamer zerschlagen kann, als indem man [...] die Perlen und Korallen aus dem Überkommenen herausbricht" (Arendt 2012b, S. 247 f.). Hier deutet sich bereits an: Anstatt vergangene Erfahrungen, die noch immer zum Handeln inspirieren können, zu tradieren, muss eine Geschichte unter Umständen auch eine als fatal erkannte Tradition destruieren. In beiden Fällen dient das Erzählen jedoch dem gleichen Zweck, nämlich dem *Verstehen*. Diese dritte Funktion, die als Synthese aus tradierender und destruierender Funktion aufzufassen ist, möchte ich als die *hermeneutische Funktion* bezeichnen.

„Ich will verstehen" (Arendt 2007, S. 48) – dieses Statement Arendts ist Programm für ihr gesamtes Vorgehen von der ersten genuin politisch-historischen Monographie *Elemente und Ursprünge totaler Herrschaft* bis zum unvollendeten Spätwerk *Vom Leben des Geistes*. „Verstehen" bedeutet für Arendt in erster Linie Sinnvermittlung bzw. Sinngebung (Arendt 2007, S. 48 f., 55). Da sich dieser narrativ erzeugte Sinn nie auf eindeutige Weise festlegen lässt, wendet sich Arendt explizit gegen naturwissenschaftlich-deduktive bzw. rein statistische Herangehensweisen in den Geistes- und Sozialwissenschaften.[13] Dadurch würde das Alltägliche zum Maß aller Dinge erhoben und die außerordentlichen Handlungen historischer Akteure zu „bloße[n] Abweichungen oder Schwankungen" (Arendt 2006a, S. 54) erklärt. Jeder Versuch, auf diese Weise einen Sinn in der Geschichte (*history*) zu entdecken, sei von vornherein zum Scheitern verurteilt (Arendt 2006a, S. 54). Diese Vorbehalte teilt sie wiederum mit vielen Erzähltheoretikern:

> Hier ist die Wirklichkeit von solcher Regelmäßigkeit, Ordnung und Kohärenz, daß
> für menschliches Handeln kein Raum mehr bleibt; hier wird eine solche Ganzheit und

---

[13] Vgl. dazu auch die Einschätzung *Grit Straßenbergers*, Arendt sei „der Auffassung, daß mit steigendem Abstraktionsniveau und Systematisierungsanspruch ein Erfahrungsverlust verbunden ist, der theorieimmanent nur schwer zu kompensieren ist" (Straßenberger 2005, S. 118). Daher auch die eingangs geäußerten Vorbehalte Arendt ohne weitere Erklärungen als *politische Theoretikerin* zu bezeichnen.

Vollkommenheit präsentiert, daß die imaginative Identifikation eher abgeschreckt als ermuntert wird. (White 1990d, S. 34)

Zielführender als die Suche nach einem einheitlichen Sinn der Geschichte (im Sinne von *history* und *story*) sei auch in diesem Zusammenhang wieder die Betonung ihrer Kontingenz: Je nach erzählter Geschichte wird einem Ereignis ein anderer Sinn verliehen; beim Erzählen „transformiert die narrative Operation die irrationale Kontingenz in eine geregelte, bedeutsame, intelligible Kontingenz" (Ricœur 1986, S. 14). Erst wenn der Kontingenz des Geschehenen ein Sinn zugeschrieben wird – oder in der Terminologie Ricœurs: wenn aus einem Vorfall ein Ereignis wird (Ricœur 1986, S. 11) – kann das *agonal-narrative Handeln* in der Erinnerung überleben und in seiner *historiographisch-narrativen Überlieferung* als Vorbild für neues Handeln dienen.

In diese Richtung – die Bemühung um interpretative Offenheit – zielt auch Arendts Motto „All sorrows can be borne if you put them in a story" (Arendt 2006a, S. 213). In einer ausführlicheren Fassung findet es sich ebenfalls in *Menschen in finsteren Zeiten*:

> ‚Alle Sorgen sind zu ertragen, wenn man sie in eine Geschichte packen oder eine Geschichte über sie erzählen kann.' Die Geschichte enthüllt die Bedeutung dessen, was sonst eine unerträgliche Folge bloßer Ereignisse bliebe. [. . .] Das Geschichtenerzählen enthält den Sinn, ohne den Fehler zu begehen, ihn zu benennen; es führt zu Übereinstimmung und Versöhnung mit den Dingen, wie sie wirklich sind. (Arendt 2012d, S. 129 f.)

Wichtig ist in diesem Kontext, dass Verstehen im Arendtschen Gebrauch zwar gleichbedeutend mit „Versöhnung", nicht aber zwangsläufig mit „Verzeihen" ist: Verziehen werden unbeabsichtigte Nebenfolgen des Handelns (Arendt 2006a, S. 301 f.), versöhnen muss man sich mit den „Dingen, wie sie wirklich sind" (Arendt 2012d, S. 129 f.), d. h. mit der Realität im Ganzen (Arendt 2002, S. 331). Im Falle des Totalitarismus heißt Verstehen also weder, die begangenen Gräuel zu verzeihen noch das Geschehene in irgendeiner Weise nachzuvollziehen – beides erscheint für Arendt unmöglich (Arendt 1953, S. 77–80, 2007, S. 61 f.). Wohl aber kann man auch diese Erfahrungen ins kollektive Gedächtnis integrieren und auf dieser Basis eine neue Geschichte beginnen.

Insofern kann Arendts Plädoyer für die bewältigende Kraft des Erzählens als Gegenpol zum und Antwort auf das Hölderlin-Zitat „Denn der hat viel gewonnen, der das Leben verstehen kann ohne zu trauern" (zit. nach Arendt 2002, S. 191) aus Arendts *Denktagebuch* verstanden werden. Nur wenn die Trauer über das Vergangene die Gegenwart nicht mehr beherrscht, kann es zu einer Versöhnung mit der Welt, zu einem Verstehen kommen. Erst auf der Grundlage dieses Verstehens erscheint politisches Handeln wieder lohnend und attraktiv (Arendt 2002, S. 315). Als Reflex auf ihre Bemühungen, die Welt zu verstehen, lässt sich in diesem Zusammenhang auch das Jaspers-Zitat interpretieren, das Arendt ihrem Werk *Elemente und Ursprünge totaler Herrschaft* voranstellt: „Weder dem Vergangenen anheimfallen noch dem Zukünftigen. Es kommt darauf an, ganz gegenwärtig zu sein'" (Arendt 2009, S. 5). Nur in der Gegenwart kann Geschichte gemacht werden, nur hier kann der Handelnde seinen narrativen Beitrag zu politischen Veränderungen leisten. Hier werden verschiedene Zukunftsvisionen entworfen und hier wird die Vergangenheit auf verschüttete, jedoch noch immer bedeutsame Erfahrungen hin befragt. Aber die Gegenwart ist auch der Ort, an dem bestimmte Strukturen des Vergangenen mit allem Nachdruck abgelehnt und mit narrativen Verfahren zerstört werden müssen, um sich auf eine mögliche bessere Zukunft hin entwerfen zu können. Hier zeigt sich, dass Arendts fragmentarisches Vorgehen nicht nur als wissenschaftliche Methode zum Umgang mit dem Traditionsbruch taugt, sondern als breitere Erzählstrategie betrachtet werden kann, die es dem Einzelnen ermöglicht, zu einer aktiven und interaktiven sinngebenden Versöhnung mit der Welt zu gelangen.

5   Hermeneutik und Identitätsbildung: „Das erzählte Selbst"

Ein derartiges narrativ verfasstes Verstehen kann auch einen Beitrag zur kollektiven und individuellen Identitätsbildung unter den Bedingungen der Spät- bzw. Postmoderne leisten. Im Zuge der narrativen Identitätsbildung bedingen und beeinflussen sich individuelle und kollektive Identitätsbildung gegenseitig: Ohne die Interaktion mit den anderen Beteiligten ist Arendt zufolge weder Handeln noch Weltverstehen möglich. Aber auch wenn der Einzelne allein kaum etwas zu leisten vermag, kommt es doch auf jeden einzelnen Beitrag an: Nur so kann die unverzichtbare Pluralität der Perspektiven gewährleistet werden. Das narrative Handeln lebt also von den Wechselwirkungen zwischen einem starken Individuum und der Gemeinschaft, der es angehört (Arendt 2006a, S. 214–222; Kraus 2000, S. 139). Der Einzelne bewegt sich beim narrativen Handeln immer in den Grenzen seiner sozialen und dinglichen Mitwelt bzw. wird von dieser beeinflusst (Arendt 2006a, S. 62–73, Kraus 2000, S. 170). Aus dieser gesteigerten sozialen Komplexität entsteht eine potentielle Unberechenbarkeit des Handelns (Arendt 2006a, S. 279, 311 f., 314 f.; Kraus 2000, S. 161). Unter diesen Bedingungen entsteht eine „empfindliche Interdependenz der Narrationen" (Kraus 2000, S. 181). So bedroht „jedes Abtrünnigwerden eines Teilnehmers die ganze Palette interdependenter Konstruktionen"

(Kraus 2000, S. 181). Hier ähnelt Arendts Problemperzeption der von Wolfgang Kraus. Zudem erkennen beide, dass die Stabilität von Identität eine öffentliche Angelegenheit ist. Nicht erst bei der Anerkennung, sondern bereits bei der narrativen Konstruktion von Identität ist das Individuum von seiner Umwelt und seinen Mithandelnden abhängig. Von ihnen isoliert ist es nicht nur *einsam*, sondern *verlassen* (Arendt 2009, S. 976 f.) und nicht länger in der Lage, zu einer Identität zu gelangen.

Trotz aller Schwierigkeiten, trotz aller Fragilität und Vorläufigkeit wird das Handeln im Hinblick auf seinen Beitrag zur Identitätsbildung äußerst positiv bewertet und seine Sinngebungsfunktion in den Mittelpunkt gestellt: „Diese durch Handlung intendierte Zukunft gibt der Gegenwart und der Vergangenheit eine Bestimmung. Sie stellt ein immer wieder neues Lesen von Vergangenheit und Gegenwart dar" (Kraus 2000, S. 165). Dies erfordert vom Einzelnen ein hohes Maß an Ambiguitätstoleranz und Flexibilität. Kraus bietet hier eine Strategie an, die stark an Arendts fragmentarisches Vorgehen (als hermeneutische Erzählstrategie) erinnert: Wenn es keine unhinterfragbar als „normal" empfundenen Verhaltensmuster mehr gibt, muss man „Suchstrategien nach entsprechenden Mustern, Versatzstücken und Modellen in den verschiedenen Lebenswelten [anwenden], in denen die Person agiert" (Kraus 2000, S. 3).

Diese kurze Annäherung scheint also zu erlauben, auch Arendt als Vertreterin eines narrativen Ansatzes zur Identitätsbildung zu interpretieren. Die oben vorgenommene Differenzierung zwischen der agonalen und der historiographischen Dimension des Handelns ermöglicht zudem eine nähere Bestimmung des Verhältnisses von individueller und kollektiver Identitätsbildung: Die *agonal-narrative Aktivität* dient in erster Linie der *individuellen Identitätsbildung* – wobei in diesem Zusammenhang nochmals eindrücklich auf die soziale Kontextgebundenheit hinzuweisen ist: Durch die enge Interaktion mit den Anderen kann das Individuum nicht völlig autonom handeln (Arendt 2006a, S. 299). Erst in Abgrenzung zu den Erzählungen der Anderen kann der Einzelne nicht nur deutlich machen, wer er ist und wofür er steht, sondern darüber hinaus seinen Platz im Netz der Geschichten finden. Diese Identität wird nicht für längere Zeiträume fixiert, sondern ändert sich im Verlaufe des Handelns. Arendt wird also auch der spät- bzw. postmodernen „*Destandardisierung der Normalbiographie*" (Kraus 2000, S. 3) gerecht. Die *historiographisch-narrative Überlieferung*, die die Ergebnisse des gemeinsamen Handelns tradiert, richtet sich eher an eine genuin *kollektive Identitätsbildung*. Dieser Aspekt bleibt in vielen anderen Ansätzen zur narrativen Identitätsbildung unterbelichtet. Um einer Gruppe Erzählungen zu liefern, die als Basis einer kollektiven Identität dienen können, muss der Historiker verschiedene vergangene Handlungserfahrungen für die Gegenwart zugänglich machen. Selbst auf den ersten Blick nüchterne kollektive Übereinkünfte, z. B. Verträge oder Verfassungstexte werden so durch eine affektive Komponente ergänzt: Erzählungen können die ursprüngliche politische Gründungserfahrung bewahren und über Jahre hinweg am Leben halten (Arendt 2011, S. 262). Wichtig ist hierbei der Plural „Erzählungen": Es gibt nicht die *eine*, große Gründungserzählung, sondern – wiederum im Sinne von Arendts fragmentarischer Geschichtsschreibung und von Lyotards Tod der „großen Erzählungen" (Lyotard 1982, S. 113) und ihrer Wahrheitsansprüche – ein Sammelsurium an verschiedenen, nicht kausal zusammenhängenden Erzählungen.

6 Fazit

„All sorrows can be borne if you put them in a story" (Arendt 2006a, S. 213): Auf den zweiten Blick erscheint eine derartige Aussage an exponierter Stelle in der Handlungstheorie Hannah Arendts doch weniger verwunderlich, als es am Anfang wirkte. Erzählende – seien es Handelnde, die ihre eigene Identität performativ im Handeln zum Tragen bringen oder Historiker, die die Geschichten vergangener Handelnder gegenwärtig machen – sind die Kernfiguren in Arendts Handlungstheorie. Wenn die Lust der Menschen am Erzählen und am Hören von Geschichten in der Öffentlichkeit geweckt werden könnte, und sie sich demzufolge auf die gemeinsame Unternehmung des Handelns im öffentlichen Raum einlassen würden, befände sich das Politische in einer weniger prekären Lage, als Arendt in *Vita activa* beschreibt.

Eine in diesem Sinne aufgefasste fragmentarisch-narrative Ideengeschichte kann auch heute noch von Relevanz für die politische Theorie sein: Sie soll nicht konservieren, sondern vielmehr neue Zusammenhänge aufzeigen und das Althergebrachte aufbrechen. Geschichtenerzählen ermöglicht es daher, die Vergangenheit mit neuen Augen zu betrachten, neue Kontexte aufzuwerfen, in denen sie uns bis heute noch etwas zu sagen hat – und kann so zu einem echten Verstehen führen, wie Arendt es definiert hat. Erst dann wird ein tatsächlicher Neubeginn möglich. Gerade bei vielen politischen Sachverhalten, die sich als zwischenmenschliche Angelegenheiten einer rein rationalen Wissenschaftslogik entziehen, kann sich ein solches Vorgehen als sinnvoll erweisen.

Literatur

Arendt, Hannah. 1953. A reply. *Review of Politics* 15 (1): 76–84.
Arendt, Hannah. 2002. *Denktagebuch. 1953 bis 1973*. München: Piper.
Arendt, Hannah. 2006a. *Vita activa oder Vom tätigen Leben*. 4. Aufl. München: Piper.

Arendt, Hannah. 2006b. *Vom Leben des Geistes. Das Denken. Das Wollen*. 3. Aufl. München: Piper.

Arendt, Hannah. 2007. *Ich will verstehen. Selbstauskünfte zu Leben und Werk*. 3. Aufl. München: Piper.

Arendt, Hannah. 2009. *Elemente und Ursprünge totaler Herrschaft. Antisemitismus, Imperialismus, totale Herrschaft*. 13. Aufl. München: Piper.

Arendt, Hannah. 2010. *Eichmann in Jerusalem. Ein Bericht von der Banalität des Bösen*. 5. Aufl. München: Piper.

Arendt, Hannah. 2011. *Über die Revolution*. München: Piper.

Arendt, Hannah. 2012a. *Zwischen Vergangenheit und Zukunft. Übungen im politischen Denken I*. München: Piper.

Arendt, Hannah. 2012b. Walter Benjamin. In *Menschen in finsteren Zeiten*, Hrsg. Ursula Ludz, 195–258. München: Piper.

Arendt, Hannah. 2012c. Gedanken zu Lessing: Von der Menschlichkeit in finsteren Zeiten. In *Menschen in finsteren Zeiten*, Hrsg. Ursula Ludz, 11–45. München: Piper.

Arendt, Hannah. 2012d. Isak Dinesen. In *Menschen in finsteren Zeiten*, Hrsg. Ursula Ludz, 117–135. München: Piper.

Arendt, Hannah, und Karl Jaspers. 1985. *Briefwechsel 1926–1969*. München: Piper.

Benhabib, Seyla. 2006. *Hannah Arendt – Die melancholische Denkerin der Moderne*. Frankfurt a. M.: Suhrkamp.

Carr, Edward Hallet. 1961. *What is history? The George Macaulay Trevelyan lectures delivered in the University of Cambridge January – March 1961*. London: St. Martin's Press.

Kraus, Wolfgang. 2000. *Das erzählte Selbst. Die narrative Konstruktion von Identität in der Spätmoderne*. 2. Aufl. Herbolzheim: Centaurus.

Leuschner, Joachim. 1980. *Geschichte in Vergangenheit und Gegenwart*. Stuttgart: Klett-Cotta.

Lyotard, Jean-François. 1982. *Das postmoderne Wissen. Ein Bericht*. Bremen: Impuls & Association.

Ricœur, Paul. 1974. *Geschichte und Wahrheit*. München: Paul List Verlag.

Ricœur, Paul. 1986. *Zufall und Vernunft in der Geschichte*. Tübingen: konkursbuch Verlag.

Ricœur, Paul. 1988. *Zeit und Erzählung. Bd. 1: Zeit und historische Erzählung*. München: Wilhelm Fink Verlag.

Straßenberger, Grit. 2005. *Über das Narrative in der politischen Theorie*. Berlin: Akademie Verlag.

White, Hayden. 1986. *Auch Klio dichtet oder Die Fiktion des Faktischen*. Stuttgart: Klett-Cotta.

White, Hayden. 1990a. *Die Bedeutung der Form. Erzählstrukturen in der Geschichtsschreibung*. Frankfurt a. M.: Fischer.

White, Hayden. 1990b. Die Metaphysik der Narrativität: Zeit und Symbol in Ricœurs Geschichtsphilosophie. In *Die Bedeutung der Form. Erzählstrukturen in der Geschichtsschreibung*, 175–193. Frankfurt a. M.: Fischer.

White, Hayden. 1990c. Die Politik der historischen Interpretation: Disziplin und Entsublimierung. In *Die Bedeutung der Form. Erzählstrukturen in der Geschichtsschreibung*, 78–107. Frankfurt a. M.: Fischer.

White, Hayden. 1990d. Die Bedeutung von Narrativität in der Darstellung der Wirklichkeit. In *Die Bedeutung der Form. Erzählstrukturen in der Geschichtsschreibung*, 11–39. Frankfurt a. M.: Fischer.

White, Hayden. 1991. *Metahistory. Die historische Einbildungskraft im 19. Jahrhundert in Europa*. Frankfurt a. M.: Fischer.

Erzählen und Urteilen. Narrative politische Theorie nach Hannah Arendt

Maike Weißpflug

Zusammenfassung

In Hannah Arendts politischem Denken ist das Narrative nicht nur Gegenstand, sondern auch Methode. Politisches Handeln ist Arendt zufolge narrativ verfasst, da es als einziges Produkt Geschichten hervorbringt. Um die spezifischen Erfahrungen des Politischen erfassen zu können, ist für Arendt ein narratives Verfahren darum das einzig adäquate. In diesem Beitrag wird Arendts narrative politische Theorie als Form erfahrungsgeleiteter und welterschließender Kritik rekonstruiert.

1 Narrative Politik und narrative Theorie

Das Narrative spielt im politischen Denken Hannah Arendts auf unterschiedlichen Ebenen eine Rolle. Es ist sowohl *Gegenstand ihrer politischen Theorie* als auch *Methode ihres Denkens*. Zum Gegenstand wird das Narrative in Arendts politischem Denken, da es ein wichtiger Bestandteil ihrer handlungstheoretischen Bestimmung des Politischen ist:

> Das ursprünglichste Produkt des Handelns ist nicht die Realisierung vorgefaßter Ziele und Zwecke, sondern die von ihm ursprünglich gar nicht intendierten Geschichten, die sich ergeben, wenn bestimmte Ziele verfolgt werden. (Arendt 2007, S. 226)

M. Weißpflug (✉)
Institut für Politische Wissenschaft, RWTH Aachen,
Mies-van-der-Rohe-Straße 10, 52074 Aachen, Deutschland
E-Mail: maike.weisspflug@ipw.rwth-aachen.de

W. Hofmann et al. (Hrsg.), *Narrative Formen der Politik*,
DOI 10.1007/978-3-658-02744-5_12, © Springer Fachmedien Wiesbaden 2014

Handeln ist nach Arendt immer ein, wie sie mit Burke sagt, „acting in concert" (1994, S. 224), das Zusammen-Handeln unter den Bedingungen der Pluralität und ein Zusammenspiel der unterschiedlichen Interessen und Perspektiven. Handlungsverläufe sind darum nicht vorhersehbar und kontingent. Daraus folgt auch, dass das Handeln erst in der Retrospektive als sinnvolle Einheit erkennbar wird, die in Form einer Geschichte erzählt werden kann. Die narrative Bestimmung des Handelns ist Teil von Arendts politischer Ontologie[1]: Politik entsteht intersubjektiv im „Raum zwischen den Menschen" und konstituiert eine „Mitwelt", das narrativ strukturierte „Bezugsgewebe menschlicher Angelegenheiten" (Arendt 2007, S. 222). Arendt blickt dabei auf Relationen und Interaktionen, nicht auf die einzelnen Akteure und ihre Intentionen. Damit schlägt Arendt jedoch nicht nur eine Verschiebung innerhalb der begrifflichen Bestimmung von Politik vor, sondern auch eine grundlegend andere Betrachtungsweise, gewissermaßen einen Perspektivwechsel im Blick auf politisches Handeln. Erzählungen konstituieren nicht nur die politische Welt, sondern werden zugleich zu der Brille, durch die sich diese neue Sichtweise auf das Politische auf theoretischer Ebene erfassen lässt. Das *Storytelling* steht also im Zentrum von Arendts politiktheoretischer Konzeption, aus deren Analyse vielleicht so etwas wie ein Modell für eine narrativ verfasste politische Theorie gewonnen werden kann.

In meinem Beitrag soll es um den letztgenannten, den methodischen Aspekt des Narrativen bei Arendt gehen: das Erzählen als Verfahrensweise des politischen Denkens. Aus den wenigen Bemerkungen zur Handlungstheorie wird jedoch schon erkennbar, dass Gegenstand und Methode bei Arendt reflexiv miteinander verquickt sind: Die Wahl der narrativen Methode, des *storytellings,* geht auf die narrative Konstitution des Gegenstands, der Politik, zurück.

Bei Arendt selbst finden sich nur gelegentliche und verstreute Bemerkungen zu ihrer Vorgehensweise. An nur wenigen Stellen in ihrem Werk deutet sie an, welche Funktion das Erzählen für sie hat. Es ist für sie ein Weg, politische Theorie aus politischen Erfahrungen heraus zu entwickeln: „[Ü]ber jedes Ereignis, das überhaupt erinnert wird, wird nachgedacht. Das Erzählen einer Geschichte ist der geeignete Weg, darüber nachzudenken. Daraus entsteht Theorie" (Arendt, zit. nach Heuer 2007, S. 210).

Das Geschichtenerzählen der Theoretikerin unterscheidet sich vom Geschichtenerzählen gewöhnlicher Akteure allein dadurch, dass sie die Geschichten in einen theoretisch reflektierten Kontext einbindet und sie auf dieser Ebene – in Form von Vorträgen, Büchern und Essays – wieder in das öffentliche Gespräch zurückgibt.

---

[1] Ontologie meint hier im Sinne Stephen K. Whites eine „weak ontology" (White 2005) keinen Bezug auf ein Sein jenseits der Erscheinungen, sondern eine bestimmte grundlegende Weise, die Welt wahrzunehmen. Siehe hierzu auch die Erläuterungen in Abschn. 3.

Im Kern ist es jedoch dieselbe alltägliche Tätigkeit des Verstehens und Urteilens, die sich seiner Form nach nicht von den gewöhnlichen Akten des Verstehens und Urteilens unterscheidet. Arendts politische Theorie ist vor diesem Hintergrund als eine Form der Kritik zu verstehen, wenn Kritik diesen reflexiven Verweisungszusammenhang von Beobachter- und Akteursperspektive bedeutet, wenn die Theorie, wie Habermas es einmal formuliert hat,

> sich der Selbstbezüglichkeit ihres Geschäfts inne wird; sie weiß, dass sie dem objektiven Lebenszusammenhang, den sie zu erfassen trachtet, durch die Akte der Erkenntnis hindurch auch zugehört. Der Theorie bleibt ihr Entstehungskontext nicht äußerlich, sie nimmt ihn reflexiv in sich auf. (Habermas 1981, S. 590 f.)

Es gibt in Arendts narrativer politischer Theorie jedoch, ähnlich wie in jüngeren Versuchen, Kritik als soziale Praxis zu deuten, keinen „epistemologischen Bruch" (Celikates 2009, S. 47) zwischen der Wahrnehmung und dem Wissen der Akteure und politiktheoretischer Erkenntnis.[2] Der Theoretiker verfügt in diesem Modell politischer Theorie über keinen privilegierten Standort, von dem aus die Welt erschlossen werden kann – im Gegenteil: Arendt fordert für die Theorie, stets von konkreten Situationen und Erfahrungen auszugehen. Im Vorwort zu „Zwischen Vergangenheit und Zukunft", einem der wenigen Texte, in dem Arendt ihre Vorgehensweise reflektiert, heißt es dazu:

Genauer gesagt sind dies Übungen im politischen Denken, wie es sich aus der Aktualität politischer Ereignisse (die allerdings nur gelegentlich als solche erwähnt werden) ergibt, und meine Annahme ist, daß das Denken aus Geschehnissen der lebendigen Erfahrung erwächst und an sie als einzigen Wegweiser, mit deren Hilfe man sich orientiert, gebunden bleiben muss (Arendt 1994, S. 18).

Die Ablösung der begrifflichen Reflexion vom Hintergrund der Erfahrung scheint für Arendt eine größere Gefahr darzustellen als der Verlust des siche-

---

[2] Vgl. hierzu auch (Sörensen 2012, S. 180): „Wenn Robin Celikates aus seinem Vermittlungsversuch von kritischer Soziologie und Soziologie der Kritik folgert, dass die kritische Theorie ,nicht mehr nur über und für die Akteure sprechen darf, sondern konstitutiv auf einen Dialog mit ihnen verwiesen ist' (Celikates 2009, S. 250), Maeve Cooke die zeitgenössische kritische Sozialtheorie auf einen epistemologischen und ethischen Anti-Autoritarismus verpflichtet und James Tully fordert, die Beziehungen zwischen TheoretikerInnen und gewöĭhnlichen AkteurInnen als ,pedagogical relationships of reciprocal elucidation between academic research and the civic activities of fellow citizens' zu begreifen, so findet sich dieses Credo auch bei Arendt als Kernelement gesetzt." Diese Deutungen fügen sich in eine Reihe von Versuchen, Arendts politische Theorie als eine Form der Kritik bzw. als „Kritische Theorie des Politischen" (Sörensen 2012, S. 169; Förster 2009, S. 49; Meints 2011, S. 241; Weißpflug 2009) zu verstehen. In eine ähnliche Richtung, wenn auch auf der Ebene des direkten Theorievergleichs zwischen Arendt und Adorno, weisen bereits die Beiträge in (Auer et al. 2003).

ren normativen Standpunkts, der mit der Verneinung des Bruchs zwischen der Perspektive des Theoretikers/Beobachters und der Akteure einhergeht.

Arendts narrative Methode ist bislang nur an einigen verstreuten Stellen systematisch untersucht und beschrieben worden.[3] Dabei stellt sie, wie Lisa J. Disch feststellt, „the most elusive and the most provocative aspect of her political philosophy" (Disch 1993, S. 666) dar. Denn das Erzählen ist in Arendts politischem Denken nicht nur einfach eine applizierbare Verfahrensweise und Methode zur Gewährleistung des Erfahrungsbezugs, sondern ist auch eng mit den Grundbegriffen ihrer politischen Philosophie verknüpft. Das Erzählen stellt dabei eine Alternative zu dem philosophischen Verfahren dar, das Donna Haraway einmal den „god trick" (Haraway 1988, S. 581) genannt hat: eine objektive, vom eigenen Standort unabhängige Perspektive einzunehmen. Arendt reiht sich damit in eine Denktradition ein, die die Möglichkeit, die soziale Welt von einem solchen idealen „Archimedischen Punkt" aus zu betrachten, verneint und kritisiert. Eine ähnliche kritische Position gegenüber dem „god trick" und die Wahl des *storytelling* als Verfahren situierten Philosophierens findet sich beispielsweise auch bei Iris Marion Young (2002, S. 71 ff.), Martha Nussbaum (2001) oder Michael Walzer (1990). Ein zentrales Moment narrativer politische Theorie ist der Anspruch, von konkreten politischen Erfahrungen auszugehen (Straßenberger 2005, S. 27 f.). Ich möchte im folgenden am Beispiel Arendts der Frage nachgehen, wie ein erzählendes Verfahren eine solche „Verkopplung von politischer Theorie und Erfahrung" (Straßenberger 2005, S. 8) gewährleistet. In einem ersten Schritt werde ich Arendts narrative Strategie an einem Beispiel, das ihr Verfahren besonders gut erkennbar macht, erörtern.

2 „My old-fashioned storytelling": Narrative Strategien in *Action and „The Pursuit of Happiness"*

Action and „The Pursuit of Happiness" ist der Titel eines Vortrags, den Hannah Arendt im Jahr 1960 im Rahmen der Jahrestagung der American Political Science Association (APSA) in New York hielt. Es ist der Text, der Arendts häufig zitierte

---

[3] Ausnahmen bilden neben Lisa Jane Dischs bis heute maßgeblicher Studie über Arendts kritisches Storytelling (Disch 1994) die Aufsätze von Ernst Vollrath (1977) und David Luban (1983) und Wolfgang Heuer (2007, 2012) sowie die Arbeit von Grit Straßenberger (2005). Trotzdem zählt, wie die Herausgeber des 2011 erschienen Arendt-Handbuchs feststellen, „die Erforschung der Methode des Arendtschen Denkens" (Heuer et al. 2011, S. VIII) immer noch zu den Desiderata der Arendt-Forschung.

Selbstbezeichnung ihrer Arbeitsweise – „my old-fashioned storytelling" enthält, abgesehen davon aber bislang nur selten interpretiert und rezipiert wurde. Dabei kann man an dem Text Arendts narratives Verfahren im Detail nachvollziehen – insbesondere deswegen, weil sie in diesem Text nicht nur erzählend verfährt, sondern ihre Vorgehensweise laufend kommentiert und rechtfertigt. Dies mag daran liegen, dass sie sich hier, auf einer Konferenz der politikwissenschaftlichen Zunft, stärker zu einer solchen methodischen Rechtfertigung genötigt sah als an anderen Stellen. Für die Zwecke ideengeschichtlicher Forschung stellt dieser Text darum eine günstige Gelegenheit dar, der Theoretikerin in die Karten zu schauen.

Das Thema des Vortrags ist die Bedeutung des in der Amerikanischen Verfassung verbürgten Rechts auf das „Streben nach Glück" (pursuit of happiness). Arendt stellt zunächst die Behauptung und These auf, dass die Bedeutung dieses Rechts, das eine der vielen Überraschungen sei, die „dieses Land für neue Bürger bereithalte" (Arendt 1960, S. 1), nur im Kontext der amerikanischen politischen Erfahrungen erschlossen werden könne. In ihrem Vortrag versuche sie darum nicht, die „volle historische und politische Bedeutung" des Begriffs zu bestimmen, sondern „more modest" einen Zugang zu den politischen Erfahrungen zu gewinnen, „to discover the authentic, non-ideological background of experience behind this bewildering persuit" (Arendt 1960, S. 1).

Ihre Grundvermutung sei, dass es in diesem Erfahrungskontext einen Zusammenhang gebe zwischen Handeln und Glück – einen Gedanken, an den sie selbst durch einen Vorfall erinnert worden sei, durch eine an sich unbedeutende Geschichte. Bevor sie jedoch ansetzt, diese Geschichte zu erzählen, begründet sie ihre Vorgehensweise:

> My justification for telling you about it is that I have always believed that, no matter how abstract our theories may sound or how consistent our arguments may appear, there are incidents and stories behind them which, at least for ourselves, contain as in a nutshell the full meaning of whatever we have to say. (Arendt 1960, S. 1)

Auch wenn das reine Denken eine eher technische, logische Operation sei, entspringe es aus der Aktualität der Ereignisse „and incidents of living experience must remain its guideposts by which it takes its bearings, if it is not to lose itself in the heights to which thinking soars, or in the dephts to which it must descend" (Arendt 1960, S. 2). Denken müsse an Ereignisse gebunden bleiben „wie der Kreis an seinen Mittelpunkt" – was dabei herauskomme, seien weder Definitionen noch eine (abstrakte) Theorie, sondern „the slow, plodding discovery and, perhaps, the mapping survey oft he region which some incident had completely illuminated for a fleeting moment" (Arendt 1960, S. 2). Zwar sei es aus der Perspektive der

Wissenschaft betrachtet „against all the rules of the game" (Arendt 1960, S. 3), einen Vortrag oder eine Abhandlung mit dem Erzählen einer Anekdote zu beginnen, doch könnten diese Regeln durchaus gebrochen werden – was sie dann auch prompt tut, indem sie damit beginnt, die Geschichte zu erzählen. Sie habe einen alten Bekannten getroffen, einen ehemaligen Kommunisten. Im Gespräch habe sie ihn interessehalber gefragt, wie er heute mit seiner Vergangenheit als Radikaler umgehen würde. Der Bekannte antwortete nicht, wie Arendt es erwartet habe, mit einer argumentativen oder ideologischen Rechtfertigung, sondern seinerseits mit einer Geschichte: Ein Spieler kommt spätabends in eine fremde Stadt und geht direkt in das örtliche Spielkasino. Ein Einheimischer warnt ihn vor dem gezinkten Glücksrad, der Fremde aber entgegnet, dass es nun einmal kein anderes Glücksrad in der Stadt gebe. Arendt erinnert diese Geschichte an die Erfahrung, die der französische Dichter René Char in der Résistance machte: das Glück des Handelns gefunden zu haben, wenn auch unter furchtbaren, falschen, „gezinkten" Bedingungen (diese Geschichte erzählt an anderer Stelle ausführlicher, vgl. Arendt 1994, S. 7 f.). Arendt bezweifelt jedoch, dass ihr Bekannter in den USA der 30er Jahre tatsächlich diese Erfahrungen gemacht habe – schließlich hätten ihm zu dieser Zeit viele andere Handlungsmöglichkeiten offengestanden. Aber, so Arendt, gehe es ihr an dieser Stelle keineswegs um die Wahrhaftigkeit der Person, sondern um die „Wahrheit der Geschichte": „the story tells us that there exists such intense happiness in acting that the actor, like the gambler, will accept that all the odds are staked against him" (Arendt 1960, S. 5). Sie sei von der Wahrheit der Geschichte überzeugt, weil diese sie an eine „eigenartige Passage in den letzten zwischen Jefferson und John Adams ausgetauschten Briefen" erinnerte: „what convinced me that I had heard a truth was that the story reminded me instantly of a strange passage in the last letters exchanged between Jefferson and John Adams when, at the end of their long lives and in a reflective mood, they felt the need to explain themselves to each other" (Arendt 1960, S. 5). In diesen Briefen ginge es unter anderem auch um die Vorstellung des Lebens nach dem Tode, das Jefferson an einer Stelle mit „souveräner Ironie" ausmalt: „May we meet there again, *in Congress, with our antient Colleagues,* and receive with them the seal of approbation, Well done, good and faithful servants" (Arendt 1960, S. 6). Trotz des ironischen Tons gebe Jefferson hier zu, dass die Erfahrung politischen Handelns im Kongress eine Art Vorgeschmack auf das Paradies gewesen sei. Die Spur, der Arendt hier folgt, sind die Momente, in denen politisches Handeln als Glück erfahren wird. Dies ist der Gehalt, der beide Geschichten, auch wenn die Kontexte ganz unterschiedliche sind, miteinander verbindet. Andersherum gesprochen verleiht jedoch erst die Kombination beider Geschichten der Erfahrung ihr Maß an Wahrhaftigkeit und Plausibilität.

Arendts narrative Vorgehensweise ist, wenn man einen Blick auf die formale Struktur wirft, tatsächlich „old-fashioned". Die Vortragsstruktur ähnelt derjenigen, die wir in den ältesten bekannten Erzählungen finden, etwa in den Märchen aus 1001 Nacht oder dem altindischen Panchatantra[4]: Innerhalb einer Rahmenerzählung treten ineinander verschachtelte Binnenerzählungen auf. Arendt führt – zunächst formal nicht narrativ – in das Thema „Handeln und öffentliches Glück" ein und beginnt mit einer Reflexion der Schwierigkeiten einer begrifflichen Erkundung des Erfahrungshintergrundes. Zunächst kündigt sie nur an, eine Geschichte zu erzählen, und rechtfertigt, wie bereits beschrieben, ihr narratives Vorgehen. Dann beginnt sie, die erste Geschichte zu erzählen, die ich hier „An Old Acquaintance" nennen will. Innerhalb dieser Geschichte entspinnt sich die Binnenerzählung „The Crooked Wheel", an die sich dann die Geschichte von Jefferson und John Adams im Himmel anschließt:

Rahmenerzählung/Einführung:
Erzählung 1: „An Old Acquaintance"
Erzählung 2: „The Crooked Wheel"
Erzählung 3: „Jefferson und Adams in Heaven"
Fortsetzung Rahmenerzählung/Reflexion des Erzählten

Das Besondere an dieser narrativen Struktur ist, dass die Fragen, die durch eine Geschichte aufgeworfen werden, stets eine weitere Erzählung angestoßen wird – bis der Erzähler einen Punkt setzt. Ich werde später noch ausführlicher auf die an dieser Stelle auftauchende Frage eingehen, wie diese narrative Struktur mit dem postulierten Ziel der Erfahrungsvermittlung zusammenhängt.

Arendts Vortrag erschöpft sich jedoch nicht im rein narrativen Verfahren: An ihr „old-fashioned story-telling" schließt sie die „akzeptiertere Methode der isolierenden, destillierenden und darum verfremdenden Interpretation" (Arendt 1960, S. 11) an, um den Gehalt der Erzählungen ideengeschichtlich und analytisch(er) zu interpretieren. Am Ende des Vortrags äußert Arendt eine ergänzende Begrün-

---

[4] Das altindische Panchatantra wurde als Lehrgedicht politischer Klugheit verfasst. Es besteht aus einer Vielzahl ineinander verschachtelter Tiererzählungen, die um die Themen Freundschaft, Bündnis, Verrat und Strategie kreisen. Seit ca. 500 n. Chr. gelangten die Erzählungen, vermittelt über arabische Übersetzungen, in den Mittelmeerraum und nach Europa. Dort prägten Sie die literarische Entwicklung unterschiedlicher Gattungen entscheidend mit, vor allem die Fabeldichtung und das Genre des Fürstenspiegels. Ähnlich wie in den heute bekannteren „Geschichten aus 1001 Nacht" ist das auffälligste Strukturmerkmal, dass hier eine Geschichte die nächste evoziert, verschachtelte Geschichten in der Geschichte erzählt werden (Naithani 2004, S. 272).

dung für ihr narratives Vorgehen, das Erfahrungen gewissermaßen „quer" zur politischen Ideengeschichte zu erschließen versucht. Unter den Bedingungen des Traditionsbruchs seien die Konzepte und Begriffe der Philosophiegeschichte nicht mehr geeignet, die Phänomene der politischen Gegenwart zu deuten: „The difficulties in understanding or even perceiving these facts are great, because all the tools of traditional political and conceptual thought fail us in such an attempt" (Arendt 1960, S. 18). Sie bediene sich ihrer erschließenden Methode, um Spuren des Politischen innerhalb der Moderne zurückzugewinnen. Interessanterweise wählt sie in ihrem Vortrag eine Formulierung, die deutlich erkennen lässt, dass es sich hier nicht um die Rekonstruktion und Rückgriff auf die antike Polis geht, sondern um das Erbe einer gewissermaßen alternativen Moderne, das sie vor dem Vergessen bewahren will:

> The rediscovery of action and the re-emergence of a secular, public realm of life may well be the most precious inheritance the modern age has bequeathed upon us who are about to enter an entirely new world. But our position as heirs to this inheritance is far from being untroubled. (Arendt 1960, S. 18)

Arendt betrachtet es als Aufgabe eines kritischen politischen Denkens, solche verstreuten und kaum wahrgenommenen Bedeutungsschichten politischen Handelns wieder neu zugänglich zu machen und für künftige Politik wieder zu erschließen. Dabei geht es vorrangig nicht um die Bestimmung des Bedeutungsgehalts von Begriffen, sondern um die Erfahrbarkeit ihrer Bedeutung im Handeln – darum, welche Rolle sie als Erfahrungen ganz praktisch im kollektiv gedeuteten Raum menschlicher Angelegenheiten spielen oder spielen können.

3   Begriff und Erfahrung

Diese welterschließende, narrative Vermittlung von Begriff und Erfahrung stellt eine eigene, unkonventionelle Art der Begriffsgeschichtsschreibung dar, die Erfahrungsmomente ganz unterschiedlicher Provenienz zusammenschießen lässt, um das Gemeinsame darin sichtbar werden zu lassen. Etwa die Erfahrung, dass das gemeinsame Handeln im öffentlichen Raum ein Glück sein kann, das jenseits des „acting in concert" so nicht erfahrbar ist. Diese Wahrnehmung teilen in Arendts narrativer Montage der unbekannte Ex-Kommunist, die amerikanischen Gründerväter Adams und Jefferson und der Résistancekämpfer René Char.

Betrachtet man drüber hinaus Arendts Gesamtwerk, lassen sich dort zwei verschiedene Ausprägungen einer solchen erfahrungsvermittelnden Begriffsarbeit finden: Dies ist erstens der Versuch, angemessene neue Begriffe für historisch vollkommen neue politischen Phänomene und Erfahrungen zu finden. Viele der von Arendt auf diese Weise geprägten Begriffe haben Eingang in die Theorie- und Alltagssprache gefunden, etwa der Begriff der totalen Herrschaft bzw. des Totalitarismus oder die zum Schlagwort gewordene „Banalität des Bösen". Zweitens die Kritik traditioneller Begriffe der politischen Philosophie, beispielsweise des Politikbegriffs selbst, des Freiheitsbegriffs oder des Machtbegriffs. Sowohl die erste, innovative als auch die zweite, kritische Form der Ideengeschichte wird von der Frage nach dem Erfahrungsgehalt der Begriffe getrieben – wie in *Action and „The Pursuit of Happiness"*. Dort, wo die alten Begriffe Erfahrungen der Gegenwart nicht mehr artikulierbar machen, sondern eher in die Irre führen, versucht Arendt, neue Begriffe zu prägen. So kann man ihre Prägung von der „Banalität des Bösen" als Reaktion darauf verstehen, dass ihr der Begriff des „absolut Bösen" für die Charakterisierung Eichmanns vollkommen falsch erschien (Arendt 1989b, 1995, S. 78). Dort, wo der Erfahrungsgehalt der traditionellen Begriffe, ihr „Geist" aus ihnen entwichen ist, bemüht sich Arendt darum, ursprüngliche Bedeutungsschichten in der Gegenwart neu zugänglich zu machen. Dieses Verfahren nennt sie im Anschluss an Walter Benjamin das „Perlentauchen":

> Was dies Denken leitet, ist die Überzeugung, daß zwar das Lebendige dem Ruin der Zeit verfällt, daß aber der Verwesungsprozeß gleichzeitig ein Kristallisationsprozeß ist; daß in der ‚Meereshut' [...] neue kristallisierte Formen und Gestalten entstehen, die, gegen die Elemente gefeit, überdauern und nur auf den Perlentaucher warten, der sie an den Tag bringt: als ‚Denkbruchstücke', als Fragmente [...]. (Arendt 1971, S. 62)

Dieser Umgang mit den Ideen und Begriffen der Tradition politischen Denkens unterscheidet sich von den zwei klassischen Verfahrensweisen der politischen Ideengeschichte, der rationalen und der historischen Rekonstruktion. Arendt betreibt keine analytisch-rationale Rekonstruktion der Begriffe, die nach der Kohärenz und dem universellen Gehalt der Begriffe fragt. Sie verfährt jedoch auch nicht rein historisch, die Begriffe in ihrem jeweiligen geschichtlichen Horizont interpretierend. Ihr narratives Verfahren fragt vielmehr nach beidem: nach dem „Wahrheitsgehalt" der Begriffe, der immer einen Zeitkern hat, einen „Erfahrungsgehalt"; „weil die Welt, in der wir leben, in jedem Augenblick auch Vergangenheit ist; sie besteht aus Zeugnissen und Überresten dessen, was Menschen im Guten wie im Schlechten getan haben" (Arendt 2012, S. 365). Und diesen Spuren folgt die Erzählung.

Ein weiteres Beispiel für diese Arbeitsweise möchte ich kurz vorstellen: So spricht Arendt in „Zwischen Vergangenheit und Zukunft" von der eigentümlichen Erfahrung der Kämpfer der französischen Résistance, die im Untergrund, im gemeinsamen Kampf um Befreiung ein Gefühl der Freiheit erfuhren und diese Erfahrung nach der Befreiung schmerzlich vermissten, da sie nun wieder zu den zwar befreiten, jedoch wieder auf sich selbst zurückgeworfenen Privatleuten wurden. Arendt beschreibt die von den Kämpfern entdeckte und – paradoxerweise – mit der Befreiung vom Faschismus wieder abhanden gekommene Freiheit als „den verlorenen Schatz der Revolutionen" (Arendt 1994, S. 9).

> So waren die ersten, die es versäumten, sich zu erinnern, wie der Schatz aussah, gerade diejenigen, die ihn besaßen und so fremd fanden, daß sie nicht einmal wußten, wie sie ihn benennen sollten. [. . .] Die Tragödie begann nicht, als die Befreiung des Landes als ganzes die kleinen verborgenen Inseln der Freiheit, die ohnehin dem Untergang geweiht waren, fast automatisch zerstörte, sondern als sich herausstellte, daß es kein Bewußtsein zum Erben und Befragen, zum Nachdenken und Erinnern gab. Der Kern der Sache ist, daß ihnen die ‚Vollendung', die jedes gehandelte Ereignis tatsächlich im Bewußtsein derjenigen haben muß, welche dann dazu da sind, die Geschichte zu erzählen und ihren Sinn zu vermitteln, entgangen war; und ohne die denkende Vollendung der Tat, ohne die durch Erinnerung erreichte Artikulation war schlicht keine Geschichte geblieben, die erzählt werden konnte. (Arendt 1994, S. 10)

Die Erzählung vermittelt also nicht nur zwischen der Erfahrung und dem Begriff, sie ist im selben Atemzug immer auch ein Akt der Welterschließung: Erfahrungen müssen begriffen und artikuliert und erinnert werden, um überhaupt teil- und tradierbar zu werden. Anders jedoch als Walter Benjamin sieht Arendt das Erzählen als Mittel, das uns auch in der Moderne noch zur Verfügung steht, während Benjamin das Erzählen stark an die untergegangene soziale Figur des Erzählers bindet (Benjamin 2007, S. 103 ff.). Für Arendt scheint das Erzählen, ähnlich wie das politische Handeln, ein anthropologisches Potential darzustellen – als etwas, worauf Menschen spontan zurückgreifen können, sobald die kulturellen und politischen Voraussetzungen dafür gegeben sind. Die „menschliche Bedingtheit" ist in diesem Lichte betrachtet als Konzept jenseits von Kultur und Natur zu verstehen, mit anderen Worten: Erzählen und gemeinsames Handeln sind in dieser Konzeption weder eine rein natürliche noch eine rein kulturell erworbene Fähigkeit des Menschen. Diese Einsicht wird heute ganz ähnlich im Rahmen neuerer Kultur- und Erzähltheorien formuliert, etwa in Albrecht Koschorkes „Allgemeiner Erzähltheorie" (Koschorke 2012) oder als Konzept des Erbes „zwischen Natur und Kultur" (Willer 2013). Das Erzählen stellt bei Arendt eine Reaktion auf die menschliche Grunderfahrung der Pluralität dar, auf die nicht reduzierbare Einzigartigkeit jedes

Menschen und die Kontingenz menschlichen Handelns. An dieser Stelle wird auch die Reichweite von Arendts bislang noch gar nicht weiter erörterten Erfahrungsbegriffs klar: „Erfahrung" ist mehr als bloß erlebte Wirklichkeit, sondern erfasst die Tatsache, dass die Welt aus der Perspektive jedes Individuums anders aussieht. Und nicht alle Positionen sind gleichermaßen sichtbar, nicht allen Stimmen wird von vorneherein die Beachtung geschenkt, die sie möglicherweise für sich beanspruchen – eine politische Erfahrung, die Marginalisierte und Ausgeschlossene seit jeher machen. Narrative Theorien bauen auf die Kraft der Erzählung, solche ausgeschlossenen oder nicht wahrgenommenen Positionen auf die politische Bühne zu bringen. So ist etwa belegt, dass die Geschichten geflohener Sklaven eine große Rolle in den Debatten um die Abschaffung der Sklaverei in den USA spielten (Smith 1998, S. 375).

4 Narrative Normativität: Offene und geschlossene Erzählungen

Arendts *storytelling* stellt eine Strategie der Öffnung dar: Ihre Erzählungen schließen ungewohnte Perspektiven auf und holen verschüttete Erfahrungsdimensionen an die Oberfläche. Das mag auf den ersten Blick erstaunen, wenn man die in der Narrationsforschung weit verbreitete Auffassung bedenkt, dass Erzählungen in erster Linie der Komplexitätsreduktion, Schemabildung und Reduktion möglicher Wahrnehmung dienen, also Schließungen bewirken. Im politischen Raum finden wir viele solcher geschlossenen bzw. Schließungen erzeugende, zumeist identitätsstiftende Narrationen (vgl. hier auch die Unterscheidung von Narrativ und Narration von Wolfgang Bergem in diesem Band). Zu den elementaren Operationen des Erzählens gehört jedoch nicht nur die Schließung, sondern auch die Öffnung und Diversifikation der Perspektiven, wie der Literaturwissenschaftler Albrecht Koschorke (2012) in seiner jüngst veröffentlichten Studie zu einer „allgemeinen Erzähltheorie" zeigt. Narrative Diversifikation, so Koschorke, werde vor allem durch den „Effekt des widerständigen Details" (Koschorke 2012, S. 53) erzeugt, der narrativer Schemabildung und Reduktion entgegentrete und dessen Wirkung durch anthropologische und psychologische Studien gestützt werde: „Nicht nur bleiben viele Einzelheiten gleichsam am Wegrand liegen und häufen sich dort als unverarbeiteter Rest außerhalb des Zyklus von Weitergabe und Wiedererinnerung auf (ein Rest, der auf der Ebene des kulturellen Gedächtnisses eine Ressource für Neueinsätze oder alternative Narrativierungen bildet) [...]" (Koschorke 2012, S. 53). Hannah Arendt macht sich genau diesen „Effekt des widerständigen Details" zunutze, um vom Vergessen bedrohte Erfahrungsgehalte des Politischen narrativ zu retten und wieder in den „Zyklus der Weitergabe" einzuspeisen.

Zu einer Strategie der Öffnung können unterschiedliche Erzähltechniken beitragen: Zunächst ist dies der Perspektivwechsel innerhalb einer Erzählung, etwa zwischen dem Erzähler und dem Protagonisten. Dies geschieht etwa in Arendts Erzählung von ihrer Begegnung mit ihrem Bekannten, den sie zunächst aus seiner Perspektive zu Wort kommen lässt, später aber eine Bewertung aus ihrer eigenen Perspektive vornimmt. Die zweite Möglichkeit narrativer Öffnung besteht in dem tatsächlich als „altmodische" zu bezeichnenden narrative Verfahren, das Arendt in *Action and „The Pursuit of Happiness"* angewendet hat: in einer verschachtelten Folge von Erzählungen. Beide Verfahren bewirken eine Perspektivierung. Dieselbe Welt, dieselbe Erfahrung wird gewissermaßen durch einen Wechsel des Blickwinkels eingekreist. Während der Perspektivwechsel innerhalb einer einzelnen Erzählung *unterschiedliche Betrachtungsweisen* desselben Sachverhalts erschließt, ermöglicht die verschachtelte Erzählung, einen bestimmten Erfahrungsgehalt *über unterschiedliche Orte und Zeiten hinweg* miteinander zu verbinden. In beiden Fällen geht es nicht in erster Linie um das ethische Motiv, jeder möglichen Perspektive gerecht zu werden, sondern um die Einsicht, dass die gemeinsame Welt erst durch die Einbeziehung dieser unterschiedlichen Perspektiven in Erscheinung tritt. Die normative Kraft der offenen, erschließenden Erzählung besteht dann, um einen Terminus von Arendt zu wählen, in der „Sorge um die Welt" (Arendt 1993, S. 24), die erst dann vollständig erscheint, wenn auch marginalisierte, verschüttete, vergessene, nicht wahrgenommene oder unsichtbare Perspektiven und Deutungen eingeschlossen werden. Erzählungen liefern jedoch nicht in direkter Weise den Maßstab normativer Bewertung, sondern müssen selbst auf ihren offenen oder geschlossenen Charakter hin untersucht werden, etwa unter dem Gesichtspunkt der Erzählperspektive, des Perspektivwechsels, der Dialogizität oder der Polyphonie. Die beiden letzten erzähltheoretischen Begriffe stammen von Michail Bachtin, dessen Theorie der polyphonen, offenen Erzählung als Anklage der totalitären Schließung im Stalinismus verstanden werden kann (Holquist 1982, S. 12).

5   Perspektivwechsel: Erzählen als Urteilen

Das Erzählen ist ein höchst subjektives, idiosynkratisches Verfahren. Die Anekdote, mit der Arendt ihren APSA-Vortrag über das öffentliche Glück eröffnet, hat nach den Maßstäben empirischer oder ideengeschichtlicher Forschung keinerlei Aussagewert – was bedeutet es schon, dass ein ehemaliger *radical* dreißig Jahre später einer Bekannten gegenüber zu seiner Rechtfertigung vorträgt, es habe nun einmal als Möglichkeit politischen Engagements bloß dieses eine „Crooked Wheel" gegeben und die Lust am Handeln stärker war als die krummen Bedingungen, unter denen es stattfand? Doch auch im Rahmen eines narrativen Ansatzes gewinnt die Anekdote erst durch die Montage mit anderen Geschichten an Aussagekraft und Bedeutung. Die Kunst der narrativen Technik liegt darin, denselben Erfahrungsgehalt in diesen ganz entfernt voneinander liegenden Ereignissen herauszuarbeiten und so die Bedeutung der spezifischen Erfahrung sichtbar zu machen, diese narrativ herauszuheben. In diesem Fall die Glückserfahrung im politischen Handeln.

Der Erzähler braucht also ein gutes Gespür für die richtige Auswahl seiner Beispiele, oder, um einen anderen Begriff zu wählen: er braucht Urteilskraft. Die Nähe von politischer Urteilskraft und Narrativität hat bereits Isaiah Berlin festgestellt – der, nebenbei erwähnt, von Hannah Arendt wenig hielt (Benhabib 2006, S. 26). Berlin führt aus, politische Urteilskraft scheine

> eine Gabe zu sein, die mit jener bestimmter Romanautoren verwandt ist, etwas, was Schriftsteller wie Tolstoi oder Proust in die Lage versetzt hat, das Gefühl einer unmittelbaren Nähe zum Leben an sich zu vermitteln; nicht einfach das Gefühl eines chaotischen Erfahrungsflusses, sondern eine fein herausgearbeitete Unterscheidung zwischen dem, was wesentlich ist, und allem übrigen, sei es aus der Sicht des Autors oder aus der seiner Romanfiguren. (Berlin 1998, S. 101)

Das, was Urteilskraft und das Narrative eint, ist zum einen das richtige Feingefühl und Einschätzungsvermögen für Situationen und zum anderen die Fähigkeit zur Perspektivübernahme. Es ist vor dem Hintergrund der einschlägigen Urteilskraft-Konzeptionen zu vermuten, dass beide Fähigkeiten eng miteinander verbunden sind, dass also ein gutes Gespür oder ein guter Geschmack direkt aus der Fähigkeit stammen, den Blickwinkel anderer Personen einzunehmen (Kant 2006). Sowohl beim Urteilen als auch beim Erzählen stellen wir uns vor, wie die Welt von unterschiedlichen Standpunkten aussieht – aus der Perspektive einer anderen Person, eines beteiligten Akteurs, eines beobachtenden Zuschauers. In ihren Seminaren trug Arendt ihren Studierenden folgendes auf:

> Sie sollten sich vorstellen, wie die Welt von dem anderen Standpunkt aus aussieht, wo sich diese Menschen befinden. Die Annahme ist: es ist die gemeinsame Welt von uns allen, und das, was zwischen mir und diesem anderen Ort liegt wie der Tisch, trennt und verbindet einen zugleich mit ihm. Das ist die Bedeutung von EINER Welt. (Arendt 2007, S. 215)

Der Perspektivwechsel bedeutet Arendt zufolge jedoch ausdrücklich nicht, sich in die Situation einer anderen Person einzufühlen und Mitleid zu empfinden – es geht vielmehr um das Bild, das sich aus der Zusammenschau der divergenten Blickwinkel ergibt.

Der Vorschlag, die Urteilskraft zum Modell eines narrativ verfahrenden politischen Denkens zu machen, stammt von Arendt selbst. In der Forschung hat man sich jedoch bislang zumeist gefragt, ob bei Arendt überhaupt eine schlüssige und kohärente Theorie der Urteilskraft zu finden sei – zu disparat sind die über ihr Werk verstreuten Bemerkungen über das Urteilen. Hinzu kommt die nicht geringe Schwierigkeit, dass Arendt ihr geplantes Buch über das Urteilen nicht mehr hat schreiben können. Mein Vorschlag lautet darum, in Arendts Überlegungen zur Urteilskraft keine in sich geschlossene Theorie zu suchen, sondern diese als Reflexionen auf das politische Denken, auf ihre eigene Tätigkeit als erzählende politische Theoretikerin zu lesen und zu verstehen.

Hannah Arendts *storytelling* kann aus dieser Perspektive selbst als Ausübung von Urteilskraft, als praktiziertes politisches Urteilen verstanden werden. Diese Engführung von Erzählen und Urteilen kann, wie ich glaube, helfen, den besonderen Charakter von Arendts narrativer Theorie, den eigenständigen Typus besser zu verstehen. Das philosophische Modell der Urteilskraft erlaubt gewissermaßen eine weitreichendere philosophische und ideengeschichtliche Reflexion als der Begriff des Narrativen allein es vermag. Die Konzeption der Urteilskraft ermöglicht uns einen modellhaften Blick auf eine narrativ verfahrende Theorie.

Das erzählende Verfahren bewegt sich dabei

- zwischen Vergangenheit und Zukunft: in der Geschichte und Kritik der politischen Begriffe, die sowohl auf vergangene Erfahrungen verweisen als auch zukünftige Erfahrungen ermöglichen;
- zwischen Theorie und Praxis: die Theoretikerin muss sich ständig zwischen der Perspektive des Zuschauers und der Akteure hin- und herbewegen; sich auf die Wirklichkeit einlassen und sich radikal aus ihr zurückziehen;
- zwischen dem Allgemeinen und dem Besonderen: zwischen dem Allgemeinen der Begriffe und dem besonderen der spezifischen Erfahrungssituation zu vermitteln. Dabei subsumiert das Erzählen nicht einfach die besondere Erfahrung unter das Allgemeine des Begriffs: „Das Geschichtenerzählen enthüllt den Sinn, ohne den Fehler zu begehen, ihn zu benennen" (Arendt 1989a, S. 125) oder zu definieren.

All diese Tätigkeiten der politischen Theoretikerin sind Akte der reflektierenden Urteilskraft. Sie drücken zudem eine bestimmte Haltung der Welt gegenüber aus, die von Offenheit und Empfänglichkeit für andere Perspektiven und neue Erfahrungen ist. Mit Hilfe der Urteilskraft-Konzeption wird es möglich, narrative Theorie als einen bestimmten Typus des politischen Denkens zu beschreiben und philosophisch zu reflektieren. Im Unterschied zu den meisten normativen politischen Theorien, die den Versuch unternehmen, Politik auf vernünftige Prinzipien zurückzuführen oder gar zu begründen, werfen narrative Theorien „die Frage nach dem ‚Sinn' von Politik neu auf[…]" und begegnen „dem Vorwurf der Wirklichkeitsfremdheit" der Theorie „auf originäre Weise" (Straßenberger 2005, S. 7). Sie stehen für die Forderung, in der Theorie stets den Erfahrungs- und Wirklichkeitsbezug zu suchen. Dabei sollte jedoch nicht die Frage im Mittelpunkt stehen, inwiefern die Theorie in der Wirklichkeit nützlich sein oder angewendet werden kann, sondern die kritische Befragung unserer Gegenwart vor dem Hintergrund bereits gemachter Erfahrungen und auf eine Zukunft hin, die offen ist für das Neue, für Perspektiven der anderen, für eine gemeinsame Welt. Das mag ein wahrhaft altmodisches, republikanisches Ideal sein, doch erfährt es in Arendts narrativer politischer Theorie eine genuin moderne Reformulierung.

Literatur

Arendt, Hannah. 1960. Action and „The Pursuit of Happiness", lecture, American Political Science Association, New York, N.Y., Speeches and Writings File. Hannah Arendt Papers, Manuscript Division, Library of Congress, Washington, D.C.
Arendt, Hannah. 1971. *Walter Benjamin. Berthold Brecht, Zwei Essays.* München: Piper.
Arendt, Hannah 1989a. *Menschen in finsteren Zeiten.* München: Piper.
Arendt, Hannah. 1989b. *Nach Auschwitz. Essays & Kommentare 1.* Berlin: Tiamat.
Arendt, Hannah. 1993. *Was ist Politik, Fragmente aus dem Nachlass.* München: Piper.
Arendt, Hannah. 1994. *Zwischen Vergangenheit und Zukunft. Übungen im politischen Denken I.* München: Piper.
Arendt, Hannah. 1995. *Eichmann in Jerusalem. Ein Bericht von der Banalität des Bösen.* München: Piper.
Arendt, Hannah. 2007. *Vita activa oder Vom tätigen Leben.* München: Piper.
Arendt, Hannah. 2012. *In der Gegenwart. Übungen im politischen Denken II.* München: Piper.
Auer, Dirk, Lars Rensmann, und Julia Schulze Wessel, Hrsg. 2003. *Arendt und Adorno.* 1. Aufl. Frankfurt a. M.: Suhrkamp.
Benhabib, Seyla. 2006. *Hannah Arendt. Die melancholische Denkerin der Moderne.* Frankfurt a. M.: Suhrkamp.
Benjamin, Walter. 2007. Der Erzähler. Betrachtungen zum Werk Nikolai Lesskows. In *Erzählen. Schriften zur Theorie der Narration und zur literarischen Prosa,* Hrsg. Alexander Honold, 103–128. Frankfurt a. M.: Suhrkamp.

Berlin, Isaiah. 1998. *Politische Urteilskraft. In Wirklichkeitssinn. Ideengeschichtliche Untersuchungen,* 91–112. Berlin: Berlin.

Celikates, Robin. 2009. *Kritik als soziale Praxis. Gesellschaftliche Selbstverständigung und kritische Theorie.* Frankfurt a. M.: Campus.

Disch, Lisa J. 1993. More truth than fact: Storytelling as critical understanding in the writings of Hannah Arendt. *Political Theory* 21: 665–694.

Disch, Lisa J. 1994. *Hannah Arendt and the limits of philosophy.* New York: Cornell University Press.

Förster, Jürgen. 2009. *Die Sorge um die Welt und die Freiheit des Handelns: zur institutionellen Verfassung der Freiheit im politischen Denken Hannah Arendts.* Würzburg: Königshausen & Neumann.

Habermas, Jürgen. 1981. *Theorie des kommunikativen Handelns.* Frankfurt a. M.: Suhrkamp.

Haraway, Donna. 1988. Situated knowledges: The science question in feminism and the privilege of partial perspective. *Feminist Studies* 14: 575–599.

Heuer, Wolfgang. 2007. Verstehen als Sichtbarmachen von Erfahrungen. In *Dichterisch denken. Hannah Arendt und die Künste,* Hrsg. Wolfgang Heuer und Irmela von der Lühe, 197–212. Göttingen: Wallstein.

Heuer, Wolfgang. 2012. Narrativität und Bildlichkeit des politischen Handelns. In *Politische Existenz und republikanische Ordnung: zum Staatsverständnis von Hannah Arendt,* Hrsg. Karl-Heinz Breier und Alexander Gantschow, 253–278. Baden-Baden: Nomos.

Heuer, Wolfgang, Bernd Heiter, und Stefanie Rosenmüller. 2011. *Arendt-Handbuch. Leben, Werk, Wirkung.* Stuttgart: Metzler.

Holquist, Michael. 1982. Bakhtin and Rabelais: Theory as praxis. *Boundary* 2 (11): 5–19.

Kant, Immanuel. 2006. *Kritik der Urteilskraft.* Frankfurt a. M.: Suhrkamp.

Koschorke, Albrecht. 2012. *Wahrheit und Erfindung: Grundzüge einer allgemeinen Erzähltheorie.* Frankfurt a. M.: Fischer.

Luban, David. 1983. Explaining dark times: Hannah Arendt's theory of theory. *Social Research* 50: 215–248.

Meints, Waltraud. 2011. *Partei ergreifen im Interesse der Welt. Eine Studie zur politischen Urteilskraft im Denken Hannah Arendts.* Bielefeld: transcript.

Naithani, Sadhana. 2004. The teacher and the taught: structures and meaning in the arabian nights and the panchatantra. *Marvels & Tales* 18: 272–285.

Nussbaum, Martha. 2001. *The fragility of goodness. Luck and ethics in Greek tragedy and philosophy.* Cambridge: Cambridge University Press.

Smith, K. K. 1998. Storytelling, sympathy and moral judgment in American abolitionism. *Journal of Political Philosophy* 6: 356–377.

Sörensen, Paul. 2012. Wahrheitsinstitutionen und die Aufgabe der Politischen Theorie. Hannah Arendt über Institutionen und Kritik. *Zeitschrift für Politische Theorie* 3: 167–186.

Straßenberger, Grit. 2005. *Über das Narrative in der politischen Theorie.* Berlin: Akad.-Verl.

Vollrath, Ernst. 1977. Hannah Arendt and the method of political thinking. *Social Research* 44: 160–182.

Walzer, Michael. 1990. *Kritik und Gemeinsinn. Drei Wege der Gesellschaftskritik.* Berlin: Rotbuch.

Weißpflug, Maike. 2009. Hannah Arendt – Literatur, Urteilskraft und Politik. HannahArendt.net. *Zeitschrift für politisches Denken* 5. http://www.hannaharendt.net/index.php/han/article/view/160/286.

White, Stephen K. 2005. Weak ontology. Genealogy and critical issues. *The Hedgehog Review* 7: 11–25.

Willer, Stefan. 2013. *Erbe. Übertragungskonzepte zwischen Natur und Kultur*. Berlin: Suhrkamp.

Young, Iris Marion. 2002. *Inclusion and democracy*. USA: Oxford University Press.

Politische Pluralität und philosophischer Wahrheitsanspruch. Hannah Arendt, Jürgen Habermas und Richard Rorty zwischen Kommunikation und Narrativität

Mareike Gebhardt

Zusammenfassung

Narrativität verfügt über eine netzwerkartige und diskontinuitive Struktur, die sich über verschiedene Generationen erstreckt. Sie verbindet Menschen und Lebenswelten in zeiträumlicher Perspektive und konstituiert so einen gemeinsamen Hintergrund, der den Menschen Halt und Sicherheit bietet. Damit ist Narrativität ein Versuch, den Schmerz der Diskontinuität zu lindern und das Handeln der Menschen vor dem Vergessen zu bewahren. Hierdurch erhält Narrativität eine besondere Stellung innerhalb der politischen Theorie der Gegenwart: Sie fördert die Anerkennung von Alterität und betont die Diversität zeitgenössischer Gesellschaften. Mit Hannah Arendt, Richard Rorty und Jürgen Habermas untersucht der Aufsatz, inwiefern sich politisches Geschichtenerzählen zwischen Kommunikation und Wahrheit sowie Narration und Enthüllung bewegt.

1 Narration und Diskontinuität

Finale Definitionen und endgültige Begriffe sind im Bereich des politischen Denkens weder sinnvoll noch möglich. Das Politische bezieht sich immer auf eine partikulare und kontingente Situation. Dennoch bedarf es in der politischen Theorie eines Reservoirs an Begriffen, die die Argumentation schärfen und logische

M. Gebhardt (✉)
Institut für Politikwissenschaft, Universität Regensburg,
93040 Regensburg, Deutschland
E-Mail: Mareike1.Gebhardt@politik.uni-regensburg.de

W. Hofmann et al. (Hrsg.), *Narrative Formen der Politik*,
DOI 10.1007/978-3-658-02744-5_13, © Springer Fachmedien Wiesbaden 2014

Kohärenz gewährleisten. Narrativität ist ein schillernder Begriff, der nicht leicht einzuholen ist und dennoch möchte ich eine inhaltliche wie auch strukturelle Annäherung wagen. Dazu werde ich zunächst die Begriffe der Narration und Narrativität schärfen (1), um darauf aufbauend die Beziehung zwischen Wahrheit und Verständigung zu betrachten (2). Hierbei soll vor allem herausgestellt werden, dass sich Arendt, Rorty und Habermas auf einem Kontinuum zwischen Narrativität und Kommunikation lokalisieren lassen: Während Habermas in nur geringem Maße auf narrative Strukturen der Verständigung eingeht und eindeutig als Vertreter eines kommunikativen Ansatzes identifiziert werden kann; betonen Arendt und Rorty das narrative Element in Verständigungsprozessen. In einem letzten Schritt widme ich mich der Frage, inwieweit eine Absage an wahrheitsorientierter Kommunikation eine Hinwendung zu poetischen Formen der intersubjektiven Verständigung verlangt (3).

Die folgende Untersuchung wird von der These geleitet, dass die Suche nach Wahrheit angesichts der lebensweltlichen Pluralität (post-)moderner Gesellschaften fehlschlagen und letztlich ganz aufgegeben werden muss. Mit Richard Rorty ist diese Aufgabe jedoch kein Akt der Verzweiflung in Anbetracht gesellschaftlicher Komplexität – es ist gerade umgekehrt: „A turn away from narration and utopian dreams toward philosophy seems to me a gesture of despair" (Rorty 1999, S. 232). Wenn wir im Raum des Politischen in der postmodernen Konstellation miteinander sprechen wollen, dann nicht um Wahrheit zu finden, sondern um Verständigung zu erreichen. Denn unter welchen Bedingungen entgehen wir dem Risiko einer fehlgeschlagenen Kommunikation? Wie können wir angesichts der mundanen Diversität politisch handeln und sprechen? Wahrheitsorientierte Kommunikation muss hier scheitern – eine Geschichte erzählen und auf das Verständnis der Anderen hoffen, ist jedoch jederzeit möglich. Von dieser Prämisse ausgehend möchte ich im Folgenden auf drei Konzepte des politischen Sprechhandelns eingehen, die zwischen Kommunikation und Narrativität oszillieren. Arendts Phänomenologie des räumlich-narrativen Handelns besinnt sich auf die agonalen Momente einer Erzählung, die das Vergessen flieht und nach Unsterblichkeit strebt. Rortys liberal-ironisches *storytelling*[1] betont die Kontingenz des Politischen: sein zeitliches Erscheinen ist genauso zufällig wie der Gebrauch von Sprache. Jürgen Habermas' (1995a, S. 525) „kommunikative Rationalität" geht davon aus, dass sich verschiedene Akteure innerhalb einer auf Bedingungen der Offenheit und Gleichheit beruhenden Sprachhandlung auf gemeinsame normative Richtlinien einigen können. Gemeinsam ist diesen drei Modellen, dass Sprache im öffentlichen Raum verständigungsorientiert sein muss, wenn politisches Handeln ermöglicht werden

---

[1] Zu diesem Begriff vgl. Young-Bruehl 1979, S. 113, 125.

soll. Allerdings divergieren die Argumentationen hinsichtlich der Bedeutung und Verwendung von Sprache entscheidend. Zur Illustration der Unterschiede und Gemeinsamkeiten, führe ich ein Kontinuum des Sprachgebrauchs ein. An dessen jeweiligen Polen befinden sich einerseits Kommunikation und Wahrheit, andererseits Narration und Enthüllung. Trotz der inhaltlichen und methodischen Unterschiede zwischen den drei Autoren verbindet sie der Begriff des Politischen. Auch ich verwende Narrativität allein aus der Perspektive des Politischen: Narrativität ist ein Modus des Sprechens im öffentlichen Raum; die Narration eine Erzählung, die Zeit und Raum überdauert und somit die Flüchtigkeit politischen Handelns stabilisiert. Politische Narrativität unterscheidet sich von sokratischer Ironie: Narrativität nimmt den Erzählenden genauso ernst wie sein Gegenüber, möchte ihn dabei aber nicht überzeugen, sondern verstehen. Indem Ich meine Wünsche und Absichten in der Öffentlichkeit artikuliere, projiziere Ich eine Geschichte, in der Ich als Protagonist in die Welt trete. In dieser Geschichte verweben sich das Wissen um das Vergangene und die Unsicherheit der Zukunft. Es ist die Erzählung, welche die Prekarität des Handelns stabilisiert. Das Selbst verfügt über eine Doppelperspektive, in der sich Ich und Mich wechselseitig aufeinander beziehen, um mich Selbst wie auch die Anderen verstehen und anerkennen zu können (Benhabib 1995, S. 142). Die Vereinbarkeit von Ich und Mich einerseits sowie von Ego und Alter andererseits gewährleistet eine narrative Multiperspektivität, die sich im Handeln und Erzählen manifestiert. Nicht nur trete Ich als Aktor mundan in Erscheinung, vielmehr sehen Mich die Anderen und erzählen von Mir. Ich selbst kann aber auch jederzeit zu einem Erzähler werden. Die Narration urteilt nicht, sondern beherbergt Gedanken und Taten – bietet ihnen eine weltliche Behausung. Sie bildet einen Speichervorrat an Erinnerungen und Erzählungen.

Weiterhin unterscheidet sich Narrativität von diskursiver Deliberation: Dieser geht es nicht um Universalität und Wahrheit, sondern um partikulare Sinnsuche und individuelle Identitätsfindung. Narrativität verfügt über eine netzwerkartige und diskontinuitive Struktur. Sie verwebt Geschichten und Geschichte zu einem Geflecht, das sich über verschiedene Generationen legt. Damit verbindet die Narration Menschen und Lebenswelten in zeiträumlicher Perspektive. Erzählungen verknüpfen sich zu Linien, überlappen sich, nehmen von einander Abstand. Sie konstituieren einen gemeinsamen Hintergrund, vor dem das Sein der Menschen stattfinden kann und der ihnen Halt und Sicherheit bietet. Das Netz dieser Narrationen ist von Brüchen und Zäsuren gekennzeichnet. Es verfügt über keine (chrono-)logische Abfolge. Die Linien des Erzählens beginnen, brechen ab, kommen zu einem Ende; die Erzählstränge werden wieder aufgenommen und vor dem Vergessen gerettet. Narrativität ist der Versuch, den Schmerz der Diskontinuität zu lindern und das Handeln der Menschen vor dem Vergessen zu bewahren. Innerhalb der Narration geht es nicht um Wahrheitsfindung: es geht vielmehr darum, Jemandem etwas mitzuteilen, das Mir wichtig ist, das Ich bewahren möchte vor dem Verfall in der Zeit. Wenn Ich eine Geschichte erzähle, enthülle Ich vor den Anderen wer Ich bin. Wenn Ich eine Geschichte höre, erkenne Ich die Anderen. Die narrative Enthüllung erschließt sich also über individuelles Handeln und miteinander Sprechen.

Die Narration kann jedoch nur bruchstückhafte Tradierungen leisten und trägt so dem „Zerfall der großen Erzählungen" (Lyotard 2009, S. 54) Rechnung. Auch deshalb zeichnen Arendt und Rorty ein diskontinuierliches Bild der politischen Narration. Arendts (2012b, S. 244) „Traditionsbruch" ist solch ein Paradigma der Diskontinuität. Zwar ist das Erzählen wie auch das Handeln linear, es weist jedoch stets Brüche, Lücken und dunkle Stellen auf. Das Erzählen wie auch das Handeln bringen Licht in das menschliche Sein: Im Handeln enthülle Ich mein Personsein, die Erzählung gibt diese Enthüllung wieder und sichert sie vor dem Vergessen. In Platons Höhlengleichnis brachte die philosophische Erkenntnis Licht in die Dunkelheit der menschlichen Existenz; für Arendt entfacht das Miteinandersein im Sprechen und Handeln das Feuer *zwischen* den Menschen, das Öffentlichkeit erst herstellt und ihren Raum erhellt. Das Licht des „Zwischen" (Arendt 2007b, S. 225) spendet noch Trost in den finstersten aller menschlichen Zeiten. Diese Finsternis ist es, die stets über dem Politischen schwebt – es durch seine Dunkelheit und Stille bedroht. Es ist diese finstere Drohung, die der Postmoderne den Mut nimmt, an ein immer wieder aufflackerndes Licht des Handelns glauben zu können. Arendt wie auch Rorty gehen über die Verzweiflung der Postmoderne hinaus. Sie verweilen nicht bei ihrem gesellschaftlichen und politischen Skeptizismus (Rorty 1999, S. 262), welcher zwar alle wunden Punkte der zeitgenössischen Konstellation offenlegt, jedoch keine Therapie bereitstellt. In der *Vita activa* diagnostiziert Arendt (2007b, S. 105) den Verfall politischer Handlungsfähigkeit und rekonstruiert dessen Entstehung während der Moderne. Arendt verurteilt die Arbeit als den neuen Götzen der modernen Massengesellschaft. Sein Siegeszug stellt Herstellen und Handeln in den Schatten. Traditionell stand das Herstellen über dem Arbeiten, da zumindest im Herstellen Dinge angefertigt wurden, die eine gewisse Dauerhaftigkeit besaßen. Tische, Stühle, Gemälde sind stumme Zeugen einer menschlichen Vergangenheit, die durch die hergestellten Dinge in der Zukunft greifbar sein wird. Vergangenheit und Zukunft verbinden sich qua Beständigkeit der objektiven Welt. Doch diese Welt der hergestellten Dinge ist eine stumme und daher immer auch defizitär. Erst die zu Narrationen geronnenen Stimmen der Vergangenheit geben der Welt eine sprachliche Struktur. Narrationen verleihen dem individuellen Handeln Signifikanz, indem sie seine Taten und Worte erinnernd bewahren und über die Generationen hinweg tradieren (Passerin d'Entrèves 1994, S. 75). So kann das Handeln des Einzelnen über eine erzählende Erinnerung in das kollektive Gedächtnis der Welt eingespeist und vor „Vergessen und Vergeblichkeit" (Passerin d'Entrèves 1994, S. 75) gerettet werden.

2 Wahrheit und Verständigung

Um die Vergänglichkeit und Vergeblichkeit des Handelns zu konterkarieren, stabilisiert Arendt es durch Sprache und verleiht ihm so einen sichernden und enthüllenden Charakter. Durch Sprache drückt das Individuum seine Einzigartigkeit aus und tritt als Person vor den Anderen in Erscheinung. Sprechend stellt sich das Ich den Anderen und erschließt sich somit die Welt. Doch auch Sprache hat noch etwas Flüchtiges. Damit die sprachliche Enthüllung erinnert und bewahrt werden kann, muss sie verdinglicht werden; sie muss zu erzählten oder geschriebenen Worten gerinnen. Nur in der Objektivierung des flüchtigen Moments wird Handeln für die Zukunft greifbar. Im narrativen Verdinglichungsprozess verwandeln sich das nicht-greifbare Handeln, Sprechen und Denken in handgreifliche Taten, Worte und Gedanken (Arendt 2007b, S. 113).

Bei Habermas erhält das Sprechen Stabilität durch eine präreflexive Lebenswelt und durch rechtlich-administrative Beschlussfassungen. Beides ist demjenigen, der auf die Welt kommt, zunächst einmal unhinterfragt gegeben. Jedoch kann die Geltung der lebensweltlichen Realität jederzeit hinterfragt und schließlich abgelehnt werden. So verändert jede Gemeinschaft die Lebenswelten und Gesetzmäßigkeiten, die an die jeweils neue Situation angepasst werden können. Wie für Arendt hat Sprache für Habermas (1999, S. 134) „welterschließende Kraft". Für Arendt tritt das Ich mit einem ersten Akt des durch Sprache vermittelten Handelns in die vorhandene Welt, um sie durch seine Einzigartigkeit zu bereichern. Dagegen betont Habermas (1999, S. 134) in der „weltbildenden und artikulierenden Kraft der Sprache" die Möglichkeit des Ich, sich innerhalb einer Gemeinschaft eine neue, schönere Welt zu bauen. Sprache kann für ihn weder rational oder irrational gedeutet werden; vielmehr ist sie die „Entstehungsbedingung für rationales Verhalten" (Habermas 1999, S. 134). Sprache selbst ist a-rational – ein Umstand, der von der idealistischen Philosophie von Platon über Kant bis zu Heidegger stets übersehen wurde. Auch Rorty (2008, S. 74 f.) richtet diesen Vorwurf an die „Metaphysiker", die der Sprache durch ihren Wahrheitsanspruch einen repressiven Charakter verleihen. In Abgrenzung zur metaphysischen Tradition der Bewusstseinsphilosophie vollziehen Rorty und Habermas eine „sprachpragmatische Wende", die es ihnen erlaubt, Sprache von den „Ansprüchen der *Erkenntnis*" (Habermas 1999, S. 134) zu befreien.

Nicht mehr Erkenntnis und *Verfügbarmachung* der objektivierten Natur sind, für sich genommen, das explikationsbedürftige Phänomen, sondern die Intersubjektivität möglicher *Verständigung* [...]. Der Fokus der Untersuchung verschiebt sich damit von der *kognitiv-instrumentellen* zur *kommunikativen Rationalität*. Für diese ist nicht die Beziehung des einsamen Subjekts zu etwas in der objektiven Welt, das vorgestellt und manipuliert werden kann, paradigmatisch, sondern die intersubjektive Beziehung, die sprach- und handlungsfähige Subjekte aufnehmen, wenn sie sich miteinander über etwas verständigen. (Habermas 1995a, S. 525)

Für Habermas (1999, S. 136) konzentriert sich Sprache mit dem *linguistic turn* auf „,Geltung' im Sinne ,rationaler Akzeptibilität'", nicht mehr auf Wahrheit.[2] Für Rorty (1999, S. xxiii) wird Sprache zu einem Werkzeug, das den Menschen in den Grenzen eines bestimmten zeitlichen und räumlichen Kontextes ermöglicht, gemeinsam zu handeln. Während Habermas weiterhin auf die Universalisierbarkeit von Sprache pocht, da durch sie die Egalität der Menschen begründet werden kann, bleiben für Rorty Gebrauch und Werthaftigkeit von Sprache immer von konkreten und kontingenten Kontexten abhängig. Damit gestaltet er Sprache flexibel. Sie ist ein spielerisches Moment der Gegenwartsbeschreibung. Der vergängliche Charakter der Sprache muss durch die zeitgenössische Gesellschaft anerkannt werden. Die Bedeutung von Begriffen ist immer situationsgebunden und jederzeit veränderbar. Sobald die „alte Sprache" (Rorty 2008, S. 48) ausgedient hat, muss sie vergessen, ausgetauscht oder vernichtet werden. Diesen „Kontextualismus einer postanalytischen Sprachphilosophie" lehnt Habermas (1988, S. 12) ab. Durch die Annahme einer Universalisierbarkeit von Sprache kehrt ein idealistisches Moment in Habermas' Denken zurück, das Rorty strikt negiert. Denn ein Verständnis von Sprache, das Allgemeingültigkeit beansprucht, verleiht ihr einen repressiven Charakter. Für Rorty kann Sprache nur in einer ganz bestimmten Zeit und innerhalb einer spezifischen Gemeinschaft Anwendung finden: Die Bedeutung von Begriffen ist das Ergebnis einer sozialen Konstruktion. Im Gegensatz dazu kann Sprache für Habermas über Generationen und Kulturen hinweg Gültigkeit verlangen. In eine politische Theorie übersetzt, richtet Habermas den Fokus auf einen Verständigungsmodus, der die Verschiedenheit der Akteure anerkennt und gemeinschaftliches Handeln ermöglicht. Mittels seiner Diskurstheorie setzt Habermas optimistisch auf die Überwindbarkeit disparater Interessen und Überzeugungen

---

[2] Für Habermas (1988, S. 16) hat die linguistische Wende das Philosophieren auf eine „festere methodische Grundlage gestellt und aus den Aporien der Bewusstseinstheorien herausgeführt. Dabei hat sich aber auch ein ontologisches Sprachverständnis herausgebildet, das die welterschließende Funktion der Sprache gegenüber innerweltlichen Lernprozessen verselbständigt und den Wandel der Sprachbilder zu einem poetischen Ursprungsgeschehen verklärt."

in einem Prozess des deliberativen Austarierens. Der Begriff der *ungezwunge-nen* Verständigung erhält hier einen prominenten Stellenwert: Habermas versteht darunter den „Prozess der gegenseitigen Überzeugung, der die Handlungen meh-rerer Teilnehmer auf der Grundlage einer Motivation durch Gründe koordiniert"; zusammenfassend konstatiert er: „Verständigung bedeutet die auf gültiges Ein-verständnis abzielende Kommunikation" (1995a, S. 525). Damit distanziert sich Habermas vom postmodernen Begriff der Sprache und betont, dass sich die „Moderne [...] ausschließlich auf sich gestellt [sieht]"; schließlich muss sie „die Normativität aus sich selbst schöpfen. Die authentische Gegenwart ist von nun an der Ort, wo sich Traditionsfortsetzung und Innovation verschränken" (Habermas 1985, S. 14).

Der Glaube an die Vernünftigkeit der Kommunikation wird nicht aufgegeben. Habermas betont dadurch die Egalität der Bürger und die Freiheit des Menschen. Im Raum des Politischen bildet der gleichberechtigte Zugang zur räsonierenden Öffentlichkeit die Grundbedingung der „Einbeziehung des Anderen" (Habermas 1998a, S. 128). In Habermas' politischer Theorie zentriert sich dieser Gedanke um die deliberative Demokratie, in der sich das *Diskursprinzip D*[3] und der *Univer-salisierungsgrundsatz U*[4] verschränken. Hierin kulminiert das konsensorientierte Denken von Habermas. Er betont in der kommunikativen Deliberation konsen-suelles Sprachverstehen, das durch ein kontrafaktisches Verfahren des reziproken Austauschs der jeweiligen Gesprächspositionen zwischen Ego und Alter erreicht wird. Die Figur *Sich-in-den-Anderen-hineinversetzen* steht in dieser kommunika-tiv strukturierten Handlungskonzeption im Vordergrund: Ziel ist es, die Distanz zum Anderen zu überwinden, dessen Position einzunehmen und die Alterität nachvollziehen zu können. Doch nicht um sie bestehen zu lassen, sondern um sie intersubjektiv einzuholen. Die partikularen Interessen werden zugunsten einer Gemeinwohlorientierung deliberativ transformiert. Kommunikation versteht sich nach Habermas als intersubjektiv, deliberativ und diskursiv. Wendet man diese Charakteristika ins Politische, dann geht es um Prozesse demokratischer Kon-sensfindung. Deliberative Willensbildung befindet sich in einer zyklischen Abfolge aus demokratisch generiertem Input, rechtlicher Verwertung und administrativer Implementierung. Beratschlagen und Entscheiden verlaufen zyklisch. In einem un-

---

[3] „Gültig sind genau die Handlungsnormen, denen alle möglicherweise Betroffenen als Teilnehmer an rationalen Diskursen zustimmten könnten" (Habermas 1998b, S. 138).

[4] „So muss jede gültige Norm der Bedingung genügen, dass die Folgen und Nebenwirkungen, die sich jeweils aus ihrer *allgemeinen* Befolgung für die Befriedigung der Interessen eines *jeden* Einzelnen [...] ergeben, von *allen* Betroffenen akzeptiert [...] werden können" (Habermas 1983, S. 75 f.).

endlichen Strom aus Kommunikation, Konversion und Output werden Gespräche und Diskurse durch die Kanäle des konsensuellen Beratschlagens gejagt (Habermas 1995b, S. 150 f., 191, 206). Um die Offenheit der Kommunikationssituation gewährleisten zu können, verbannt Habermas Irrationalität und Dogmatismus aus der Verständigungspraxis moderner Gemeinwesen (Habermas 1999, S. 107). Wie Arendt und Rorty verabschiedet sich Habermas von der Metaphysik und schränkt die Möglichkeit eines universellen Verstehens des Anderen in der nachmetaphysischen Situation ein. Die Verbindung von Metaphysik und Wahrheitsanspruch ist innerhalb pluraler Lebenswelten prekär: Denn Wahrheit muss immer als Offenbarung verstanden werden – eine Offenbarung, die das Subjekt zu Passivität verurteilt und gesellschaftliche Einheit vortäuscht. Individuelle Passivität und soziopolitische Kohärenz gehören für Arendt, Habermas und Rorty zu den Verfallssymptomen moderner Demokratien. Am deutlichsten formuliert Rorty die pathologische Verbindung zwischen Wahrheit und Politik: Wie Wahrheit von den Menschen nicht *gefunden*, sondern nur *gemacht* werden kann (Rorty 1999, S. xvi ff.), so kann politisches Handeln nicht geoffenbart, sondern muss von den Bürgern selbst gestaltet – *gemacht* – werden. Philosophische ‚Wahrheit‘ und politisches Engagement sind kontingent und temporär. Habermas dagegen hält trotz seiner Abkehr von einem Wahrheitsanspruch im Bereich intersubjektiven Handelns an der prinzipiellen und reziproken Nachvollziehbarkeit zwischen Alter und Ego in einer kontrafaktischen Kommunikation fest. Dies unterscheidet ihn von Arendt und Rorty. Während für beide ein universelles Einbeziehen der Anderen angesichts religiöser, kultureller, ethnischer und ideologischer Unterschiede einer global vernetzten und agierenden Sprechgemeinschaft unzulänglich bleibt, setzt Habermas auch in der nachmetaphysischen Welt auf eine prinzipiell mögliche Inklusion aller Betroffenen:

> Inklusion heißt, dass sich das politische Gemeinwesen offenhält für die Einbeziehung von Bürgern jeder Herkunft, ohne diese *Anderen* in die Uniformität einer gleichgearteten Volksgemeinschaft einzuschließen. Denn ein vorgängiger, durch kulturelle Homogenität gesicherter Hintergrundkonsens wird als zeitweilige, katalysatorische Bestandsvoraussetzung der Demokratie in dem Maße überflüssig, wie die öffentliche, diskursiv strukturierte Meinungs- und Willensbildung eine vernünftige politische Verständigung auch unter Fremden möglich macht. Weil der demokratische Prozess schon dank seiner Verfahrenseigenschaften Legitimität verbürgt, kann er, wenn nötig, in die Lücken der sozialen Integration einspringen und im Hinblick auf eine veränderte kulturelle Zusammensetzung der Bevölkerung eine gemeinsame politische Kultur hervorbringen. (Habermas 1998a, S. 113)

Allerdings bleibt eine Universalisierung des Wir unmöglich (Thomassen 2008, S. 26). Identitätsbildung benötigt immer Mechanismen der Ausschließung und

Ausgrenzung. Zwar räumt Habermas dem Gegenüber ein, in seiner Stellungnahme zu den erhobenen Geltungsansprüchen Nein sagen zu können (Thomassen 2008, S. 30 f.). Jedoch verschwindet dieses Nein im konsensorientierten Prozess des deliberativen Austarierens partikularer Interessen. Ich möchte mit Arendt und Rorty Habermas entgegnen, dass die Partikularität des politischen Handelns nicht immer zugunsten der Universalisierbarkeit der Ergebnisse nivelliert werden kann. Gegen den sprachphilosophischen Universalismus Habermasscher Provenienz, setzt Arendt historisch-fragmentarische Narrativität und Rorty literarische Narration. Anstatt konsensuellem Verstehen, betonen beide personale Alterität und politischen Dissens. Nach Arendt und Rorty basiert politische Narrativität auf Differenz, Pluralität und Freiheit. Auch ihnen geht es um Verständigung. Allerdings im Sinne von Verständnis und Anerkennung fundamentaler Andersheit. Diese kann nicht immer konsensuell aufgelöst und diskursiv verflüssigt werden. Gerade die Narration als verdinglichtes Handeln und Sprechen begegnet der performativen Flüchtigkeit und der sprachlichen Verflüssigung. Weder Arendt noch Rorty gehen davon aus, dass die Position des Anderen in Gänze nachvollzogen werden kann ohne seine Andersheit aufzulösen. Stattdessen geht es um Sehen und Hören wie um Gesehen- und Gehörtwerden in einer Welt, die aufgeben muss, nach einer singulären Wahrheit zu streben, um Verschiedenartigkeit anerkennen zu können. Narrativität sieht sich in der Lage, politischen und gesellschaftlichen Dissens zu betonen. Sie sperrt politisches Handeln nicht in ein egalitär-konsensuelles Korsett, sondern betont die Einzigartigkeit und Verschiedenheit der Akteure. Das Geschichtenerzählen verdeutlicht die lebensweltliche Disparität und findet damit einen Ausweg aus dem Paradoxon der Pluralität: die Vereinbarkeit der Unvereinbarkeit von menschlicher Gemeinschaft und individueller Verschiedenheit. Im Gegensatz zur hierarchisch-vertikalen Anordnung der kommunikativen Wahrheitssuche versammelt politische Narrativität verschiedene Erzählungen horizontal zueinander. Habermas jedoch tendiert durch seinen universalistisch-idealistischen Ansatz dazu, den Anderen in seiner Alterität assimilieren zu wollen. Wohingegen Arendt und Rorty betonen, dass es im Politischen nicht um die Überwindung oder Einbeziehung, sondern um die narrative Betonung der Anderen geht.

3 Poesie und Verantwortung

Arendt und Rorty setzen auf die Macht des zu Schrift geronnenen Wortes, um Alterität zu bewahren. Während für Arendt die fragmentarische Historiografie nur Denkbruchstücke aus dem Sediment des Gewesenen bergen darf (Arendt 2012b,

S. 245 ff.), ist für Rorty die Literatur derjenige Punkt, der die verzweifelte Welt postmoderner Komplexität aus den Angeln hebt. Mit ihrer Hilfe kann jeder in die Welt des Anderen eintauchen – ohne dessen Position vollständig nachvollziehen zu müssen wie in der idealen Kommunikationssituation der diskursiven Deliberation. Literatur wertet nicht, sie erzählt menschliches Sein. Sie changiert zwischen seinen schillernden Farben und kennt all seine Graustufen. Im Gegensatz dazu sucht eine metaphysische Philosophie immer nach *dem* Guten und Wahren, weshalb sie immer schon das Andere als minderwertig verurteilen muss. Arendt wendet sich vom philosophischen Wahrheitsanspruch im Raum des Politischen ab. Die Weltvergessenheit der Philosophie macht sie für das Politische unbrauchbar. Schließlich ist Weltlichkeit die unabdingbare Voraussetzung des Politischen. Diese Weltlichkeit muss sich narrativ von der Vergangenheit über die Gegenwart in die Zukunft erstrecken. Doch dieses zeiträumliche Kontinuum ist keines der Kontinuität. Vielmehr ist es einerseits von Brüchen und Zäsuren gekennzeichnet; andererseits erstrecken sich am Faden der Erinnerung „Perlen" (Arendt 2012b, S. 248), die aus der Vergangenheit geborgen werden konnten. Sie bilden den Hintergrund für den momentanen wie auch den zukünftigen Raum des Politischen. Für Arendt sind das „Reiche und Seltsame, die Korallen und Perlen" (Arendt 2012b, S. 248) Schätze der Sicherheit in verunsicherten Zeiten.[5] Sie verfügen über einen Wert, der über Zeit und Raum hinweg bewahrt werden muss. Die narrativen Schatztruhen bilden ein Reservoir, das das Erinnern der Menschen und damit die Welt stabilisiert. Diese Stabilität kann Rorty nicht aufrechterhalten. Nach ihm müssen selbst die narrativen Schätze auf ihre historische Angemessenheit hin überprüft und der neuen Situation angepasst werden. Sie sind niemals fixe und sichernde Orientierungspunkte (Gebhardt 2013, S. 144–158). Die Inhalte der Schatztruhen sind niemals absolut oder final. Rorty verlangt, dass der „gegenwärtigen liberalen Kultur ein Vokabular zur Verfügung [gestellt wird], das ganz ihr eigenes und von allen Rückständen eines älteren, für die Bedürfnisse vergangener Tage geeigneten anderen Vokabulars gereinigt ist" (Rorty 1992, S. 101). Jede historisch neue Situation benötigt einen ihr spezifischen Gebrauch und Umgang mit Sprache. Wörter und ihre Bedeutungen verändern sich oder verlieren ganz an Sinn. Das von Ror-

---

[5] Hannah Arendt bezeichnet Walter Benjamin in ihrem gleichnamigen Aufsatz in *Menschen in finsteren Zeiten* als „Perlentaucher" (2012b, S. 244–258). Zur Verdeutlichung der perlentauchenden Historiografie zitiert Arendt aus Shakespeares *The Tempest* (I, 2): „Full fathom five thy father lies;/Of his bones are coral made:/Those are pearls that were his eyes:/Nothing of him that doth fade/But doth suffer a sea-change/Into something rich and strange."

ty sogenannte „Vokabular" (Rorty 2008, S. 73[6]) muss gemäß den sozialen und politischen Gegebenheiten verändert oder ganz vergessen werden. Sprache kann deshalb niemals eine objektive, philosophische Wahrheit vermitteln, sondern lediglich historische Angemessenheit ausdrücken. Das neue Vokabular verdrängt und ersetzt notwendigerweise das alte. Somit werden überkommene Traditionen in neue Werte und Normen transformiert – oder ganz vergessen. Im Fall einer künstlichen oder repressiven Aufrechterhaltung des alten Vokabulars käme es zu einer unüberbrückbaren Spannung zwischen Sprache, Gesellschaft und Individuum, die in einer unannehmbaren lebensweltlichen Eruption enden würde. Sobald das Vokabular veraltet und überkommen ist, muss es vergessen werden (Gebhardt 2013, S. 144 ff.). Für Rorty wie für Arendt darf Vergangenheit nicht konsistent und kontinuierlich in die Gegenwart und Zukunft integriert werden, sondern Vergangenes kann nur bruchstückhaft gerettet und narrativ konserviert werden. Durch die fragmentarische Überlieferung mittels Narration ist dem Handeln – nach Arendt – immer eine gewisse Unsicherheit inhärent. Die andere Seite des janusköpfigen Handelns ist Freiheit. Sie tritt insbesondere im politischen Handeln wie auch im schriftstellerischen Denken in Erscheinung. Freiheit und Handeln bleiben immer auch unberechenbar (Arendt 2007b, S. 301). Ein Element des Chaotischen dringt in die Welt ein, das in gewissen Graden beherrscht und kontrolliert werden muss. Gegen die Unwägbarkeiten des Handelns führt Arendt die Begriffe des Versprechens und Verzeihens in ihre politische Theorie ein. Während Versprechen die Individuen vor einer ungewissen Zukunft sichert, schützt Verzeihen vor einer absoluten Schuld der zeitgenössischen Generation für alles Gewesene und Getane (Arendt 2007b, S. 301 ff., 311 ff.). Die narrative Erinnerung stiftet das Gemeinwesen und die individuelle Identität. Dabei wird sie unterstützt von den Fähigkeiten des Versprechens und Verzeihens. Jedes Mitglied der Gemeinschaft trägt Verantwortung gegenüber der narrativen Erinnerung: Eine Verantwortung gegenüber der Vergangenheit, Unrecht zu verzeihen; eine Verantwortung gegenüber der Gegenwart, Unrecht aufarbeiten und Untaten verzeihen zu wollen. Schließlich eine Verantwortung gegenüber der Zukunft, aus dem Unrecht der Vergangenheit zu lernen. Für Arendt müssen diejenige Fragmente, die es nicht wert sind, narrativ aufbewahrt zu werden entweder verziehen oder durch ein Versprechen des „Nie-wieder" und der Einsicht „Dies hätte nie geschehen dürfen" (Arendt 2007a, S. 45) abgesichert

---

[6] „All human beings carry about a set of words which they employ to justify their actions, their beliefs, and their lives. These are the words in which we formulate the praise for our friends and contempt for our enemies, our long-term projects, our deepest self-doubts and our highest hopes. They are the words in which we tell, sometimes prospectively and sometimes retrospectively, the story of our lives. I shall call these words a person's ‚final vocabulary'."

werden. Auch bei Habermas gibt es in seinen Überlegungen zur Identitätsbildung eine biografisch-narrative Komponente, die die individuelle Verantwortung betont. Selten ist Habermas inhaltlich wie sprachlich so nah an Hannah Arendts Denken und Schreiben:

> In dem Maße, wie der Erwachsene seine Biographie übernimmt und verantwortet, kann er in den narrativ eingeholten Spuren der eigenen Interaktionen auf sich selbst zurückkommen. Nur wer seine Lebensgeschichte übernimmt, kann in ihr die Verwirklichung seiner selbst anschauen. Eine Biographie verantwortlich übernehmen heißt, sich darüber klarzuwerden, wer man sein will, und aus diesem Horizont die Spuren der eigenen Interaktionen so zu betrachten, als seien die Sedimente der Handlungen eines zurechnungsfähigen Urhebers, eines Subjekts also, das auf dem Boden eines reflektierten Selbstverhältnisses gehandelt hat. (Habermas 1995b, S. 151)

Die individuelle Übernahme von Verantwortung spielt auch für Rorty eine entscheidende Rolle. Während Arendt jedoch die Korrelation zwischen Verzeihen, Versprechen und Verantworten betont, verbindet Rorty Verantwortung mit Vergessen. Zunächst noch im Einklang mit Arendt geht er davon aus, dass es Erzählungen gibt, die es vor dem zeitlichen Verfall zu retten gilt. Rorty widersetzt sich jedoch einer narrativen Stabilisierung der unsicher gewordenen Welt. Der Kontingenz und Instabilität des eigenen Handelns in der postmodernen Konstellation muss sich der Einzelne stellen. Eigenverantwortlich entscheidet das Individuum, was wert ist, vor dem Verfall gerettet zu werden. Alles, das diese Werthaftigkeit vermissen lässt, stürzt in den Abgrund des Vergessens. Während Arendt die menschliche Welt durch Versprechen und Verzeihen mit narrativer Stabilität umgibt und Habermas die individuelle Übernahme lebensweltlicher Verantwortung betont, vernichtet Rorty diese letzte Bastion menschlicher Sicherheit durch narrativ-selektives Vergessen (Gebhardt 2013, S. 144 ff.). Für Rorty kann es in einer postmetaphysischen Welt keinen stabilen Horizont für individuelles Handeln geben. Den Unterschied von Rortys Position zu Arendt möchte ich mit einer Passage aus Milan Kunderas *Der Scherz* illustrieren:

> Menschen aus längst vergangenen Zeiten wollten damit bestimmt etwas Wichtiges sagen, und sie leben heute in ihren Nachfahren wieder auf wie taubstumme Redner, die sich mit schönen, doch unverständlichen Gesten an ihr Publikum wenden. Ihre Botschaft wird nie enträtselt werden, nicht nur, weil der Schlüssel dazu fehlt, sondern auch, weil die Menschen nicht die Geduld haben, ihr in einer Zeit zuzuhören, da sich bereits so unübersichtliche Mengen von alten und neuen Botschaften angesammelt haben, dass deren sich gegenseitig übertönenden Mitteilungen überhaupt nicht mehr zu unterscheiden sind. Schon heute ist die Geschichte nur noch eine dünne Schnur des Erinnerten über einem Ozean des Vergessenen [...]. Ja, so sah ich das plötzlich:

die meisten Menschen betrügen sich durch einen doppelten Irrglauben: sie glauben
an ein ewiges Gedächtnis (für Menschen, Dinge, Taten und Völker) und an die
Wiedergutmachung (von Taten, Irrtümern, Sünden und Unrecht). Beides ist ein
falscher Glaube. In Wirklichkeit ist es genau umgekehrt: alles wird vergessen und
nichts wird wiedergutgemacht. Die Aufgabe der Wiedergutmachung (des Rächens
wie des Verzeihens) wird vom Vergessen übernommen. Niemand wird geschehenes
Unrecht wiedergutmachen, aber alles Unrecht wird vergessen sein. (Kundera 1998,
S. 322)

Arendt bricht mit Vehemenz aus der Dunkelheit des Vergessens aus. Im Angesicht
der totalitären Erfahrung zeichnet sie ein brillantes Bild politischer Räumlichkeit.
Schon in der Dunkelheit des Inneren finden sich erste Strahlen des Lichts der
Öffentlichkeit. Scheinbar paradox, ist für Arendt das denkende und schreibende
Ich nicht allein. Obwohl philosophisches Denken und schriftstellerisches Tun sich
zunächst nur in der Verborgenheit und Geborgenheit des Selbst bewegen, findet
das Ich im innerdialogischen Denken zu sich selbst und im Schreiben einen ersten Zugang zur Welt. Damit konstituiert es eine erste Form weltlich-dialogischer
Existenz. Darüber hinaus ist die innere Emigration ein Heilmittel gegen Manipu-
lationen massengesellschaftlicher Bewegungen. Das innere Denken und die durch
es erzeugte selbstische Stärke wappnen das Ich gegen den Konformitätsdruck einer Gesellschaft, in der das Wir die Einzigartigkeit und Besonderheit des Ich zu
nivellieren droht. Damit sind Denken und Schreiben Schutzmechanismen gegen
vereinnahmende Tendenzen der Masse. Arendt gibt das Politische nicht auf: Ihre Rettungsversuche sind von der Emphase der Hoffnung durchdrungen. Durch
ihre Fähigkeit des Neubeginnens sind die Menschen nie ganz verloren. Auch der
letzte Funke trägt Hoffnung in sich und kann das Feuer neu entfachen. Dieses
Feuer tragen die Menschen in die Öffentlichkeit, um sich an dessen Wärme und
Licht zu erfreuen. Selbst der Totalitarismus war nicht in der Lage, den Menschen
ihre Initiative für immer zu nehmen. Gegen das Ende allen Politischen bedarf es
eines grundlegenden Prinzips: Es darf niemals geschehen, dass der letzte Funke
völlig erlischt. Ob die Hoffnung begründet ist, dass das Feuer immer wieder entfacht werden kann? – Ich weiß es nicht. Sicher bin ich mir jedoch mit Arendt,
dass nonkonformes Denken nicht im Dunkel des Selbst verweilen darf; es muss an
die Außenwelt brechen. Denken muss mundan und damit politisch werden. Das
denkende Ich übernimmt mit seinem Eintritt in die Welt Verantwortung für das politische Gemeinwesen – ein Akt, der Mut erfordert. Über Courage verfügen jedoch
nur die Wenigen. Arendt bleibt zutiefst misstrauisch gegenüber den Vielen. Selbst
wenn Sie deren Zusammenkunft als eine „Manifestation von Macht" (Arendt 2012a,
S. 167) versteht, setzt Arendt ihre Hoffnung auf Virtuosen des Politischen, die sich
durch Mut und Streitlust vor den Vielen auszeichnen (Arendt 2007b, S. 243 ff.).

Diese Virtuosität findet sich in manchen Dichtern, denen Arendt mit ambivalenten Gefühlen gegenübertritt. Einerseits sind „Dichter [...] zumeist nicht gerade mit politischer Begabung und dem Geschmack an öffentlicher Freiheit gesegnet" (Arendt 2011, S. 361); andererseits sind es aber „die Dichter [...], die über den Vorrat des menschlichen Gedächtnisses Wacht halten, indem sie die Worte finden und prägen, an die wir anderen uns dann halten" (Arendt 2011, S. 360). So bewegt sich der Dichter im Spannungsfeld seines inneren Rückzugs und seines Schreibens, das an die Öffentlichkeit drängt. Solange der Dichter in der Innerlichkeit seines Schöpfungsaktes verweilt, hat er keine Relevanz für das Politische. Doch Dichtung hat einen ihr immanenten Drang in die Öffentlichkeit zu stoßen. Nur wer die „Gabe, dichterisch zu denken" (Arendt 2012b, S. 258) mit dem Mut des Politischen vereint, hat für Arendt eine Stimme im Konzert der Vielen – eine Stimme, die gehört werden wird. Denn trotz ihrer Skepsis gegenüber der unsteten Welt der Dichtung, gesteht Arendt den Dichtern zu, dass sie die ‚Wahrheit' sagen, „wenn man sie in Ruhe lässt" (Arendt 2012b, S. 300). Wenn der Dichter politisch wird und damit seine Existenz als Bürger annimmt, dann hat er eine privilegierte Stellung innerhalb des Gemeinwesens. Er genießt den Schutz der Poesie, er kann unbequem werden und mahnen – seine Stimme wird gehört werden und dennoch muss er den Druck der Masse nicht fürchten. Er kann immer wieder zurückkehren in die Geborgenheit der poetischen Innenwelt. Allerdings ist das ausschließliche innere Sein immer defekt, da es nur die ersten Strahlen des Lichts der Öffentlichkeit sieht. Erst der Schritt vom innerdialogischen Denken zum zwischensubjektiven Handeln bringt das Ich in die politische Welt. Es enthüllt sich vor den Anderen, um sich Selbst zu finden.

Rorty hat einen eigentümlichen Blick auf die Anderen. Das Ich muss die Notwendigkeit zur Anerkennung der Alterität nicht in der direkten Begegnung mit ihr erlernen, sondern in der intern-literarischen Auseinandersetzung. Literatur und Poesie erlauben eine horizontale Begegnung mit den Anderen, in der sich das Ich ausprobieren und die eigenen Grenzen der Toleranz, des Mitgefühls und Respekts kennenlernen kann. Literatur verweist im Gegensatz zu Kommunikation nicht auf die Rationalität der Akteure, sondern spricht das lesende Individuum emotional an. Das Ich muss nicht in einem prozeduralen Experiment rational nachvollziehen können, wann der Andere leidet, es *be-greift* es am eigenen Körper: Die Fähigkeit zur Empathie kann nicht rational, sondern nur emotional erlernt werden (Weber 2013). Mit der Überwindung des aufklärerischen Aberglaubens, dass Wahrheit nur gefunden werden muss, kann sich die liberale Gemeinschaft der Postmoderne neu erschaffen. Ihre „Neubeschreibung" müsste sich nach Rorty (1992, S. 98) an der Hoffnung orientieren, dass die politische Kultur dieses neuen Gemeinwesens *poetisiert* werden kann. Vernunft und wissenschaftliche Genauigkeit werden ersetzt durch Leidenschaft, Fantasie und Vorstellungskraft (Rorty 1992, S. 98). Rortys *poetisierte* Kultur hat den Versuch aufgegeben, private Interessen und öffentliche Verantwortung konsensuell vereinbaren zu wollen (Rorty 2008, S. 68, 1992, S. 121). Sobald das Ich Empathie gelernt und seine Überzeugungen und Werte in der literarischen Innenwelt generiert hat, kann es in die Öffentlichkeit treten. Mit diesem Eintritt in die Welt der Anderen wird das Ich politisch. Durch die Poetisierung der Öffentlichkeit kommt ein „historisches Narrativ" zur Geltung, das von dem Aufstieg liberaler Institutionen und Gepflogenheit erzählt: von der Verminderung von Leid, von Volkssouveränität, Selbstregierung und herrschaftsfreier Verständigung (Rorty 2008, S. 68, 1992, S. 122).

> Eine solche Erzählung würde klären, unter welchen Bedingungen die Idee von der Wahrheit als Korrespondenz zur Realität allmählich verdrängt wurde durch die Idee von der Wahrheit als dem, was im Lauf freier und offener Auseinandersetzung zur Überzeugung wird. (Rorty 1992, S. 122)

Dies klingt zunächst wie das Habermassche Diktum von einer deliberierenden Demokratie, in der alle Betroffenen ihre Interessen einbringen und rational austarieren. Doch für Rorty wie auch Arendt geht es im politischen Raum nicht um Interessenvertretung, sondern um gemeinsame Handlungsfähigkeit. Um dies zu ermöglich, darf Rortys Selbst nicht zu denjenigen Überzeugungen stehen, die der Liberalität des Gemeinwesens widersprechen. Denn die Anerkennung des Anderen ist in der liberal strukturierten Außenwelt sakrosankt. Illiberalität und Ironie kann es nur im Privaten geben. Die Anderen in ihrer Alterität ernstnehmen, gehört zu den Grundbedingungen einer gelungenen Gemeinschaftlichkeit, in der es aufgrund von Pluralität und Differenz keine gemeinsame Wertegenese mehr geben kann.[7] In einem seltsamen Akt der Selbstaufgabe überwindet das Ich mit dem Eintritt in die Außenwelt des Politischen seine Ängste und Vorurteile. Im dunklen Innenraum der Literatur hat es gelernt, sich mit der Alterität abzufinden – oder positiv ausgedrückt: sie zu feiern. Mit der Betonung des Literarisch-Poetischen in der selbstischen Innenwelt des liberal-ironischen „Bücherwurm[s]" (Weber 2010, S. 35) bleibt Rortys *storytelling* gefangen in der Dunkelheit des Privaten. Rorty betont die Geborgenheit und den Schutz des Inneren, in dem die „liberale Ironikerin" (Rorty 1992, S. 159) ihre privaten Überzeugungen durch Geschriebenes und Erzähltes generiert. Um eine öffentlich handelnde Bürgerin werden zu können, muss

---

[7] „Liberal culture needs an improved self-description rather than a set of foundations. The idea that it ought to have foundations was a result of Enlightenment scientism, which was in turn a survival of the religious need to have human projects underwritten by a nonhuman authority" (Rorty 2008, S. 52).

sie in der Abgeschlossenheit des Privaten ihre Identität finden und ihre Persönlichkeit stärken. Denn verlässt die *liberale Ironikerin* den Schutz des Privaten, muss sie ihre Überzeugungen in sich einschließen und in völliger Anonymität in das Licht der Öffentlichkeit treten. Nur indem sie all ihre partikularen Ansprüche und individuellen Aspirationen in sich einschließt, kann sie dem Anderen im Öffentlichen begegnen und ihn als gleichberechtigt anerkennen. Im Spannungsfeld des Privaten und Öffentlichen bricht der Mensch notwendig entzwei. Es kommt zu einer eigentümlichen und schmerzhaften „Aufsplitterung des Selbst" (Rorty 1992, S. 121) zwischen einem privaten Bereich, in dem es denken kann, was es will, und seiner öffentlichen Existenz, in der die Achtung der Anderen fundamental ist und sich in einer unbedingten Vermeidung von Schmerz manifestiert. Diese Aufsplitterung kann in der Figur des „strong poet" (Rorty 2008, S. 53) überwunden werden. Der *strong poet* ist der „Held" (Rorty 2008, S. 60) eines *idealen* liberalen Gemeinwesens, der sich gegen die Suche nach Wahrheit und Objektivität stellt und gegen die Herrschaft der Vernunft aufbegehrt. Der *strong poet* hat sich von jeglicher externen Autorität verabschiedet. Er findet Worte, die die mundane Kontingenz angemessen darstellen und so dringt er zu den Menschen vor. Dennoch wird er oft missverstanden oder verachtet. Nicht umsonst erachtet Rorty Sokrates, Nietzsche, Orwell und Kundera als Erscheinungen von starker Dichtung: Sie alle waren Außenseiter ihres Gemeinwesens und von den Anderen entfremdet. Doch für Rorty muss diese Entfremdung positiv gedeutet werden, indem der Begriff der Entfremdung neu beschrieben werden muss. Rorty verabschiedet sich von der „Vorstellung, dass diejenigen entfremdet sind, die im Namen der Menschlichkeit gegen willkürlich und unmenschliche soziale Restriktionen protestieren"; vielmehr muss Entfremdung so verstanden werden, dass der entfremdete Dichter „im Namen der Gesellschaft selbst, gegen Aspekte dieser Gesellschaft protestier[t], die Verrat an dem Bild üben, das sie von sich selbst hat" (Rorty 1992, S. 109). In einer idealen und liberalen Gemeinschaft kann Verschiedenheit deshalb akzeptiert werden, weil diejenigen, die in die Öffentlichkeit treten, ihre privaten Vorurteile hinter sich lassen. Die Spaltung des Selbst muss hingenommen werden. Der *strong poet* kann Rortys Heldenfigur sein, weil er diese Spaltung in Teilen desavouiert. Es bleibt jedoch unklar, ob er seine Aufsplitterung deshalb *überwinden* kann, weil für ihn die liberale-öffentliche Seite seines Selbst mit der privaten Seite korreliert und er somit die Vermeidung von Schmerz vollkommen internalisiert hat; oder ob er diese Aufsplitterung *aushält*, weil er durch sein literarisch-intellektuelles Schaffen das Privileg erworben hat, zu provozieren ohne zu verletzen. Während der *strong poet* die Fähigkeit zur Überwindung der Spaltung in sich trägt, bleibt die *liberale Ironikerin* in dieser Spannung gefangen.

Zum Schluss bleibt festzuhalten, dass für Habermas in einem modernen, demokratischen Rechtsstaat der Privatmensch und der Bürger gleichberechtigt nebeneinander existieren, während Rortys Selbst in den ironischen Menschen des Privaten und den liberalen Bürger der Öffentlichkeit zersplittert. Für Arendt dagegen findet das Ich seine menschliche Vollendung im Bürgersein. Durch einen ersten performativen Akt findet es in der Welt der Anderen zu sich selbst. Trotz dieses fundamentalen Unterschieds antworten Arendt wie auch Rorty mit ihren narrativen Konzepten des Politischen auf eine mundane Konstellation, in der Handeln nicht mehr auf philosophischer Wahrheitssuche basieren kann. In ihr muss das „Faktum menschlicher Pluralität" (Arendt 2007b, S. 213) radikal anerkannt werden. Statt auf einer vergeblichen Suche nach Wahrheit erschöpft und frustriert aufzugeben oder wie Habermas an der Möglichkeit einer universalen und rationalen Kommunikation festzuhalten, entlassen Arendt und Rorty das Ich in eine Welt, in der jeder Einzelne eine Geschichte zu erzählen weiß und damit den Anderen erlaubt, in die eigene Welt vorzudringen. Es eröffnet sich ein politischer Raum, der angefüllt ist von den Erinnerungen an vergangene Taten und dem Geflüster der gegenwärtigen Gedanken – ein Raum der Erzählungen.

Literatur

Arendt, Hannah. 2007a. *Über das Böse. Eine Vorlesung zu Fragen der Ethik.* München: Piper.
Arendt, Hannah. 2007b. *Vita activa. Oder Vom tätigen Leben.* 6. Aufl. München: Piper.
Arendt, Hannah. 2011. *Über die Revolution.* München: Piper.
Arendt, Hannah. 2012a. Macht und Gewalt. In *In der Gegenwart. Übungen im politischen Denken II*, 145–208. München: Piper.
Arendt, Hannah. 2012b. *Menschen in finsteren Zeiten.* München: Piper.
Benhabib, Seyla. 1995. *Selbst im Kontext. Kommunikative Ethik im Spannungsfeld von Feminismus, Kommunitarismus und Postmoderne.* Frankfurt a. M.: Suhrkamp.
Gebhardt, Mareike. 2013. On dreaming public. Between the irony of the self and the recognition of the other. In *Narrations, dreams, imagination. Israeli and German youth imagine their future*, Hrsg. Karlfriedrich Herb, Eva Marsal, Jen Glaser, und Barbara Weber, 144–158. Münster: Lit-Verlag.
Habermas, Jürgen. 1983. *Moralbewusstsein und kommunikatives Handeln.* Frankfurt a. M.: Suhrkamp.
Habermas, Jürgen. 1985. Moderne und postmoderne Architektur. In *Die Neue Unübersichtlichkeit. Kleine politische Schriften V*, 11–29. Frankfurt a. M.: Suhrkamp.
Habermas, Jürgen. 1988. Der Horizont der Moderne verschiebt sich. In *Nachmetaphysisches Denken. Philosophie Aufsätze*, 11–17. Frankfurt a. M.: Suhrkamp.
Habermas, Jürgen. 1995a. *Theorie des kommunikativen Handelns. Handlungsrationalität und gesellschaftlicher Rationalisierung.* Bd. 1. Frankfurt a. M.: Suhrkamp.

Habermas, Jürgen. 1995b. *Theorie des kommunikativen Handelns. Zur Kritik der funktiona-listischen Vernunft*. Bd. 2. Frankfurt a. M.: Suhrkamp.

Habermas, Jürgen. 1998a. Die postnationale Konstellation und die Zukunft der Demokratie. In *Die postnationale Konstellation. Politische Essays*, 91–169. Frankfurt a. M.: Suhrkamp.

Habermas, Jürgen. 1998b. *Faktizität und Geltung. Beiträge zur Diskurstheorie des Rechts und des demokratischen Rechtsstaats*. Frankfurt a. M.: Suhrkamp.

Habermas, Jürgen. 1999. Rationalität der Verständigung. Sprechakttheoretische Erläute-rungen zum Begriff der kommunikativen Rationalität. In *Wahrheit und Rechtfertigung. Philosophische Aufsätze*, 102–137. Frankfurt a. M.: Suhrkamp.

Kundera, Milan. 1998. *Der Scherz*. 2. Aufl. München: Deutscher Taschenbuch.

Lyotard, Jean-François. 2009. *Das postmoderne Wissen. Ein Bericht*. Wien: Passagen.

Passerin d'Entrèves, Maurizio. 1994. *The political philosophy of Hannah Arendt*. London: Routledge.

Rorty, Richard. 1992. *Kontingenz, Ironie und Solidarität*. Frankfurt a. M.: Suhrkamp.

Rorty, Richard. 1999. *Philosophy and social hope*. London: Penguin Books.

Rorty, Richard. 2008. *Contingency, irony, and solidarity*. New York: Cambridge University Press.

Thomassen, Lasse. 2008. *Deconstructing Habermas*. New York: Routledge.

Weber, Barbara. 2010. Sympathy instead of rationality? Richard Rorty and the reconstruction of the public space. In *The politics of empathy. New interdisciplinary perspectives on an ancient phenomenon*, Hrsg. Barbara Weber, Eva Marsal, und Takara Dobashi, 25–38, Münster: Lit-Verlag.

Weber, Barbara. 2013. *Zwischen Vernunft und Mitgefühl. Jürgen Habermas und Richard Rorty im Dialog über Wahrheit, politische Kultur und Menschenrechte*. Freiburg i. Br.: Alber.

Young-Bruehl, Elisabeth. 1979. Hannah Arendt als Geschichtenerzählerin. In *Hannah Arendt. Materialien zu ihrem Werk*, Hrsg. Adalbert Reif, 319–325. Wien: Europaverlag.

The manufacturer's authorised representative in the EU is Springer
Nature Customer Service Centre GmbH, Europaplatz 3, 69115 Heidelberg,
Germany. If you have any concerns regarding our products, please
contact ProductSafety@springernature.com

Printed and bound by CPI Group (UK) Ltd, Croydon, CR0 4YY
27/04/2026
02097634-0001